비평과 정의, 그리고 전통

도금시대의 예술과 전통에 관한 물음

비평과 정의, 그리고 전통
도금시대의 예술과 전통에 관한 물음

2018년 2월 20일 초판 인쇄
2018년 2월 25일 초판 발행

지은이 | 전지영
펴낸이 | 이찬규
펴낸곳 | 북코리아
등록번호 | 제03-01240호
주소 | 13209 경기도 성남시 중원구 사기막골로 45번길 14
우림2차 A동 1007호
전화 | 02-704-7840
팩스 | 02-704-7848
이메일 | sunhaksa@korea.com
홈페이지 | www.북코리아.kr
ISBN | 978-89-6324-585-0 (93600)

값 15,000원

비평과 작업, 그리고 전통

도금시대의 예술과 전통에 관한 물음

전지영 지음

북코리아

서문

온갖 담론과 관습이 요구하는 사유방식, 강제적 교훈, 그리고 이데올로기로 채워진 장(場)이면서도 그 공간에는 또다시 탐욕과 무지의 제도화로 채워져 있는 이중 잠금장치, 이것이야 말로 오늘날 예술을 둘러싼 아비투스이다. '아름다운 예술'은 아주 낡고 오래된 환상이다. 늘 이데올로기에 지배당하고 있는, 수없는 시간의 습기에 딱딱하게 굳은 채 곰팡이 낀 환상…… 심지어 시대가 요구하는 새로운 예술조차 이데올로기일 수밖에 없는 이유는 그것이 낡고 구조화된 무지의 관습이기 때문이다. 그 관습에는 사유라는 말조차 과분한 관념들로 채워져 있지만, 그러한 낡은 환경에 대한 놀라운 무감각 혹은 깊은 무력감은 자칫 빠지기 쉬운 덫이다. 축적된 무지와 환상의 거대한 지배에 대한 개별 존재의 무력감은 예술의 진정성을 위해 수없이 넘어야 하는 해자(垓子) 같은 것이다.

가장 진솔한 지점에서 예술은 아름다운 것이 아니라 주어진 것이다. 타자에 의해 주어진 사유체계, 강제된 아름다움의 감수성, 거식증 환자에 대한 위협처럼 강요된 작품 섭취의 강박관념, 그리고 유사종교적 신비화……. 교육된 신념과 가치에 종속된 이념적 신민(神民)의 시대에, 예술은 탐욕적 권위 위에 세워진 상징폭력의 제단에서 행해지는 사제자의 주술처럼 신성한 거짓이다.

그러므로 오늘날 예술에 필요한 것은 신성불가침성으로 도배된 카펫이 아니라 가장 꾸밈없는 속세적 거적때기이다. 신성함에 도취되어 신성함을 강요하는 제정일치의 권력행위가 아니라 인간 속에서 인간을 고찰하는 낡고 누추한 선재동자의 소박함만이 예술적 진성성을 담을 수 있다. 신성함으로 도금된 예술이 실은 지배질서의 교묘한 현신(現身)이기에, 정의(正義)에 대한 논설을 동반하지 않는 예술담론들은 모두 거짓일 수밖에 없다.

그리하여 나는 마침내 전통이 하나의 구획된 제도이며, 전통이 주는 본원적인 미 같은 것은 존재하지 않는다는 결론에 이르렀다. 전통의 미적 가치라는 것은 제도화된 이데올로기적 영역에서 당위적 · 희망적으로 토해낸 지배담론일 뿐이며, 그것은 '기획되고 발명된 것으로서 전통'이 처하게 되는 불가피한 갱도처럼 보인다. 그러므로 그것은 거짓이 만든 거짓이며, 마치 처형용 칼을 휘두르는 위계(僞計)와 겁박(劫縛)의 탈놀이처럼 위태롭고 싸늘하다. 발명품적 전통이 심판의 단두대에서 떳떳할 수 있는 유일한 길은 탐욕과 거짓과 강제를 넘어 예술의 품으로 귀화하는 것밖에 없다. 그것은 권력과 지배의 편이 아니라 인간의 품에서 생존을 모색해야 한다는 것을 의미한다.

예술과 전통은 사실 같은 말이다. 표기만 다를 뿐 그 의미와 맥락은 같다. 거짓된 가치와 질서가 부여한 과시적 · 권위적 안정성은 죽음의 냄새나는 잿빛 먼지처럼 뿌연 암성(癌性) 독소를 뿜어대고 있으며,

그들을 정의(正義)의 수술대에 눕히지 못하면 인간의 존엄에 대한 성찰은 사망선고를 받을 것이다.

CONTENTS

CONTENTS

I

정의(正義)로서의 비평과 예술

비평은 품평 행위가 아니라 정의(正義, justice)의 투쟁이어야 한다. 정의는 예술적 진정성을 위한 것이며, 예술적 진정성은 인간에 대한 성찰을 요구한다. 예술을 인간의 품으로 되돌리기 위한 비평적 고뇌는 예술적 민주주의에 대한 가치로 연결된다.

I

1. 비평과 정의(正義)

1) 비평의 두 층위와 정의로서의 비평

(1) 평가로서의 비평

비평에는 두 층위가 존재한다. 그것은 '평가로서의 비평'과 '정의(正義, justice)로서의 비평'이다. 이는 층위의 문제임과 동시에 비평에 대한 인식수준의 문제이기도 하다. '평가로서의 비평'을 비평이라고 인식하는 단계와 그것을 넘어서 '정의로서의 비평'을 이해하는 단계가 있는 것이다.

흔히 비평이라고 하면 작품, 인물 등을 평가하는 작업이라고 생각하기 쉽다. 이는 비평에 대한 초보적인 인식에 해당한다. 이때 평가는 공정해야 한다는 인식에 의해서 주례사비평의 폐해가 지적된다. 비평가의 신념에 반하여 권력이나 이익, 인간관계 등에 의해서 굴절되고 왜곡된 평가 작업을 하는 것을 경계해야 한다는 것은 보편적 인식에 해당한다. 마구잡이식 추켜세우기와 의미부여와 과잉표현을 무기로 한 주례사비평의 비도덕성과 역효과는 새삼스럽게 지적할 필요가 없다. 하지만 주례사비평의 당위성 · 필요성에 대한 논리도 존재해왔다. 예컨대 전통예술과 관련해서 이른바 '약자 보호 논리'가 퍼져있었는데, 전통 분야는 사회적 약자이기 때문에 가혹한 비평적 칼날보다 서로 감싸고 보호해주어야 한다는 식의 논리였다. 하지만 이는 주례사비평을 정당화하기 위한 논리 이상의 의미를 갖는 것은 아니며, 약자 보호를 위한 주례사비평을 통해서 예술계가 성장했다거나 건강한 예술문화로 이어졌다는 근거는 어디에도 없다. 오히려 비평의 공신력만 떨어뜨렸다고 보는 편이 합리적이다. 이런 주례사비평을 비롯한 경전주해비평, 기술비평(기능비평) 등은 유사비평(사이비 비평)으로 불리며, 이는 실제로 비평의 영역에 해당하지 않는다.[1)]

좀 더 엄격하게 말하자면 이런 '평가로서의 비평' 자체가 유사비평에 해당한다고 할 수도 있다. 예술에 있어서 비평은 평가 작업일 수 없기 때문이다. 평가라는 것은 결국 점수를 부여하고 서열화시키는 작업일 수밖에 없는데, 이런 행위는 예술에 대한 모욕이자 예술을 비예술로 물화(物化)시키는 행위에 해당한다. 따라서 '평가로서의 비평'은 비평에 대한 초보적인 인식일 뿐만 아니라 그 자체로서 유사비평이 될 수밖에 없는 것이다. 오히려 비평은 예술에 대한 그러한 계량적 평가가 무엇을 위한 것인지, 평가기준은 누가 정한 것이며, 그 기준이 정당한 것인

---

1) 전지영, 『국악비평의 역사』, 북코리아, 2008.

지에 대한 문제의식에서 출발하는 것이다. 그것은 바로 '정의로서의 비평'이라고 이름 붙일 수 있다.

(2) 정의로서의 비평

여기서 정의라는 것은 분배의 틀을 어떻게 정하는가의 문제가 아니라 "모든 종류의 착취와 억압, 지배와 배제, 무시와 모욕[2] 등으로부터 해방된 사람들 사이의 바람직한 관계와 관련된" 개념이다.[3] 이 문제는 개인이 갖는 '능력'을 어떻게 바라보는가의 관점과 연결된다. 예컨대 능력과 노력의 차이에 따른 차등적 분배를 올바른 분배 정의의 원칙으로 보는 이념이 과연 정의로운지에 대한 해석은 간단한 문제가 아니다. 그러나 '더 노력했으니까', '더 능력이 있으니까' 더 많은 것을 누리는 것이 당연하다는 생각이 과연 착취와 억압, 지배와 배제, 무시와 모욕으로부터 해방된 관계로 이끄는 것인가? 설사 정의의 문제를 분배의 문제로 좁힌다 해도 과연 그 생각이 분배의 정당한 틀을 설정하는 것인가?

이런 노력중심주의, 그리고 그와 연결된 능력중심주의는 예술계에 만연해있다. 이에 의하면 학벌이 낮거나 특정 학교를 나오지 않았거나 특정 커뮤니티에서 배제된 이들에 대한 차별은 정당해진다. 노력과

2) 여기서 모욕, 배제는 단순한 일상적 관계 설정에서 야기되는 것이 아니라 사회적 · 제도적으로 차별하는 것이며, 합법을 가장해서 사람들의 차별과 배제를 정당화하고 이를 구조적으로 지속시키는 것을 말한다.(아비샤이 마갈릿, 『품위 있는 사회』, 신성림 옮김, 경기 파주: 동녘, 2008.)

3) 장은주, 『정치의 이동』, 상상너머, 2012, 35쪽.

능력의 결과이기 때문이다. 하지만 노력이라는 것은 개인의 문제이기 이전에 사회적 문제이기도 하다. 강남의 타워팰리스에서 태어난 이와 폐지를 주워 연명하는 조손가정에서 태어난 이는 애초부터 노력할 수 있는 여건 자체가 전혀 다르다. 말하자면 노력이라는 것을 계급적 · 계층적 차이를 무시한 채 순전히 개인의 문제로 환원시킬 수 없다는 것이다. 더 노력했다는 것은 어쩌면 노력할 수 있는 여건이 더 많았기 때문에 가능했으며 권력과 재력을 더 많이 소유하고 그것을 바탕으로 더 상층부의 인맥과 학맥을 소유했기 때문에 가능했다는 사실은 여기서 감추어진다. 이렇게 되면 권력과 재력의 재생산과 대물림이 정당화된다. 이런 비합리적 논리가 예술계에 퍼져있는 것이다.

이는 능력의 문제로 연결된다. (사회적 차원의 재화 · 환경의 차이를 무시한) 개인적 차원의 노력에 대한 절대적 미화는 곧 능력에 대한 절대화로 연결된다. 하지만 애초에 개개인의 출발점 자체가 다르고, 투자할 수 있는 재원의 규모가 다르고, 환경이 다르고, 기댈 수 있는 사회적 관계와 맥락들이 다름에도 불구하고 모든 것을 개인의 능력의 문제로 치환시키는 것은 기득권 유지를 위한 속임수의 논리가 될 수밖에 없다. 역으로, 기득권은 이런 능력중심주의의 논리를 절대 포기하지 않는다. 그것이 설사 정당하지 않다 하더라도, 권력과 교육과 다양한 사회적 장치를 동원해서 그것의 정당성을 강요하고 선전한다.[4)]

결국 능력은 사회적으로 연역되는 것이며, 심지어는 정치적으로 규정되는 것이기도 하다. 그런데 능력을 평가한다는 것은 무엇인가?

---

4) 예컨대 이런 능력중심주의의 문제를 제기하고 반론을 펼치면 마치 '좌파'니 '종북'이니 하는 무모하고 비논리적인 색깔을 뒤집어씌워서 공격하는 것이다.

인간의 다양한 영역에서의 다양한 성향·환경·특징·관심사 등을 객관적으로 평가해서 점수를 부여한다는 것은 애초에 불가능하다. 능력 내지 실력이라는 것은 사회의 지배적 체제와 계급에 의해 규정된 평가 기준에 의한 것이며, 그것은 지배세력 혹은 기득권세력에게 가장 유리한 것이거나 그들이 이미 점유하고 있는 것이다. 그러므로 애초에 능력이라는 것은 중립적 개념이 아니라 정치적 차원에서 지배세력을 가장 앞에 세워놓은 후 나머지 사람들을 뒤쪽으로 줄 세우기 위한 방식이 될 수밖에 없다. 능력의 문제에서 중요한 것은 어떤 사람이 몇 점의 능력을 갖는지, 몇 등의 능력자인지를 가리는 것이 아니라 그 능력을 누가 규정하는지, 능력의 평가 기준·규칙은 누가 정하는 것이며, 그 기준·규칙은 정당하고 인간적인지에 대한 질문이어야 한다. 그렇지 않은 능력중심주의는 능력을 절대시함으로써 계급적 차별을 정당화하고 지배질서를 공고히 하고자 하는 지배이데올로기일 수밖에 없다.

차별과 배제를 딛고, 억압과 착취와 무시와 모욕을 제거하기 위한 개념을 정의라고 한다면, 정의의 문제는 능력중심주의의 허구성과 지배논리적 성향을 비판하는 것에서 출발해야 한다. 사회적으로 소외되고 억압된 이들을 개인의 능력 부족과 노력 부족으로 원인을 돌림으로써 공동체 통합의 규칙을 호도하는 논리는 정의를 지향하는 이들에게 절실한 비판 대상일 수밖에 없다.

여기까지 이해를 할 때 비로소 왜 비평에 있어서 정의의 문제가 중요한 것인지 논설될 수 있다. 비평을 평가와 관련된 행위로만 보게 되면, 자연스럽게 '잘함'과 '못함'을 구분하게 되고, 작품에 대한 점수를 부여하게 된다. 그런데 예술을 상대평가한다는 것 자체가 어불성설이며, 예술에 대한 점수부여 작업은 이미 그 자체가 예술을 예술로 보는 것이 아니라 기능적 숙련도 차원에서 바라보는 것이기 때문에, 그 행위 자체가 예술비평이 되지 못한다. 즉 점수화와 서열화를 염두에 둔 예술비평은 성립되지 않으며, 점수화와 서열화를 예술비평이라고 생각하는 것 자체가 예술의 죽음을 전제로 하는 것이다. 게다가 '잘함'이라는 것은 결국 앞서 언급한 능력의 영역에 해당한다. 어떤 예술가가 '잘함'을 인정받는다고 할 때, 여기에는 개인적인 노력도 물론 포함되겠지만, 그런 노력을 가능하게 하는 경제력, 정보력, 환경과 인맥 등이 총체적으로 관여되어 있다. 그리고 이렇게 '잘하는', '주목되는', '뛰어난' 예술가들에 대한 비평적 관심과 그에 상응하는 평가행위는 그를 '훌륭한' 예술가로 포장하게 한다.

그러나 이런 비평행위는 결과적으로 지배이데올로기의 충실한 대변행위가 될 수밖에 없다. 앞서 능력이데올로기가 지배이데올로기가 될 수 없음을 지적한 것과 같은 맥락이다. 게다가, '잘함'에는 다양한 사회적 조건이 결합될 수밖에 없고 그 사회적 조건은 개인에 따라 다른 상대적 조건이지만, 그것을 간과한 채 절대적 평가점수로서 '잘함'이라는 등위를 부여하는 것은 공정한 평가의 측면에서도 오류이다. '잘함'을 '잘함'이라고 말하고 '못함'을 '못함'이라고 비평행위를 하는 것은 그런 측면에서 비평의 자해행위이다. '잘함'을 위해서는 특수목적중고등학교와 국립대학교를 나오거나 남다른 재력과 정보력과 인맥과 권력을 소유하고 있을 때 가능성이 높아짐에도 불구하고, 제반 '조건'의 차이를 무시하는 것이야 말로 반비평적 자세가 될 수밖에 없다. '잘함'의 '규칙'을 제정하는 세력과 예술가들을 줄 세우려는 세력이 누구인지에 대한 성찰이 평가행위보다 훨씬 본질적인 비평의 문제에 해당한다.

이것이 바로 인정받고 있는 예술가들에게만 관심을 가져서는 안

되는 이유이자 예술에 있어서 능력중심주의를 배격해야 하는 이유이다. 이것이 결여된 '평가로서의 비평'의 엄격함과 냉정함은 권력의 홍위병으로서의 비평에 해당한다. 경제력과 정보력이 없어서 특수목적중고등학교에 가지 못한 이들, 상위권 대학을 졸업하고서도 경제력이 없어서 예술계에서 도태된 이들을 '못함'의 영역에 빠진 패배자로 낙인찍는 행위가 정당화되기 때문이다. 예술에서 비평이 필요한 이유가 무엇인가? 1%의 '잘함'과 99%의 '못함'을 나누고[5] '못함'을 주류에서 배제하고 모욕하기 위해서인가? 1%의 우수한 엘리트에 관심을 갖고 그들을 위해 설거지해주기 위해서인가? 비평이 공동체의 건강한 풀뿌리 예술문화를 위한 행위라고 할 때, 과연 예술을 등위를 설정하고 그에 따라 99% 예술가를 '열등함'으로 규정짓는 것이 떳떳한 비평행위인가? 예술가를 계급적으로 구분하고 그에 따른 차별을 강요하면서 그것을 개인의 능력 문제로 치환하는 것이 과연 비평일 수 있는가?

비평에서 중요한 것은 등위설정과 편 가르기와 '배제'의 논리가 아니라, 과연 누가 등위를 설정하려고 하며, 등위를 왜 설정하려고 하는지, 그 등위를 위한 기준 · 규칙은 누가 설정하는 것이며, 과연 타당한 것인지에 대한 성찰이어야 한다. 이것이 바로 '정의로서의 비평'이다. 기득권과 지배논리에 대한 성찰이 없는 평가와 등위설정은 예술을 비예술화하는 행위이자 권력적 행위이다. 앞서 언급했듯이 '잘함'은 능력 이데올로기에 해당하는 잣대이고, 예술가들을 줄 세우는 비예술적 개념이기 때문이다.

비평이라는 이름을 빌어 기득권적 특권을 유지하려는 것은 어쩌면

---

5) 빈익빈 부익부라고 할 때 부와 빈은 50 대 50이 아니라 1 대 99의 차이를 의미한다.

오늘날 예술계 공동의 아비투스일 수도 있다. 능력주의의 신봉, 특정 카르텔의 권력화, 사익에 대한 동물적 예민함, 인간에 대한 성찰보다 차별과 배제에 기초한 생존투쟁은 오늘날 일상화된 우리의 모습이다.

여기서 주의할 점은 '정의로서의 비평'이 획일적인 평등을 지향하는 것이 아니라는 점이다. 평등과 정의는 다른 개념이다. 비평적 정의론에서 문제가 되는 것은 부당하고 자의적인 지배의 관계이지 사회경제적 불평등 그 자체가 아니다. 불평등은 어느 사회에나 존재하며, 획일화된 평등은 오히려 폭력적 행위에 해당할 수 있다. 어느 사회에서나 지배세력은 그들만의 카르텔을 형성해서 그 구조에 성원들이 종속될 것을 강요한다. 사회적 약자들을 개인적 무능력자로 치환해서 그들의 착취와 억압을 정당화한다. 이런 구조의 불합리성을 지적하는 이를 마치 반체제인사나 불순세력처럼 호도한다. 그러나 정의는 그런 지배논리의 충실한 내면화가 아니라 그 속에서 불의에 고통스러워하는 호소를 듣고 인간과 사회를 성찰하는 데서 출발해야 한다. 정의의 문제는 불평등 자체가 아니라 부당한 불평등의 강요와 불평등 시스템에 대한 숭배 강요를 배격하는 것이며, 이것이 바로 예술에 있어서 비평의 존재이유다.

평가기준의 권력성과 이데올로기성, 비평이라는 이름의 홍위병적 행위들, 그리고 '잘함'의 허위를 인식할 때 비평 행위는 본질적 의미에서 예술 행위와 같은 맥락에 있음을 각인하게 된다. 주어진 환경에 충실하게 순응하거나 적응하는 것을 미덕으로 삼는 것이 아니라 '사회적 안티테제'[6]와 '열린 존재'[7]를 지향한다는 점에서 일치한다. 이때 필요

---

6) 안티테제라는 것은 사회의 권력과 이데올로기와 지배담론 등에 대한 비판적 타자로 설정된다.

7) 권력과 이데올로기에 의해 '갇힌 존재'와 대비되는 개념이다.(전지영, "갇힌 존재의 예술,

한 자세는 '인간에 대한 고찰', '시대와 사회에 대한 통찰', 그리고 '자아에 대한 성찰'이어야 한다.[8)]

2) 거짓 정의와 이데올로기적 예술

(1) 거짓 정의와 예술 민주주의

정의는 기본적으로 해방과 민주의 문제일 수밖에 없다. 착취와 억압, 모욕과 배제로부터 해방된 관계에서 정의의 진정성은 논의될 수 있으며, 이는 인간적 존엄의 구현이라는 민주주의의 최종적 가치와 맞닿아 있다. 아울러 예술계에 만연한 파벌주의와 권위주의, 약자에 대한 억압과 모욕의 일상화 등 부정(不正)으로부터 해방할 것에 대한 당위 역시 정의의 맥락에서 연역될 수 있다. 능력과 노력의 차이에 따른 차등적 분배를 올바른 정의의 원칙으로 보는 이념, 그리고 그 이념을 제도교육과 정치선전과 이념 강요 등 온갖 수단을 통해 정당화하려는 시도는 예술을 '위한' 것이 아니라 예술을 '지배하기' 위한 것일 수밖에 없다.

그러므로 지금 필요한 것은 정치적 민주주의를 넘어서 총체적 삶의 양식으로서의 민주주의이며, 그 속에서 지배이념으로서의 예술 강

열린 예술", 『갇힌 존재의 예술, 열린 예술』, 북코리아, 2004, 13-25쪽.)

8) 전지영, "국악-총론", 『문예연감2012』, 한국문화예술위원회, 2012, 165쪽.

요가 아니라 인간의 참된 가치를 이루기 위한 예술적 노력이 요구된다. 다시 말하면 '민주'가 정치적 개념만이 아니라 사회적 존재로서 인간의 총체적 삶의 문제를 지시한다면, 예술에 있어서 시급한 것이 바로 빈익빈 부익부와 권력 및 자본 결탁의 문제를 해결하기 위한 '민주주의'여야 한다는 것이다. 예술의 민주주의는 생산자와 수요자 양측 모두에서 논의되어야 한다. 생산자, 즉 전공자에게 절실한 것이 지배시스템에 의한 상징권력 독점의 결과로 나타난 위계화의 탈피라면, 수요자 내지 소비자에게 절실한 것은 바로 그런 지배계급의 상징권력 독점에 의한 특정 양식의 신비화 강요가 하나의 주술임을 인지하는 것이다. 예컨대 자본과 권력의 지배구조에서 엘리트 예술가로서 조명받는 이들의 '성공신화'가 얼마나 교묘하게 특권적 제도 권력을 옹호하고 얼마나 예술을 물화시키며 얼마나 다수의 예술가들을 차별과 배제의 장으로 몰아가는지는 생산자와 수요자 모두의 인식적 혁신 위에서 정의롭게 조명될 수 있다. 사회적 · 제도적 '차별'을 개인의 능력 '차이'로 환원시키는 것이 능력중심주의의 가장 비겁한 둔갑술이라고 할 때, 정의로운 예술을 위해서 필요한 것이 바로 민주주의 질서와 이념일 수밖에 없다. 그런 측면에서 "민주주의는 정의의 조건이자 그 자체로 정의의 핵심요소다"[9]라는 말은 전적으로 옳으며, 이는 예술에도 그대로 적용된다. 한국사회 예술의 현 단계에서 정의의 운동이 필요하다면, 이는 곧 예술의 민주주의 운동과 불가분의 관계를 가질 수밖에 없다.

하지만 예술의 민주화는 단순히 시스템의 민주화만을 지칭하지 않는다. 인간의 예술적 능력을 거세시킴으로써 감상자로 전락시키는

---

9) 장은주, 『정치의 이동』, 상상너머, 2012, 210쪽.

현재의 예술 개념에서 벗어나는 것이야말로 민주화의 실제적 내용이라고 할 수 있다. 예술을 인간의 활동과 삶의 맥락에서 사유하는 것이 아니라 '작품'을 예술로 생각하는 관념은 사람들을 예술로부터 내쫓고 다만 전문가의 작품을 감상할 자유만을 부여한다. 그러므로 예술을 전문가 영역으로 한정짓는 현재와 같은 개념적 오류는 사람을 예술로부터 추방시키는 결과를 가져온다는 점에서 민주의 이념에 역행하는 것이다. 이런 환경에서 예술은 전문가들을 더욱 위계화된 관계로 만들며, 아울러 더욱 견고한 능력중심주의의 늪으로 빠지게 된다. 따라서 예술을 전문가의 작품에서 '사람'의 품으로 되돌리는 것이야말로 예술의 민주화에 있어 중요한 관건이 될 수밖에 없다.[10)]

이때 민주화는 엘리트적 전문가의 작품을 더 많은 대중에게 향유할 수 있도록 하기 위한 노력을 지칭하는 것이 아니다. 그것이야 말로 전형적인 거짓 민주화의 논리이며, 거짓 예술정책의 표본이기도 하다. 대중을 예술의 감상자로 전락시키는 것이 아니라 참여의 주체이자 실천의 주체로 상정하는 것이 민주화의 핵심이다. '작품'에서 '사람'의 품으로 되돌린다는 것은 이런 실천과 참여의 가능성을 이야기하는 것이다. 예술이 사람들의 삶 속에서 실천되고 공동체 속에서 참여를 통해 구현된다는 가능성을 염두에 두지 않고 '훌륭한 작품'을 감상할 기회를 많이 제공하는 것은 민주화와 거리가 멀 뿐만 아니라 오히려 반민주적 관점에 해당한다.

10) 그러므로 여기서 예술의 민주화는 작품 감상 기회의 복지적 보급 측면의 문화민주화와는 다른 맥락이다.

(2) 이데올로기적 국가장치로서 예술

계급주의적 사회통합방식은 지배계급이 자신들의 가치와 문화를 보편화시키고 그것을 사회적 규범으로 정착시키는 것이다. 그 과정에서 지배계급의 생활방식과 가치체계는 표준적 '좋음'으로 인정되고, 그에 맞추지 않는 개인은 동화와 계몽의 대상이자 적대적 타자로 설정된다. 적대적 타자는 제도적으로 배제, 폄하, 모욕, 경멸의 대상이 된다. 이와 같이 다분히 제국주의적 시스템에 의해 사회의 문화적 위계질서는 구축된다. 지배계급 이외의 구성원들은 그러한 표준적 '좋음'을 수용하도록 강요받으며, 교육을 통해 제도화에 충실하게 적응하게 된다. 그들의 자기정체성이라는 것은 실은 자신의 것이 아니라 지배계급의 표준화 작업에 길들여진 결과이다. 길들여짐은 물론 자발적이 아니라 강제된 것이며, 이데올로기의 체화과정이다. 하지만 일단 길들여지고 나면 사람들은 자발적으로 움직인다. 타자에 의해 부여된 생활방식과 가치체계를 자기정체성이라고 인식함과 동시에 그는 주어진 위계구도에 적응하지 못하거나 반대하는 이들을 앞장서서 모욕하고 배제한다. 강요된 수동성이 왜곡된 적극성으로 변질되는 과정에서 제도적 차별과 배제는 정당화된다. 그러므로 지배계급을 제외한 모든 구성원들은 문화적 식민성을 내면화한 채 이데올로기적 삶을 살아가게 되며, 예술가들 역시 예외가 아니다.

이런 시스템에서 예술이 사회적 억압과 차별을 성찰하기보다 지배적 엘리트주의에 빠져있을 때, 그리고 그런 엘리트주의를 능력의 관점에서 정당화할 때, 그 예술은 더 이상 예술이 되지 못한다. 정의의 이름으로 예술을 반성하지 않을 때 예술은 사람의 품으로 돌아올 수 없다.

예술에 있어 정의의 운동이 필요하다는 사실은 역으로 예술이 부정(不正)에 노출되어 있고 비평이 권력의 홍위병 역할을 하고 있다는 점을 말해준다. 예술을 통해서 인간과 사회와 시대를 발견하기보다 체제에 의해 부여된 작품경향만을 반복하고 능력이데올로기를 철저하게 체화하게 되는 현실은 분명한 한 가지 사실을 말해준다. 한국사회에서 예술은 '이데올로기적 국가장치'에 해당한다는 것이다.

현실적으로 예술계의 위계질서, 특히 예술을 작품과 동일시하는 작품중심주의에 기반한 위계질서는 하나의 확립된 규범으로 작동한다. 이 규범은 계급적 지배에 의해 확립된 것이다. 이런 상황에서 예술을 한다는 것은 곧 이데올로기적 실천을 한다는 것을 의미한다. 예술이 지배체제에 의해 부여되고 위계화된 작품체제를 의미하고, 자본과 권력을 소유한 이들을 정점으로 '능력'에 의해 줄 세우기가 되어 있는 시스템은 전형적인 지배 재생산 시스템이다. 정의의 진정성이 폄하되고 능력이데올로기의 거짓된 정의론이 횡행할 때 예술은 필연적으로 지배체제의 재생산 구조일 수밖에 없는 것이다. 이런 이데올로기적 국가장치는 알튀세르가 지적하듯이 이데올로기적 작동체제임과 동시에 부수적으로 억압적 작동체제이기도 하다.[11] 매우 상징화된 억압체제로서의 교육시스템과 결부된 문화적인 '이데올로기적 국가장치'는 예술이라는 이름으로 신비화된다.

제도교육에서 선별적으로 채택된 커리큘럼들, 공적 기금 지원이라는 이름의 '검열제도' 등 현재 예술계를 둘러싼 환경은 모두 지배이

11) 루이 알튀세르, "이데올로기와 이데올로기적 국가장치", 『재생산에 대하여』, 김웅권 옮김, 동문선, 2007, 367쪽.

데올로기에 의해 규정된 가치와 상징들만을 통용시키고 있다. 거시적으로 볼 때, 현 체제 안에서 자본과 권력에 의해 조장되고 용인되는 것들을 재생산하는 역할을 담당하는 예술은 자본과 권력이라는 지배체제를 상징적 폭력을 통해 정당화하는 구조·속성을 갖고 있다. 어쩌면 현대 한국사회에서 예술은 이데올로기적 국가장치를 넘어서 거의 억압적 국가장치로 기능하고 있는지도 모른다.

권력은 '관계'에 의해 규정되는 질서이다. 그것은 일종의 물화된 질서이다. 이데올로기 또한 인간이 환경·조건들과 맺는 상징적 관계를 표상하며,[12] 실천행위를 통해 물화된다. 그것은 관념을 지배한다. 관념은 실은 이데올로기가 부여한 것이며 관념으로서 관념은 존재하지 않는다. 관념은 이데올로기 영향하에 있으며, 그것은 체제와 제도의 헤게모니 점령을 통해 생산되고 유지된다. 예컨대 전통예술과 관련된 신토불이 식의 미화, 전통예술 현대화나 세계화 논리들, 기타 전통예술 내외에 가득 차 있는 수많은 '관념'들은 모두 이데올로기의 부산물들에 해당한다. 예술가들이 이데올로기의 조종에 의해 움직이면서도 그 자체를 인지하지 못하는 것은, 예술이 이데올로기적 국가장치이며 상징적 관계의 점령을 통해 지배영속성을 보장받기 때문이다. 그러므로 자본주의 시스템에서 예술가는 자본과 권력에 의해 생성된 이데올로기적 사유체계에 충실할 수밖에 없다. 그런 측면에서 오늘날 한국사회에서 예술을 움직이는 최종심급은 권력과 자본이다. 따라서 예술과 관련된 담론은 모두 이데올로기의 변형이라고 할 수 있다.

---

12) 루이 알튀세르, "이데올로기와 이데올로기적 국가장치", 384쪽.

3) 품위의 예술과 속물의 예술

(1) 품위 있는 예술

아비샤이 마갈릿(Avishai Margalit)은 품위 있는 사회를 '제도가 사람을 모욕하지 않는 사회'로 정의했다. 그는 품위 있는 사회와 문명화된 사회를 구분했다. 그의 규정에 따르면 문명화된 사회는 구성원들이 서로 모욕하지 않는 사회이며, 품위 있는 사회는 제도가 사람을 모욕하지 않는 사회이다.[13] 모욕에 있어 보다 주목해야 할 것은 개인 간의 관계에서 배태된 모욕이 아니라 사회구조 혹은 제도에 의한 모욕이다. 마갈릿에 의하면 개인 간의 모욕이 없는 것은 문명화된 사회의 모습이고 구조적 모욕이 없는 것은 품위 있는 사회이다. 구조적인 모욕은 제도에 의해 합법적으로 이루어지며, 차별과 배제에 의한 자존감의 손상이 개인을 향해 규범적 차원에서 가해지는 것이다. 제도적 모욕은 제도와 규범에 의한, 혹은 제도와 규범에 영향을 미치는 사람에 의한 모욕이다. 그러므로 사회의 품위는 이와 같은 제도적 모욕을 제거하기 위한 노력에 의해 유지되며, 품위 있는 사회에서는 제도적 모욕을 당했을 때 그에 대한 저항이 폄하되지 않아야 한다. 이는 결국 인간의 존엄성의 측면과 연결된다. 예컨대 사회적 약자에 대한 차별을 개인의 능력과 노력 부족의 차원으로 돌리면서 합리화하는 모습, 소수자들을 호모사케르화하면서 차별적 정책을 펼치는 모습 등은 모두 인간으로서의 가치를 존중하

13) 아비샤이 마갈릿, 『품위 있는 사회』, 신성림 옮김, 경기 파주: 동녘, 2008, 15쪽.

지 않는 제도화된 모욕의 전형들이다. 그러므로 이때 품위는 정의(正義)와 밀접한 관련을 갖는다. 다만 마갈릿에 의하면 "정의로운 사회는 모두 품위 있는 사회여야 하지만, 그 역은 성립하지 않는다."[14] 그러므로 여기서 정의는 품위보다 더 엄격한 개념에 해당한다.

그렇다면 사람을 모욕하지 않는 예술, 제도적 차별과 배제를 탈피 · 극복하려는 예술이야말로 품위 있는 예술이라고 할 수 있다. 예술에서 품위를 논의할 때, 품위 있는 사회의 예술과 품위 있는 예술의 차이가 있다. 둘 다 필요한 것이지만, 보다 중요하게 논의되어야 할 것은 '품위 있는 예술'에 대한 것이다. 품위 있는 사회는 예술이 이미 이데올로기적 국가장치의 굴레를 벗어날 수 있는 사회이며, 그 속에서 인간과 사회에 대한 반성과 고찰은 예술의 이름으로 실천될 것이다.

하지만 품위 있는 예술이라고 했을 때는 조금 더 미시적인 성찰이 요구된다. 물론 품위라는 것이 흔히 이야기하는 고급문화라는 개념과는 전혀 다르다. 고급이라는 것 자체가 '품위 없는' 개념설정에 기반하고 있기 때문이다. 고급문화라는 것은 주류지배계급의 취향과 가치관에 의해 규정된 개념이며, 그 범주에 들지 못하는 대부분 양식들은 타자화되고 '고급이 아닌' 것으로 폄하되어 제도적으로 차별된다. 따라서 이는 이미 제도적 '모욕'과 '배제'를 전제로 만들어진 개념이다. 제도적 차별과 배제의 또 다른 전형적인 예는 사회주의적 사실주의와 같은 것이다. 특정 이데올로기적 성향만을 규범으로 설정하고, 체제유지를 위한 수단으로 예술의 가치를 평가하는 시스템이야말로 전형적인 이데올로기적 국가장치로서의 예술적 모습에 해당한다.

---

14) 아비샤이 마갈릿, 『품위 있는 사회』, 17쪽.

그렇다고 해서 예술의 자율성이 품위와 바로 직결되는 것은 아니다. 많은 예술가들이 '자유'를 이야기하고 어떤 외적 규정으로 자신들을 설정하는 것에 대해 부정한다. 그들은 '무엇으로부터의 자유'를 생각하는지에 대한 개념이 분명하지 않다. 인간이 사회적 존재인 만큼 인간에게 있어 '모든 것으로부터의 자유'는 존재하지 않는다. 예술가들을 억압하고 있는 것이 무엇이며, 그들이 무엇으로부터 자유롭고자 하는지에 대한 분명하고 정교한 사고가 없을 때, 그들이 말하는 자유 혹은 자율은 방종으로 흐르게 될 개연성이 커진다. 외적 규정(예컨대 어떤 음악가들의 음악을 월드뮤직, 퓨전, 크로스오버 등의 이름으로 규정하는 것)이라는 것과 사회적 의미성에 대한 번민을 혼동하거나[15] 관습적 사고의 탈피와 자신들의 예술적 방종의 합리화를 혼동하는 것은 쉽게 볼 수 있는 현상이다. 말로는 예술의 자율 혹은 예술가의 자유를 이야기하면서도, 실제로는 가장 규격화되고 가장 관습화된 자본주의적 무대공연 양식과 자본주의적 상품 소비 시스템을 통해서 자신을 검증받는 '타협'에 그치는 모습도 어렵지 않게 발견된다. 자유를 이야기하면서 자본주의적 구속에 기꺼이 안주하는 모습은 자신들이 추구하는 자유가 무엇으로부터의 자유인지에 대한 사고가 애초부터 정교하지 않았기 때문에 나타나는 현상이다. 사실 그들이 자유롭고자 하는 것은 '관습화된 시각'으로부터의 자유, '타자의 시각'으로부터의 자유로움에 해당한다. 그래서 새로운 예술작품을 지향하고 남들이 자신들의 예술을 이런저런 언어로 규정짓는 것을 싫어한다. 그런데 이런 관습이나 타자의 시각은 모두 이데올로기의

---

15) 자신들의 예술을 함부로 규정하는 것을 거부하는 것과 자신들의 예술이 가진 사회적 의미성에 대한 숙고하는 것을 거부하는 것은 매우 다름에도 불구하고 양자를 동일시하는 것

영역에 존재한다. 관습은 말할 것도 없고 타자의 시각 역시도 지배체제에서의 지배담론에 의해 형성된다. 그러므로 그들이 지향하는 것은 결국 이데올로기 영역에 포괄되는 일부의 것으로부터의 자유이지만, 이데올로기는 그들이 탈피하고자 하는 것 외에 다른 부분도 포괄하고 있다. 예컨대 그들이 그토록 벗어나고 싶어 하는 관습화된 시각은 이데올로기적 관습의 일부분이다. 음악가들이 단지 악기편성이나 선율적 특성 등 일부분의 관습으로부터의 탈피를 생각할 뿐 자본과 제도가 지배하는 관습에 대해서는 관심이 없다면 아무리 해도 관습을 벗어나지 못한다. 더불어 남들의 시각 역시도 사회제도가 만들어낸 것이므로 그들은 벗어날 수 없다. 결국 그들은 이데올로기 지배의 극히 부분적인 면에서의 자유를 이야기할 뿐 보다 근본적인 자유에 대해 진지한 사고를 하지 못하는 것이다. 그러므로 그들의 자유는 제도의 틀 안에서 다시 검증받고자 하는 왜곡된 타협으로 귀결될 수밖에 없다. 그것은 예술적 자유에 대한 사유가 아니라 사회에서 인정받고자 하는 욕망의 발현일 뿐이며, 이는 자신들의 방종을 합리화하기 위한 언어유희에 해당한다.

그러므로 이데올로기적 강제뿐만 아니라 사회적 구속으로부터 탈피의 욕망 역시 품위와는 거리가 멀다. 제도 자체를 구속의 주체로 보는 것은 무정부주의에 해당한다. 품위 있는 예술은 무정부주의적 예술을 지칭하는 것이 아니라, 관습화되고 제도화된 억압과 모욕에 대해 저항하는 예술이라고 할 수 있다. 이는 거창하게 말하면 예술을 통해 인간적 존엄을 발견하거나 구현하거나 표현하려고 하는 것이다. 그러므로 품위 있는 예술은 어떤 정형화된 완결체의 장르로 구축되어 있는 것이 아니다. 오히려 끊임없이 완결시켜나가려는 영원한 미완성의 상태에 있으면서 인간과 사회에 대해 성찰해나가야 하는 것이다. 인간이 신이 아닌 이상 완결된 품위는 언제나 피안의 것일 수밖에 없으며, 그런 면에서 예술적 품위는 과제이자 목표라고 할 수 있다. 다시 말하면 이미 존재하는 어떤 작품이나 장르가 품위 있는 예술의 표준이거나 전형으로 간주될 수 없다는 말이다. 표준이나 전형이 되었을 때 그것은 이미 하나의 헤게모니가 되어있는 것이기 때문에 품위는 유지되지 못한다.

흔히 하는 질문 중에 이런 것이 있다. 완결성이 대단히 뛰어난 어떤 작품이 있는데 그 작품이 파시즘의 선전 작품이라면, 그 작품에 대한 평가는 어떻게 내려야 하는가? 이것은 '모욕적이어도 훌륭한 작품이 될 수 있는가?'라는 표현으로 바꾸어 말할 수 있다. 하지만 이 질문은 사실 무의미하다. 모욕적이어도 훌륭한 작품일 수 있다는 것은 전형적인 지배계급의 논리이기 때문이다. 인간에 대한 억압과 차별과 모욕을 위한 작품이어도 완결성이 높으면 훌륭하다고 판단할 수 있다는 것은 오늘날 변함없는 한국사회의 지배적 논리이기도 하다.

예컨대 어떤 위대한 전위적 작품 혹은 시대를 앞선 통찰력이 돋보이는 작품이 파시즘의 홍보용으로 제작된 경우, 혹은 친일작품인데 예술적으로는 뛰어난 작품(물론 실제 이런 작품은 존재하기 어렵다), 나아가 군국주의나 군사독재를 위해 봉사한 인물이면서 대한민국 예술계에서 권위를 누린 인물에 대한 평가에 이르기까지 모욕의 정당화를 위한 부정(不正)한 논리는 지금도 팽배해있다. 인간에 대한 존엄보다 특정 지배권력을 위한 작품은 '순수'의 관점에서 혹은 '예술 그 자체'의 관점에서 그 '작품성'이 높이 평가될 수도 있지만, 그런 예술적 논쟁보다 중요한 것은 '품위'의 관점이다. 어떤 식으로든 그것들은 제도적 모욕을 위해 생산되었으며, 그것들은 '품위 없는 예술작품'이자 '품위 없는 사회의 예술작품'이다. 그것들을 끊임없이 작품의 완결성만 갖고 파악하려는 자세야말로 과거의 어두운 악행이나 탐욕의 기억을 세탁하고자 하는 이들이 장려하고 강요하는 자세이다. 어두운 과거가 제대로 극복되고 청산되지 않은 채 과거의 지배세력이 변화된 시대에도 여전히 지배세력으로 자리 잡고 있을 때 그들이 필사적으로 고수하려는 것은 바로 과거의 잘못을 장점으로 둔갑시키려는 태도이다. 그럴 때 예술을 오로지 작품성의 관점에서만 파악하는 것을 미덕으로 장려하게 되고, 그렇게 되면 과거 악행의 주체들은 일종의 사회적 면죄부를 부여받게 된다.

이런 반(反) 정의(正義)의 왜곡된 논리가 지닌 함정에 빠지지 않기 위해서는 '품위'의 문제가 예술에서 중요하게 사고되어야 한다. 즉 예술작품의 작품성에 대한 논의보다 더 중요하고 우선시되어야 하는 것이 바로 '품위'의 문제임을 인식해야 하는 것이다. 게다가 모욕적인 작품, 품위에 반하는 작품을 단지 작품적 완결성의 관점에서 높이 평가하는 문제는 단지 과거 극복만의 문제가 아니다.

예컨대 현대음악이라고 하는 것 역시 같은 맥락에서 비판되어야 한다. 어떤 사회적 문제의식이 없이 엘리트주의적 욕망이 지배하는 양식화된 현대음악들은 전형적인 '품위 없는 예술'에 해당한다. 권위를 부여받은 양식은 곧 그 권위를 통해서 타자를 우월적 자신과 다른 부류로 차별하게 된다. 제도적 · 관습적 차별과 배제는 곧 타자 모욕으로 연결된다. 그것이 갖는 과시와 배제의 경향은 그것을 고급예술로 인정하는 사회제도에 의해 구축되며, 그것은 제도와 체제에 의해 훌륭한 작품으로 인정받지만, 따지고 보면 그것이 훌륭하다고 인정받아야 할 규범적 당위는 존재하지 않는다. 오히려 전형적인 제도적 모욕의 실천적 예술에 해당한다.

다국적 문화산업에 의해 대량생산 · 대량소비 되는 상업화된 음악

장르 역시 상업화라는 것이 인간의 노동을 교환가치에 의해서 재단하는 것이므로 이미 그 자체로 인간 존엄성과 거리가 멀다. 그 전제 자체가 품위보다는 모욕에 있으며, 존엄한 존재로서가 아니라 이윤을 남기기 위해 존재하는 대상으로 인간을 폄하시킨다. 역으로 사회와 역사와 무관한 개인적 · 사변적 작품들은 얼핏 남을 모욕하지 않은 것 같지만, 사회적 의미성이 없으므로 품위와 거리가 있다. 품위나 모욕은 남과의 관계를 통해 생성되는 것이며, 설사 남을 모욕하지 않더라도 품위는 없을 수 있다. 인간 존엄성 지향과 관계가 없기 때문에 존재 이유가 없는 작품이라고 할 수 있다. 한편, 진보의 도구로서 혹은 사회 불평등 해소를 위한 실천으로서의 특정 경향성 음악은 표면적으로는 모욕 · 배제와의 싸움에 그 의미가 있는 것처럼 보인다. 하지만 과도한 도구주의와 스탈린주의적 타자관으로 물들 위험성이 크며, 이념적으로는 정의로운 사회를 지향하지만 품위 있는 예술로 볼 여지는 많지 않다.

품위 없음의 모습은 전통음악에서 특히 적나라하게 드러난다. 전통음악에서 '정악은 바른 음악'이라는 스테레오타입은 음악에 선천적 특성을 부여하려고 한다. 그 음악을 연주하는 이의 마음가짐을 고려하는 것이 아니라 그 음악을 이미 선험적으로 바른 음악으로 간주하는 태도는 그 음악을 연주하면 '선비'처럼 살게 된다는 허위의식으로 연결된다. 이는 도식적 단순성의 문제가 아니라 이데올로기적으로 규정된 특징을 불변의 속성으로 바꾸어놓은 것이다. 그것은 문화적 지배집단에 의해 지배되는 문화제도들 중 하나라고 할 수 있다. 나의 음악이 '바른 음악'이라고 사유되는 순간 타자의 음악은 '그른 음악' 혹은 '속된 음악'으로 분류되며, 이는 제도적으로 이미 공고화되어 있다. 자신이 옳음의 주체라고 스스로 포장할 때 속으로는 타자를 경멸하면서 겉으로는 애써 체통을 지키는 이중적 태도를 보이게 된다. 즉 제도적 모욕을 일상화하면서 표면적으로 표정만 관리하는 것인데, 이는 위선적 문화에 해당한다. 품위는 있지만 위선적인 문화를 갖는다는 것은 설정오류이다. 위선이 지배하는 사회는 품위 없는 사회이다. 위선이란 직접적이지 않을 뿐 다양한 방식으로 결국 모욕과 배제를 행사하게 된다. 겉으로는 체통을 지키는 척하면서 학맥과 인맥을 챙기는 행태가 만연한 예술계의 현상은 이런 위선적 문화와 무관하지 않다.

그런 면에서 어쩌면 전통음악에서 정악이라는 장르는 품위의 개념에 적대적인 음악일 수 있다. 감정을 감추고 느린 템포를 가진다는 양식적 특성을 가지고 품위를 이야기할 수 없다. '바르다'라는 말을 가지고 음악의 편 가르기를 하는 것이 문제이다. 하지만 이는 음악 자체의 문제가 아니다. 오히려 음악에는 죄가 없다. 아름다운 음악을 그러한 방식으로 해석하고 권력화한 '이데올로기'가 문제이다. 사람들의 행위에 의해 이데올로기적으로 모욕과 배제를 합리화하는 품위 없는 음악사회가 조성된 현실에서, 품위 있는 음악을 위해서는 모욕감을 느끼게 하는 조건들과 싸우는 것이 요구된다. 선험적으로 '바른 음악'이라는 폐쇄적 자아도취를 이데올로기화한 품위 없음에 대한 쟁투는 곧 음악의 문제가 아니라 인간의 존엄성의 문제로 귀결된다.

그렇다면 과연 음악 자체의 품위, 나아가 예술의 품위는 어떻게 가능한가? 인간의 행위가 아닌 예술성 자체의 품위는 논의가 가능한가? 품위 있는 예술을 한다는 것은 무엇인가? 결론적으로는 이데올로기와 모욕을 넘어서 존엄성을 지향하는 '규범적' 창작행위를 지칭하는 것이 될 것이다. 그 출발점이 바로 품위를 위한 '행위 반성'에 있다고 할 수 있다. 품위를 찾는다는 것은 곧 실천의 문제로 연결된다. 어떻게 실천적으로 품위를 찾을 것인가가 예술에 있어 가장 우선시되는 고민 지점이 되어야 한다. 예컨대 예술적 품위의 문제는 ① '예술사회의 정화 노력', ② '모욕과 무시의 가장 원초적 힘인 제도화된 자본과 관습화된 이데올로기에 대한 저항 노력'에서 실천이 시작되어야 한다. 여기서 ①은 관습화된 이데올로기이며 ②에 포괄되므로 결국 ②의 문제로 귀결된다. 제도화된 자본으로부터 해방은 상품화의 저항을, 관습화된 이데올로기로부터 탈피는 예컨대 특정 양식적 현대음악이나 전통 등에 대한 신비화의 탈피를 이야기하는 것이다.

(2) 속물주의와 인정투쟁

속물주의는 일종의 왜곡된 인정투쟁의 산물이다. 사회적 인정의 욕망이 맹목적 사익(私益) 추구와 과시적 경제주의로 표출되는 왜곡된 현상은 과도한 경쟁주의와 약자에 대한 제도적 차별의 기억 · 경험과 무관하지 않다. 공동체적 참여와 공감보다 '존경'과 '모욕'의 극단적 차이가 지배하는 사회에서 물질적 비교우위의 과시나 타자 배제의 욕망은 절박한 생존방식 중 하나가 될 수밖에 없다. 자신의 세속적 이익을 위해 실제 자기와 다른 모습을 보여주어야 하는 체제, 생존을 위해 타자의 희생에 무감각해져야 하는 사회, 남에 비해 우월적 다름을 보이지 않으면 불안해지는 집단심리의 시대, 이런 속물시대의 예술은 그 속물적 욕망의 표출수단이 된다.

신분제가 해체된 표면적인 평등사회에서의 인정투쟁은 예술가들의 생존을 규정한다. 그리고 그런 인정투쟁의 본능적 욕망을 이용한 엘리트주의 예술가들의 종속적 삶은 강화된다. 자본에 충실한 종속적인 삶을 살면서 동시에 자신들이 남과 구별된다는 만족감이 바로 남과 구별되고자 하는 인정 욕망이며, 이런 엘리트적 욕망은 그렇게 함으로써 스스로 한국사회의 지배계급으로 편입될 수 있다는 욕망이기도 하다. 이 욕망이 빚어낸 예술은 예술을 통한 인간과 사회의 통찰에 목적이 있는 것이 아니라 '인정과 구별의 욕구'라는 속물근성을 성공적으로 표출하는 것을 목적으로 하게 된다. 내적 충족이 목적이 될 때 예술은 속물화된다.

자본주의는 속물근성의 논리적 전제이거나 혹은 속물근성의 표면적 극단성을 강요하는 시스템으로 기능한다. 자본주의 체제 안에서 피동적 삶을 살아가는 개인과 예술가들의 모습은 속물적 자기도취를 강요받는다. 예술적 이상이 구현될 수 없음을 파악한 나약한 대부분의 개별 예술가들이 택하는 길이 바로 속물적 자기도취의 길이다. 이는 대중추수주의와 엘리트주의 모두에게 해당한다.

그런데 한국사회 예술에서 서구지향적 엘리트주의와 출세지상주의 및 인정 · 구별의 과다 욕구는 어쩌면 전통문화의 왜곡된 변질이 만들어낸 것이기도 하다. 엘리트주의 예술가의 인정 욕망은 유교적 입신양명의 출세주의와 물질주의의 산물이기도 한 것이다.[16] 원래 유교적 입신양명은 출세주의가 아니라 뜻을 세워 올바른 길을 감으로써 이름을 남기는 것임에도 불구하고 그것을 출세주의로 잘못 생각한 왜곡된 사고가 조선시대를 지배했고, 그것이 다시 자본주의적 속물주의 및 인정욕구 과다로 이어졌다고 볼 수 있는 것이다.

---

16) 정수복, 『한국인의 문화적 문법, 당연의 세계 낯설게 보기』, 생각의 나무, 2007.

자본주의적 '성공'이 신화로 추종되는 사회일수록, 그리고 신자유주의적 질서가 강화될수록 속물주의 역시 강화된다. 강요된 생존이데올로기가 만들어낸 속물근성이 작금의 예술계 현실을 규정짓고 있는 상황에서, 예술가 개인을 욕할 수는 없다. 물론 철학적 인식의 부재는 문제 삼을 수 있지만, 속물주의의 근원은 속물적 정치체계와 자본주의 지배구조에 있기 때문이다. 예술이 속물주의를 딛고 진정한 예술적 가치를 향해 가기 위해서는 어쩌면 지배구조의 변경이 필연적이고 궁극적 해결책이 될지 모른다. 그리고 그 궁극에는 인간의 존엄이 있다. 이를 위한 실천의 첫 단추는 폐쇄적이고 어설픈 순수성의 내면을 걷어버리고 적극적이고 능동적 차원의 예술적 진정성을 모색하려는 반성적 성찰에 있다고 할 수 있다.

속물주의가 지배하는 속물사회는 제도화된 차별과 배제가 일상화된다. 자신의 우월적 '중심', 타자의 차별적 '배제', 그리고 양자의 명확한 차이의 제도화는 오늘날 예술계의 일상이기도 하다. 다시 말하면 오늘날 예술은 전형적인 속물주의의 장(場)이라고 할 수 있는 것이다.

배타적 집단주의의 완성을 위해 끊임없이 '타자들'을 배제하는 것은 예술 장르 불문 공통적 현상이다. 이런 차별과 배제는 보다 적극적이고 공격적인 규범으로 자신을 포장함으로써 강화된다. 그래서 소위 고급예술이라는 허위적 장르일수록 그 안에 복잡하고 까다로운 '예법'을 준수하려고 하며, 고상한 언어로 자신을 포장하려고 한다. 유교적 제례의식이 복잡하고 까다로울수록 더 뼈대 있는 집안이라는 막연한 인식처럼, 예술 장르 역시 과시적 엄숙주의는 지배 장르의 보편적 특징을 이룬다. 자신을 과시하고 남과 구분짓기 위해 더 까다롭고 복잡한 절차와 규정들을 만들어내는 욕망이 있는 것이다. 예컨대 전통음악에서 정악이라고 부르는 음악들(가곡, 영산회상)은 풍류의 실제 관념보다 더 과도하게 엄격화된 자세, 탄법, 시김새 처리 등을 요구한다. '정악은 악기가 달라야 한다', '정악은 연주 자세도 달라야 한다', '정악의 시김새는 이러이러해야 한다' 등등의 관습은 구분과 배제에 그 의미를 두는 것이다. 이 때문에 이 음악들의 연주속도는 갈수록 느려지고 있으며, 애초 풍류음악이 가졌던 자유로움보다 엄격한 예법적 구속이 강화되고 있다. 중요한 것은 연주자가 그 음악을 어떻게 자기의 것으로 만들어 자신의 음악으로 재생산하는가에 있지, 관습에 의해 주어진 외적 규정에 있지 않음에도 불구하고 이러한 정악의 이념이 보편적 윤리인 것으로 과잉해석됨으로써 타 장르의 음악에 대한 과시와 배제의 현재진행형을 이룬다.

속물주의가 예술의 예술성 포기와 인간의 존엄성 훼손과 관련이 있다고 할 때, 그 결과는 품위 없는 예술로 귀결될 것이다. 그러므로 속물주의 극복과 예술적 품위를 위한 쟁투의 점화는 예술에 있어서 인간 존엄성 지향이라는 가장 기본적 차원에서 같은 길에 있다고 할 수 있다. 품위를 위한 쟁투는 복지의 문제와 다르다. 시혜적 차원의 복지는 예술적 자존심을 대가로 하는 거래로 전락할 수 있다. 문예진흥기금과 같은 공적 기금의 예술지원 형태는 예술에 대한 관료주의적 구별을 통한 값싼 선심 베풀기 시스템에 해당한다. 전통과 인간과 사회에 대한 차원에서 접근하지 않음으로써, 예술가의 자존심을 철학 없는 복지적 분배시스템의 거래물로 전락시키는 것이다. 예술가를 작품중심주의 구조 위에서 생존자금을 무기로 위계화시키게 되면 예술의 인간과의 거리는 더욱 멀어질 수밖에 없고, 권력과 자본을 가진 지배구조는 더욱 공고화된다. 그러므로 현재와 같은 시혜적 예술복지정책의 '품위 없음', 청년 예술가들의 생존 위험과 구조화된 좌절의 '품위 없음'은 오늘날 예술적 속물주의의 아비투스를 대변하는 것이라고 할 수 있다.

그러므로 품위를 위한 쟁투는 도덕적 실천과 불가분의 관계를 갖는다. 이는 전통예술에서도 마찬가지다. 전통예술은 문화예술 자체가 아니라 도덕적 정체성의 개념에서 이해해야 하며, 그래야 비리와 부조리가 만연한 예술계의 반성이 이루어질 수 있다. 하지만 도덕은 실천이 전제되지 않으면 무의미하다. 예술과 전통과 자아의 정체성은 정의·품위에 대한 도덕적 구현의 실천이라는 틀 안에서 이해되어야 한다. 그렇게 하지 않으면 모든 인습과 악습도 '전통'이라는 이름으로 정당화될 수 있으므로 중요한 것은 전통 그 자체가 아니라 도덕적 실천이 맞물린 전통에 대한 이해이다. 이렇게 볼 때, 예술에 있어 정의와 품위는 인간 존엄성을 위한 실천적 투쟁의 개념이며, 예술은 도덕과 유리될 때 죽음을 맞을 수밖에 없을 것이다.

4) 예술적 참수와 호모사케르

푸코의 지적대로 근대국가가 영토국가가 아니라 인구국가이고 통치가 영토를 다루는 것이 아니라 인간의 생명을 다루는 것이라고 할 때, 정치의 기술은 '순종하는 신체'에 대한 통제에 있다고 할 수 있다. 이른바 '근대' 체제, 특히 자본주의체제는 권력적 생명관리능력의 정교화와 규율화에 힘입은 것이라고 할 수 있다. 이는 역으로 인간의 생명이 정치에 의해 규정되는 시스템이라고 할 수 있다. 그 속에서 정치는 생명의 보호장치이면서 동시에 홀로코스트를 가능하게 하는 이중적 장치이다. 인간은 표면적으로 존엄을 가진 존재라고 교육되면서도 실제로는 국가에 의해 관리되는 생물학적 존재로 변모되며, 그것은 일종의 사육체로서의 존재이기도 하다. 정치기술의 정교화와 국가관리 사육체로서 인간의 모습은 근대국가의 생명관리권력적 통제에 의한 결과물이다. 나아가 푸코에게 있어서 신자유주의적 야만성은 전형적인 생명관리정치의 모습에 해당하는 것이었다.[17)]

'근대'의 이데올로기를 은밀하게 지배하는 것이 바로 이 생명관리 시스템으로서 정치의 문제이다. '근대'가 겉으로는 개인의 가치를 발견하고 중시하는 것 같지만, 그리고 국가가 개인의 생명들을 보살피는 것 같지만, 다른 한편으로 국가 통제에 순응하게 하고 개인의 의식을 결박시키는 전체주의적 가능성을 강화시킨다는 것은 부정할 수 없다. 그러한 시스템에서 개인은 자신의 목소리를 없앰으로써 사회의 구성원이 될 수 있다. 즉 개인은 공동체의 이데올로기와 관습적 사고에 따를 때에만 공동체에서 생존이 가능하며 자아정체성 역시 자아의 주체적 선택이 아니라 공동체에 의해 부여된 가치·양식이기 때문에, 개인은 엄밀한 의미에서 자신의 존재를 사회에서 배제시킴으로써 비로소 사회의 구성원으로 포함될 수 있는 것이다. 개인의 진정한 가치는 사회에 의해 부여된 언어를 통해서만(즉 타자의 언어를 통해서만) 언술되며, 주체로서 자신의 목소리는 배제되어 있다. 공동체 구성원이 되기 위해서 자신의 주체적 가능성을 스스로 배제시켜야 하는 존재가 바로 근대적 인간의 실제

17) 미셸 푸코, 『생명관리정치의 탄생: 콜레주드프랑스 강의 1978~79년』, 심세광·전혜리·조성은 옮김, 난장, 2012.

적 모습인 것이다. 이는 조르조 아감벤이 이야기한 '포함적 배제관계'에 해당한다.[18] 포함적 배제는 호모사케르의 특징이다.

"희생물로 바칠 수는 없지만 죽여도 되는 생명"으로서 호모사케르는 포함과 배제가 동시에 결부되어있다. 면책살인의 대상이면서 동시에 신성한 생명으로서 희생물로 바쳐질 수는 없는 특징은 근대국가에서 인간의 특징이기도 하다. 희생물로 바쳐질 수 없는 신성함을 인정받았음에도 법의 이름으로 살인이 가능한 존재, 호모사케르로서 국민은 신성한 존재인 것 같지만 동시에 합법적으로 죽임 당할 수 있는 존재이기도 하다. 국민은 곧 생명관리정치의 대상이며, 포함적 배제의 존재인 것이다. 이때 국민은 주권자나 생명관리적 특권을 가진 이들과 차별되는 존재이기도 하다. 이런 호모사케르는 사회적으로 정당화되어 생산된다. 권력과 자본에서 '배제'된 이들은 사회구성원으로 '포함'되는 이중적 존재들이며, 권력과 자본의 소유자들로부터 열등한 존재로 암시적 강요를 받음으로써 그 존재 정당성이 유지된다.

그 정당성 논리의 핵심이 바로 능력주의이다. 인간의 생명을 타고난 신분이나 사회적 지위에 따라 품질을 구분하고, 정치 · 경제적으로 더 많은 가능성을 가진 자와 그렇지 않은 자의 차이를 개인의 능력의 차이로 간주하면서 '더 능력을 많이 갖고 더 노력을 많이 한 자가 더 많이 누린다'는 등식을 내세움으로써 피지배계급의 호모사케르화를 정당화하는 것이다. 자연물(토지를 비롯한 물질적 재화들)의 사적 소유는 실은 불평등의 원천이며 자연물이 사적으로 소유될 수 있다는 것은 근대 혹은 자본주의가 만들어낸 거짓 논리이다. 인간의 생명탄생이 능력과 노력과

18) 조르조 아감벤, 『호모사케르』, 박진우 옮김, 새물결, 2008.

의지의 산물이 아닌 한 자연물의 소유가 타고난 조건에 의해 차별적으로 이루어져야 할 이유는 없다. 즉 자연물은 사적으로 소유될 수 없음에도 불구하고 사적 소유를 신성불가침의 권리로 규정해놓음으로써 신분과 지위의 차별이 정당화된다. 차별을 만들고 차별의 규칙을 제정하는 이들은 사적 소유를 신성시하고 자신의 지배권력을 능력과 노력의 결과로 치장하며, 사적 소유물이 적거나 없는 이들을 호모사케르화하면서 능력과 노력이 없는 인간으로 규정한다.

사회구성원으로 정당한 대우를 받지 못하는 이들, 그들은 마치 늑대인간처럼 경계선의 존재이자 상징적으로 추방당한 존재들이다. 그런 현실적인 호모사케르는 돈과 권력을 갖지 못한 채 소외된 '우리 자신'이며, 겉으로는 주민등록증이 있지만 실제로는 권력과 자본으로부터 철저히 소외된 존재, 국가와 지배권력의 이익에 의해 살해될 수 있는 존재로서 호모사케르는 현대사회 국민들의 자화상이다. 그런 면에서 오늘날 우리 모두는 잠재적인 호모사케르이며 자기 존엄을 포기해야만 사회구성원이 될 수 있는 존재들이다. 게다가 사회구성원이 된다는 것은 문서상으로만 표현될 뿐, 실제로는 언제든 처벌되고 배제당할 수 있는 존재들이다. 한국사회 시민권의 실질적 권한을 누리고 있는 이들은 극소수의 지배집단에 한정되어 있다.

지배집단은 예술을 독점한다. 그들은 예술을 자신들의 취향과 가치에 맞는 것으로 한정지으며, 그것을 고급문화로 지칭한다. 고급은 곧 훌륭함과 아름다움이다. 그리고 자신들이 '점령'하고 있는 예술 취향을 모든 공동체 구성원들이 본받고 따라야 하는 표준으로 설정한다. 그 설정 작업은 교육과 정책의 이름으로 집행된다. 그리하여 구성원들은 자신의 의지와 무관하게, 그리고 자신의 취향과 무관하게, 지배자들이 설정한 훌륭함과 아름다움의 가치를 따라야 한다. 그래야만 공동체 구성원으로 인정(포함됨)받을 수 있다. 구성원들은 예술로부터 포함과 배제의 이중적 존재로서 호모사케르화된다. 그러나 한편으로는 지배집단의 취향을 누구나 쉽게 따라 할 수 있어서는 안 된다. 이를 막기 위해서는 예술을 누구나 접근하고 실천할 수 없는 것으로 간주해야 한다. 예술은 최고의 고등교육을 받은 탁월한 존재들이 할 수 있는 신성한 것이어야 하며, 사람들은 그런 고급의 예술을 향수하면서 자신의 예술적 무능력을 자인하는 존재가 되어야 한다. 이를 위해서는 예술은 고도의 능력을 가진 특수한 존재들만이 생산하는 '작품'으로 규정되어야 하며, 인간이 누구나 실천하고 구현하는 것으로 인정되어서는 안 된다. 그러므로 예술을 곧 작품으로 간주하는 작품중심주의는 인간을 예술적 포함과 배제의 이중적 존재로 규정함으로써 호모사케르화하는 이데올로기에 해당한다.

호모사케르로서 '우리'는 예술의 본원적 가능성에 접근할 수 없으며 국가가 교육과 정책으로 시혜적으로 베풀어주는 작품 감상에 수동적으로 조응할 수밖에 없다. 예술은 신성한 것으로 간주되어, 사회적 존재로서 일상의 욕망 속에 구현하고 참여하고 실천하는 것이 되어서는 안 된다고 여겨진다. 인간이 갖는 창조적 본능과 주체적 표현의 욕망은 거세되어야 하며, 위대한 작품을 남긴 예술가를 숭배할 자유와 의무는 있으되 창의적 존재로서 주체적 인간의 가능성은 참수된 상태가 되어야 한다. 예술적 참수를 당한 호모사케르가 되어서야 비로소 공동체 구성원이 될 수 있고, 그럴 때 비로소 국가적 정책과 교육에 의한 피동적 예술향수에 대해 감사하고 경외하는 '순응하는 존재'는 완성된다.

그렇다고 예술을 전공하는 이들이 다른 지위에 있는 것은 아니다.

그들 역시 극소수를 제외하면 전형적인 호모사케르적 존재들이다. 자본과 권력이 없는 이들은 주류 예술로부터 소외될 수밖에 없으며, 그들은 예술계의 피라미드 구조에서 하위에 강제로 위치하게 된다. 특히 한국사회 예술인들은 포함과 배제의 가장 극단적 양가성을 갖는 존재들이다. 그들은 표면적으로는 예술이라는 신성함을 담당하는 존재로 규정되어있다. 하지만 피라미드의 하위에 위치한 이들은 자본과 권력을 소유한 이들에 의해 예술적 참수를 당해도 좋은 존재들이기도 하다. 그들이 생존을 보장받기 위해서는 인간의 존엄에 대한 성찰의 작품이 아니라 자본을 위한 도구적 완물(玩物)을 생산해야 하며, 때로는 그들 스스로가 지배적 자본축적의 수단으로 동원되기도 한다. 그들에게 생명과도 같은 예술적 진정성은 자본과 권력에 의해 참수되었으며, 그들은 참수되어야 비로소 공동체 구성원으로 인정되어 생존할 수 있다.

정치가 호모사케르 생산과 그 생명을 관리하는 시스템이 될 때, 국가공동체는 하나의 수용소로 상징된다. 한국사회에서 예술인은 거대한 수용소에 갇혀서 관리되고 있으며, 그 안에서 어떠한 주체적 자아는 발견되지 못한다. 자신을 스스로 배제시켜야 공동체에 편입될 수 있는 것은 교육과정에서도 드러난다. 예술가들은 예술을 교육받는 것 같지만 비판정신이 거세된 채 중고등학교를 다니고 대학에서도 관습적 틀의 사유에서 벗어나지 못한다. 그들은 실은 예술을 학습한 것이 아니라 예술에 필요한 기능만을 학습한 것이다. 하지만 그런 교육과정을 거치지 않으면 예술인으로서 인정받지 못한다. 자기 자신의 의견과 인간으로서 자신의 이름을 지워야만 공동체에서 인정받을 수 있는 시스템은 예술가들을 늑대인간으로 길들이는 최선의 시스템이기도 하다.

그런 측면에서 한국사회 (청년예술가를 포함한) 예술전공자들은 생명관리체제를 살아야 하는 호모사케르의 대변자들이다. 문서상으로는 국민이지만 실제로는 난민인 존재, 자신을 배제시켜야만 공동체에 포함되어 생존을 인정받을 수 있는 존재, 신성함을 부여받은 것 같지만 계급적 하위에 위치함으로써 그 존재가치가 쉽게 부정되는 존재, 이러한 호모사케르적 모습이 현대사회 국민국가에서 생명관리 대상으로 살아가는 '국민'이라는 이름의 존재들이지만, 그 극단적 대명사는 바로 대다수 예술전공자들인 것이다. 그러한 난민들을 모여 살게 하는 거대한 '수용소'가 바로 현실적 사회의 모습이며, 수용소의 생존환경이 각박하고 살벌할수록 그 안에 수용된 이들은 타자의 시혜적 보급품에 순응적으로 길들여지고, 심지어는 감사하게 된다. 수용소적 예술은 생명관리체제의 효과적인 지배수단인 것이다. 이때 예술은 물론 작품중심주의의 예술이다. 예술이 '위대한 작품'으로 간주되는 시스템과 예술적 참수를 기회비용으로 하는 순응적 예술전공자들은 수용소적 질서를 통해 지배권력 영속화에 적극적 기여를 하게 되는 것이다. 그러므로 이제 작품으로서 예술은 지배이데올로기의 최전선 선전수단임이 명확해졌다. 인간적 존엄에 대한 성찰로서 예술은 '근대'의 이데올로기 속에서 죽었으며, 예술을 인간의 품으로 되돌리기 위한 '정의로서 비평'의 과제는 몹시 어렵고도 절실해졌다. 바리공주의 영약이 필요한 이때, 예술과 정의의 관계는 죽음 너머의 왕래관계가 되었다.

2.
문화민주주의와 문화다양성, 그리고 예술적 정의(正義)

1) 문화민주주의와 예술민주주의, 정의의 투쟁

알려진 대로, 문화의 민주화는 프랑스 문화정책의 기본 원칙으로 간주된 것이었다. 1960년대 프랑스 문화부의 목표는 시민들에게 문화 접근의 평등을 구현하는 것이었다. 1990년대 이후 미국 중심의 세계화에 대응하면서, 경제적 세계화를 정당화하는 문화정책으로부터 오히려 문화를 보호하기 위한 차원에서 문화의 민주화는 필연적인 것으로 간주되었다. 이때 문화는 경제적 가치의 차원이 아니라 사회통합과 불평등 해소를 통한 공동체적 정체성 확립이라는 중요한 역할을 갖는 것으로 간주되었다. 아울러 국가적 차원에서 정치적 논리에 의해 부차적으로 다루어지는 액세서리의 차원이 아니라 가장 중요하고 필수적인 것으로 간주되었다.

이와 같은 문화민주화의 논리는 문화를 산업적 관점에서 이윤추구의 대상으로 간주하는 것이 아니라 사회적 통합과 평등의 구현을 위한 가치의 차원에서 간주하고 있다는 점에서, 그리고 자본 주도의 세계화가 필연적으로 가져올 문화적 획일화와 강제적 위계화로부터 문화의 진정성을 보호하려는 취지를 보인다는 점에서 그 타당성을 인정할 만하다. 하지만 이런 문화민주화의 논리가 쉽게 빠질 수 있는 오류는 바로 '문화접근의 평등'이라는 표현에서 볼 수 있듯이 시민들로부터 문화를 타자화시킨다는 점이다. '훌륭한' 특정 작품이나 콘텐츠를 시민들이 보다 보편적으로 향유할 수 있도록 하기 위한 문화복지 차원의 접근은 결과적으로 시민들을 문화의 주체가 아니라 소비자로 간주하는 것이다. 이 논리에는 시민들을 문화적 생산과 실천의 능력이 거세된 존재로 간주할 우려를 포함할 수밖에 없으며, 그럴 때 시민들은 훌륭한 작품과 콘텐츠로부터 소외되지 않을 권리만을 갖게 된다. 문화는 이미 시민으로부터 타자화될 수밖에 없는 것이다.

게다가 훌륭하다고 하는 기준 역시 시민 스스로 설정하고 규정한 것이 아니다. 이 훌륭함이라는 것은 문화복지의 정책결정권을 가진 이들이 판단하는 것이며, 역시 시민에게는 타자의 영역에 있는 판단기준에 의한 것이다. 훌륭함을 판단하는 정책결정권자는 사회와 국가의 지배적 지위를 갖는 이들이며, 결국 문화복지는 지배적 가치판단과 지배적 논리를 시민들에게 전파하는 수단이 될 수밖에 없다. 훌륭함은 곧 아름다움과 동일한 의미를 갖는다. 그러므로 훌륭함의 포장이 입혀진 지배적 논리와 아름다움이라는 수사가 덧씌워진 문화는 지배계급의 취향과 지배구조 정당화의 논리에 충실한 것일 수밖에 없으며, 이것이 복지정책이라는 제도적 틀을 통해 평등이라는 이름으로 보편적 정당화의 승인을 얻게 되는 것이다.

그러므로 문화민주화는 그 취지와 달리 자칫 문화를 통한 사회통합보다 지극히 교묘한 지배구조 정당화의 수단이 될 수 있다. 게다가 사회통합이라는 것 역시 국가 주도의 통합논리에 해당하는 것인데, 이는 시민이 중심이 되는 통합적 가치보다는 국가주의적 통합을 강제하는 수단적 가치가 될 가능성이 크다. 국가주의적 통합이란 시민을 주체로 사고하기보다는 국가를 운영하고 지배하는 집단을 중심으로 한 피라미드적 위계질서 구축을 통한 통합을 의미한다. 시민을 문화향유의 피동적 존재로 간주하고, 국가가 그들에게 시혜적 복지 차원에서 문화를 배급한다면, 그런 문화정책은 시민을 오직 통치의 대상으로만 간주하는 전근대적 정책이 될 수밖에 없다. 그 속에서 통합이라는 것은 권위적 위계질서에 순응하는 것을 의미하는 것이고, 평등이라는 것은 국가에 의해 배급품을 수동적으로 나누어 받는 수용소적 구조를 의미하게 된다. 이때 수용소적 존재들은 문화의 능동적 주체성이 거세된 채 피동적이고 순응하는 국민이 될 수밖에 없기에 전형적인 호모사케르의 모습을 보이게 된다.

문화민주화의 이런 위험성은 문화를 작품 내지 콘텐츠로 간주하는 데서 비롯된다. 문화를 공동체 구성원들이 실천하고 구축하는 역동적 가능성의 과정으로 간주하지 않고 이미 완결된 특정 결과물만을 지칭할 때, 그리고 시민들을 단지 향유의 주체로만 간주하고 복지 차원에서 접근할 때, 이와 같은 거짓된 문화민주화의 위험성이 나타날 수 있다. 그렇다면 여기서 중요한 것은 문화를 특정 '결과물'로 간주하는 오류를 극복하고, 문화를 참여와 실천의 과정으로 인식하는 자세이다. 단지 상품 소비자로서가 아니라, 그리고 작품이라는 완결된 결과물의 향수자로서가 아니라, 일상 속에서 창조적 활동을 하는 존재로서 '인간'에 대한 발견이 요구된다. 인간은 문화적 피동자가 아니라 능동적 주체가 될 수 있으며 또한 되어야 한다. 예술을 감상하는 존재가 아니라 인간 스스로 이미 예술적 존재이기에 예술은 삶 속에서 실천되고 구현되는 것이라고 할 수 있다. 따라서 문화를 '작품'으로 대표되는 특정 결과물로 간주하는 사고의 극복, 즉 작품중심주의의 극복은 문화민주화의 결함과 함정을 넘어설 수 있는 관건이라고 할 수 있다.

작품중심주의의 극복은 향유가 아니라 '참여'를, 피동적 수혜가 아니라 능동적 '실천'을, 정책의 하향식 시행이 아니라 상향식 '구현'을 요구한다. '참여'와 '실천'을 통한 '구현'은 곧 일상 속에서 능동적 삶을 영위하는 창조적 인간의 발견을 의미하는 것이며, 이를 문화민주화의와 다른 의미로서 문화민주주의라고 부른다. 작품중심주의에 입각한 문화민주화의가 '훌륭함'과 '아름다움'이라는 단어로 포장된 '고급문화'를 설정하려 하고, 그것을 시혜적 · 복지적 차원에서 시민들에게 강제적 배급을 하려고 하는 반면, 문화민주주의는 그러한 '고급'의 설정 자체가 무의미하다고 보며, 실제 생활공간 속에서 일상의 욕망과 능동적 창의성을 실천하는 것에 가치를 둔다. 그 속에서 문화는 타자화되지 않으며, 문화는 특정 결과물이 아니라 참여와 실천의 장에서 구현되는 하나의 과정으로 이해될 수 있다. 타자화와 피동성을 벗어나 '참여와 실천을 통한 구현으로서 문화'에 대한 인식은 인간의 발견, 삶의 발견이라는 측면에서 문화의 의미를 찾고자 한다. 이는 결과적으로 인간의 존엄이라는 궁극적 가치에 닿아있다. 그러므로 문화민주주의는 문화에 있어서 정의(正義) 실천의 한 모습이 될 수 있다.

여기서 문화민주주의의 한 맥락으로서 예술민주주의라는 용어를 특정할 수 있다. 문화민주화 및 문화민주주의 논의와 같은 맥락에서 예술민주화와 예술민주주의를 이야기할 수 있다. 다시 말하면 예술민주주의의 실천적 당위가 이 시대 예술적 정의(正義)와 맞닿아있음을 이야기할 수 있는 것이다. 예술이라는 것이 타자의 작품 감상활동이 아니라 삶의 욕망의 실천적 구현이어야 하며, 그것은 일상 속에서 실천과 참여를 통해 인간과 사회를 발견하는 것이어야 하는 것이다. 실천으로서 예술은 곧 실천하는 존재로서 인간의 발견이라고 할 수 있다.

사실 문화정책이 문화민주화에서 문화민주주의로 전환되어야 한다는 지적은 이미 다양한 이들에 의해 제기되어왔다. 문화민주주의를 변화하는 시대의 새로운 문화정체성 확립 차원에서 바라보기도 했고,[19] 현실적 문화정책이 과거와 다름없이 전시행정과 실적주의, 예산배분을 둘러싼 갈등유발 등의 문제를 안고 있음과 동시에 문화민주화와 문화민주주의를 동시에 설정하는 오류를 범하고 있다는 지적이 이어지기도 했다.[20] 문화민주화에서 문화민주주의로의 방향전환은 구체적으로 '고유성에서 다양성으로, 실용성에서 창조성으로, 문화복지에서 삶의 질로, 계층에서 커뮤니티 등으로의 변화'가 되어야 한다고 지적하기도 하고,[21] '목적 지향적 문화 창의성보다 개인의 잠재성을 중시하는 문화역능으로, 동화주의적 다문화주의에서 문화다양성으로, 창작자의 표현의 자유에서 모든 이들의 문화적 권리로, 중앙집중보다 문화

---

19) 이윤희, "한국의 문화: 문화민주주의에 대한 다각적 논구", 『한국의 사상과 문화』 제40집, 한국사상문화학회, 2007, 323-345쪽.

20) 이선향, "한국의 민주화와 문화정책의 변화에 대한 비판적 검토", 『담론 201』 제16권 3호, 한국사회역사학회, 2013, 119-143쪽.

21) 원도연, "이명박 정부 이후 문화정책의 변화와 문화민주주의에 대한 연구: 이명박 정부의 문화정책 평가를 중심으로", 『인문콘텐츠』 제32호, 인문콘텐츠학회, 2014, 219-245쪽.

분권으로, 문화복지에서 문화자립으로의 전환'[22]이 제안되기도 했다. 이런 지적은 예술정책에 그대로 적용함으로써 그 타당성을 인정할 수 있다.

문화민주주의에 대한 이런 지적은 기본적으로 정치적 맥락과 무관하지 않다. 경제적 차원에서만이 아니라 문화적 · 예술적 차원에서도 지배와 피지배관계의 구조가 공고한 현실 탓에 문화 역시 민주주의라는 정치적 원론의 구현 차원에서 다루어질 수밖에 없는 것이다. 그런 면에서 예술 또한 예술만의 차원에서 독립된 논의를 보장받을 수 없으며, 정치적 차원에서 민주주의에 대한 논의의 장으로 진입할 수밖에 없다. 민주주의와 예술, 양자는 기본적으로 인간의 존엄에 대한 성찰에서 있다는 점에서 이미 선험적으로도 구분할 수 없는 관계에 있는 것이라고 할 수 있다. 작품중심주의에 입각해서 시민을 예술로부터 타자화시키고, 합법화된 제도와 정책을 통해 지배적 양식과 질서를 하달하며, 위계화된 구조에 시민을 순응하게 만드는 것이야말로 현대사회 예술계의 지배적 모습이다.

이미 예술은 지배와 피지배의 구조에 의해 양분되어 있으며, 자본과 권력에 의해 지배되고 있다. 이런 상황에서 예술의 민주주의는 예술을 인간의 품으로 되돌리고 거세된 시민들의 창조적 능동성을 회복하기 위한 불가피한 선택일 수밖에 없다. 언제나 그렇듯이 민주주의는 절대 거저 주어지거나 운 좋게 획득되는 것이 아니다. 그것은 투쟁을 통해 쟁취되며 일단 쟁취된 후에도 끊임없는 투쟁을 통해 유지된다. 그러

22) 이동연, "문화정책의 새로운 철학과 패러다임 전환을 위하여", 『문화연구』 제2권 1호, 한국문화연구학회, 2013, 107-139쪽.

므로 예술민주주의는 하나의 지향점임과 동시에 구체적인 운동의 과정이기도 하다. 투쟁과 운동은 말 그대로 '싸워서 쟁취함'이지, 예술적 자율성이라는 허구적 담론에 의해 주어지는 것이 아니다. 이것은 인간의 존엄을 위한 싸움이며, 예술이 인간의 품으로 돌아올 수 있도록 하기 위한 운동이다. 이런 예술민주주의의 투쟁과 운동의 가장 핵심적 주체는 누구인가? 당연히 예술가들이다. 하지만 절대다수의 예술가들이 스스로 작품중심주의적 사유에 갇혀있고, 주어지지도 않은 예술적 자율성을 실재하는 것인 양 맹신하고 있으며, 인간의 발견이라는 본연의 취지보다 상품화된 가치 속에서의 생존에 내몰리고 있는 상황이라면, 그들에게 민주주의의 권리와 정당성을 각인시키고 그들을 피동적 예술가에서 능동적 예술가로 변모시키며, 적극적 운동성을 예술계에 부여해야만 하는 것이야말로 비평의 가장 최전선의 역할이 되어야 한다. 바야흐로 예술민주주의는 정의로서의 비평적 투쟁의 현장이 될 수밖에 없는 것이다.

2) 문화다양성과 정의(正義)의 맥락

문화민주화와 문화민주주의는 문화다양성의 논의로 연결된다. 앞서 언급한 것처럼 애초에 문화의 민주화를 정책적으로 구체화했던 프랑스가 실제로는 미국 중심의 세계화에 대응하면서 미국의 문화산업으로부터 자국 문화를 보호하기 위한 논리로서 문화민주화를 이야기했는데, 결과적으로 이것이 2005년 유네스코의 문화다양성협약(Convention on the Protection and Promotion of the Diversity of Cultural Expressions)으로까지 이어지게 되었다. 프랑스는 1986~1993년 〈관세 및 무역에 관한 일반협정(GATT)〉의 우루과이 라운드 협상 과정에서 문화적 예외를 주장했고, 이것의 실제 의미는 다양한 의미로서 문화의 보호가 아니라 세계화의 위협에 대응하기 위한 장치로서의 역할이었다.[23] 이는 프랑스 주도로 2001년도 〈세계 문화다양성 선언〉을 낳게 했으며, 이것이 2005년 유네스코 〈문화다양성협약〉의 직접적 기초가 되었다. 그리고 한국은 2010년 이 협약의 110번째 비준국이 되었다. 문화다양성협약에는 문화상품의 특수성과 문화주권의 원칙이 포함되어 미국 문화산업 자본의 세계화 전략에 대응하는 실질적 효과를 가능하게 했다.

협약 이후 문화다양성의 개념에 대한 여러 논의가 이어졌다. 현실적으로 문화다양성의 가장 중요한 측면은 경제적 상품으로서 문화의 특수성을 인정받기 위한 것이라는 점은 부정할 수 없다.[24] 하지만 원론적 차원에서 문화다양성은 관점과 성향에 따라 매우 다른 개념으로 사용될 수도 있기 때문에 보다 조심스러운 접근이 요구된다. 문화다양성은 다문화성과 다르다. 다문화성은 존재 자체를 존중하는 차원에서 다양한 문화적 존재양상에 대한 보호라는 가치중립적 의미를 갖는다. 그리고 이는 주로 이민자들의 문화를 존중하는 취지로 사용되어왔다. 문화다양성은 서로 다른 문화적 맥락이 상호작용을 하고 만남을 통해 포용과 소통을 이루기 위한 상호문화성과도 다른 개념이라고 보아야 한다. 상호문화성은 그 취지 자체가 긍정적으로 파악될 개연성이 있긴 하

---

23) 박선희, "유네스코「문화다양성협약」과 프랑스의 전략",『한국정치학회보』 제43권 3호, 한국정치학회, 2009, 195-217쪽.

24) 박선희, "유네스코「문화다양성협약」과 프랑스의 전략", 195-217쪽.

지만 자칫 세계화에 의한 다양한 강제화된 퓨전[25]들과 다국적 문화산업 자본의 침략적 행위에 대한 무비판적 인정으로 갈 위험성을 내포하고 있다.

반면 문화다양성은 오히려 문화적 투쟁의 개념으로 보아야 한다. 단순히 '다르니까 인정되어야 한다'가 아니라 다름이 빚어내는 '모순' 속에서 인간의 존엄을 어떻게 지킬 것인가에 대한 투쟁적 개념으로 설정될 때 문화다양성은 그 진정성을 인정받을 수 있을 것이다. 다문화성이 내포하는 단순한 '다름의 인정'은 결국 문화근본주의로 빠지게 될 수 있으며, 다름을 강조하기 위한 배타적 원형 집착의 오류에 빠질 수 있다. 상호문화성이 내포하는 소통과 만남은 상품시장의 개방 논리로 이어지거나 문화적 허무주의 내지 보편주의로 이어질 수 있다.

문화다양성의 근본취지는 문화 자체에 있다기보다 애초에 인간으로서의 존엄과 가치에 대한 존중에 있다고 할 수 있다. 이 때문에 문화적 권리에 대한 인식은 그것이 보편적 인권에 속하는 것이라는 인식으로 발전되어 왔다.[26] 물론 그것은 천부적 인권의 차원에서보다 사회적 삶 속에서 새롭게 '획득'한 개념에 해당하며, 그럼에도 불구하고 단순한 정치투쟁의 산물이 아니라 정의와 존엄의 차원에서 논의되어야 하는 개념이라고 할 수 있다. 문화가 인간의 사회적 삶의 산물이라고 할

---

25) 많은 퓨전 양식들은 예술가들 스스로의 예술적 신념과 지향에 의한 결과라고 인식되기도 하지만, 그것들은 세계화 상황이 없었다면 애초에 그 존재가 없었을 것이며, 그렇기 때문에 그 작품들은 세계화된 시대상황에 따른 시장성과 유통가능성 모색과 서구지향적 엘리트주의 등에 의해 생산된 것이라고 할 수 있다. 그런 점에서 강제화된 퓨전이라는 말이 적합하다. 적어도 미국 중심의 세계화 시대와 신자유주의 물결의 상황에서 생산된 퓨전 혹은 혼종성 양식들은 실제로는 세계화가 강제한 양식이라고 볼 수 있다.

26) 김남국, "문화적 권리와 보편적 인권: 세계 인권 선언에서 문화다양성 협약까지", 『국제정치논총』 제50권 1호, 한국국제정치학회, 2010, 261-284쪽.

때, 세계화의 보편주의 · 획일주의를 넘어섬과 동시에 다문화성의 근본주의적 편향을 극복함으로써 인간의 존엄에 대한 투쟁으로 나가는 것이 바로 문화다양성의 핵심이라고 할 수 있다. 이러한 투쟁 위에서 문화민주주의는 가능하며, 그런 측면에서 문화다양성이 갖는 자본 지배와 팽창주의적 문화 점령에 대한 저항, 문화민주주의가 갖는 지배논리와 계급질서에 대한 저항은 기본적으로 같은 지점에 있는 것이다. 그리고 그 지점은 최종적으로 인간의 존엄이라고 할 수 있다.

문화다양성은 문화적 차별과 타자화와 배제를 넘어서기 위한 것이며, 이 때문에 다양성이라는 이름이 평등보호조항에 위배되는 것은 아니다.[27] 오히려 평등의 탈을 쓴 문화산업의 무차별적 침략을 배격해야 한다. 이와 같은 차별과 배제의 극복은 인간의 존엄을 위한 '정의'의 차원에서 다루어질 문제이기도 하다. 그러므로 비평적 '정의'의 구현과 문화다양성의 근본적 취지는 같다고 할 수 있다. 결국 문화다양성과 문화민주주의는 완결체로서 존재하는 것이 아니라 투쟁의 의미로 존재하는 것이며, 이 투쟁은 정의를 위한 투쟁과 같은 가치에 있는 것이다.

3) 다문화주의와 예술교육

문화다양성과 한국사회의 이민자들에 대한 시각인 다문화주의에

27) 김영환, "문화적 다양성의 합헌성", 『세계헌법연구』 제16집 3호, 국제헌법학회 한국학회, 2010, 133-158쪽.

대한 기계적 연결은 주의를 요한다. 이때 '다문화주의'는 다문화성이 국가적 차원의 통합이데올로기로 작용됨을 표현하는 것이다. 다문화성의 이데올로기적 변신이라고 할 수 있는 다문화주의는 오늘날 한국사회 다문화교육의 실질적인 교육이념이라고도 할 수 있다. 존재 자체를 미덕으로 여기고 다양성을 기계적으로 인정하는 것은 어쩌면 당연할 수 있지만, 문제는 그것이 정책적 이념으로 자리 잡았을 때 나타날 수 있는 '소수자에 대한 타자화'의 강요를 피할 수 없다는 점에 있다. 존재의 미덕에 기초한 포용과 소통의 강조는 상대방(이민자)을 타자로 설정한 인식에 서 있는 것이다. 이것이 현실적인 다문화주의의 모습이며, 이 때문에 다문화 사회로서 소통과 포용의 강조 교육이 이어지고 있지만 그 소통과 포용이라는 것은 실제로는 타자를 '우리'의 문화권으로 동화시키는 차원의 행위와 다름없게 된다.[28] 무차별적 동화정책으로서

28) 동화정책은 이민자 및 혼혈 2세를 한국사회의 구성원으로 포용하고 건강한 한국인으로 거듭날 수 있도록 다양한 배려를 해야 한다고 여기는 데서 출발한다. 국적과 문화의 이질성을 극복하고 함께 하는 이웃으로 변화시키는 노력의 중요성은 물론 타당할 수 있다. 하지만 여기서 간과하지 말아야 할 것은, 상대에 대한 '배려' 혹은 상대방에 대한 '변화' 노력 등은 어쩌면 또 다른 나와 남의 편 가르기에서 비롯된 것일 수 있다는 점이다. 즉 상대방을 나와 같은 눈높이에서 바라보지 않고, 상대방보다 더 높은 위치에서 상대방을 내려다보면서, 그를 배려하고 이끌어준다는 시혜적 관점에 젖어있을지 모르는 것이다. 다문화를 보는 한국사회의 주된 시각은 인간적 존엄을 갖춘 동등한 위치에 서 있지 않고, '타자화 된 그들'보다 우월적 입장에서 시혜를 베푸는 입장에 서 있다. '우리'와 '그들'을 내면적으로 구분하고 있음을 보여준다. 하지만 중요한 것은 그들을 '우리'의 일원으로 끌어들이고 우리에게 동화시키기 위해 그들을 변화시키기 위해 배려하는 자세가 아니라, 그들 자체가 이미 '우리'임을 인식하는 것이다. 그들을 '우리'의 일원으로 끌어들이려는 자세가 이미 그들을 '타자화(他者化)'시키게 된다. 그들이 현재 가지고 있는 모습들을 '우리'에 의해 인위적으로 변화시키려고 하거나, 시혜적(심지어는 계몽적) 관점에서 그들에게 배려하고 베풀려는 자세가 오히려 그들을 자연스럽게 우리로부터 심리적으로 배제시킨다는 점을 인지한다면, 현재 그들의 모습이 '바로 우리'의 한 모습이라는 관점에서 그들과 동일한 눈높이에서 바라보는 자세를 가져야 한다. 그럴 때 다문화는 어떠한 계몽적 주체가 계몽되지 않은 타자를 위해 선의를 베풀어야 하는 장(場)이 아니라 내가 미처 바라보지 못했던 또 다른 자아의 모

다문화주의 접근은 그 비민주성과 폭력성을 드러낼 수밖에 없으며, 그와 같은 다문화주의는 문화다양성의 진정성 및 문화민주주의적 접근으로 변화되어야 하는 것이다.

특히 동화주의적 다문화주의에 대한 비판이 교육과 정책의 차원에서 제기되었고, 그 대안은 문화다양성으로 모아지고 있다. 예컨대 동화주의를 넘는 포용적 사회를 위해서 간문화주의에 기초한 문화다양성 교육의 필요성을 제기하거나,[29] 문화정책 차원에서 다문화주의의 한계를 넘어 문화다양성으로 방향전환 할 것을 제안하거나,[30] 다문화사회에서 시민 형성의 민주적 원리와 그 실천을 문화민주주의 구현에서 찾는[31] 것이다. 하지만 여전히 동화주의에 대한 사회적 반성은 진지하지 않으며, 예술교육에 있어 이런 위험성은 변함없이 큰 상황이다. 예컨대 음악교육에 있어 다문화교육의 논설들은 문화다양성을 제대로 이해하지 못한 상태에서 문화다양성을 다문화성으로 환원시켜 사고함으로써 단순히 편견과 선입견 배제의 추상적 교육효과만을 희망적으로 나열하는 내용이 대부분이다.

게다가 엉뚱하게 전통예술교육과 다문화주의를 기계적으로 연결시키기도 한다. 이는 '다문화'라는 말이 주는 어감으로 인해 전통예술

습을 비춰볼 수 있는 거울이 될 것이다. 이는 곧 인간의 발견과 자아의 성찰이라는 정의의 이념과 무관하지 않다.

29) 이동성 · 주재홍 · 김영천, "문화다양성 교육의 개념적 특질 및 이론적 배경 고찰", 『다문화교육연구』 제6집 1호, 한국다문화교육학회, 2013, 51-72쪽.

30) 이동연, "문화정책의 새로운 철학과 패러다임 전환을 위하여", 『문화연구』 제2권 1호, 한국문화연구학회, 2013, 107-139쪽.

31) 김용신, "다문화사회의 시민형성 논리: 문화민주주의 접근", 『비교민주주의연구』 제4권 2호, 비교민주주의연구센터, 2008, 31-57쪽.

교육이 다문화교육과 연관이 있다는 근거 없는 착시현상에 기인한 것이라고 할 수 있다. 그러다보니 다문화성과 문화다양성에 대한 기본적 인식이 부재한 상태에서 사회통합을 이야기하면서 아시아 음악과의 혼융을 언급하고 그를 위해서 전통음악 콘텐츠화가 필요하다는 식의 상투적 결론에 그치거나, 다문화시대에는 전통음악이 갖는 개방성이 주목받을 수 있다는 논리로 전통음악에 대한 맹목적 미화와 함께 다문화교육을 그와 연결시키는 논설을 하는 정도가 현실적인 다문화교육의 인식수준인 것이다.

현실적으로 다문화주의를 전통예술과 연결시키는 것은 적극적인 동화정책에 불과하며 문화다양성에 역행하는 논리일 뿐 아니라 인간의 존엄에 배치되는 문화우월주의의 인위적 강요에 해당한다. 문화다양성이 인간으로서 존엄을 갖고 살아가기 위한 문화적 투쟁의 개념으로 이해하게 되면 다문화주의를 전통예술교육 차원에서 다루는 이런 무모함은 일어나지 않는다. 문화다양성이 문화민주주의와 같은 맥락이라고 할 때, 문화민주주의에서 문화는 정치적 자유의 개념으로부터 분리되지 않는 개념이며, 다문화사회에서 인간의 존엄, 차별과 억압의 배제, 의사결정의 합리성, 균등한 기회보장 등의 구현은 문화민주주의의 실천을 통해서 가능하기 때문이다.

엄밀한 의미에서 문화는 그 자체로 개인에게 숙명 같은 구속으로 작용할 수 있다. 개인에게 문화는 선천적 · 후천적 환경에 의해 주어진 것이지 능동적으로 선택하는 것이 아니기 때문이다. 그러므로 문화적 전통 보존의 미덕이 때로는 그러한 전통의 이름으로 억압받고 착취당하는 이들에 대한 차별의 영속화를 정당화할 수도 있다. 물론 문화가 개인에게 벗어날 수 없는 구속일 수 있다 해도, 개인은 '일반화된 타자'들이 공유하고 있는 행위 기대에서 벗어나지 않을 때 사회구성원으로 인정되며, 그런 의미에서 그 구속은 사회적 삶을 위한 조건일 수밖에 없다. 하지만 다른 문화적 타자와 공존을 해야 할 때 필연적으로 사회적 갈등이 생겨나게 되는데, 그것은 문화라는 이름의 구속을 개인이 자신의 정체성으로 인식하고 있기 때문이다.[32)]

누구나 정체성의 권리는 있으며, 그것의 변화를 강요할 수 없다. 바로 이 지점에서 '문화로부터의 자유'도 보장되어야 한다는 주장이 나오게 된다. 이는 문화적 무정부주의가 아니라 지배적 문화로부터 동화되지 않을 권리가 있음을 의미하는 것이다. 현실적으로 다문화라는 말이 문화적 · 계급적 차별을 의미하고 있으며, 결혼이민자 자녀는 자신들의 선택과 무관하게 강제적으로 '다문화'의 범주에 감금되고 강제적으로 다문화교육 프로그램에 동원된다. 다문화라는 말이 인권 및 인간적 존엄의 차원이 아니라 다양성 그 자체와 포용성 강조의 수준에 그치게 될 때 그것은 상징적 허구에 불과하다. 이 때문에 다문화교육이나 다문화정책에서 간과하지 말아야 할 것이 문화와 개인 간의 관계이며, '문화의 다양성'과 함께 '문화 내의 다양성'에 대한 인식이 필요한 것이다.[33)]

그러므로 문화다양성에 대한 진정성 있는 인식이 동반되지 않는 다문화 관련 교육은 폭력행위가 될 수 있고, 특히 다문화를 이야기하면서 전통예술교육을 말하는 것은 그 심각성이 더욱 두드러진다. 현실적으로 전통예술교육 자체가 인간성의 발견과 존엄의 구현이라는 취지

32) 송영학 · 이홍균, "문화 동질성의 공간적 동시성으로서 문화 다양성", 『담론 201』 제15권 4호, 한국사회역사학회, 2012, 141-169쪽.

33) 한건수 · 한경구, "다문화주의를 넘어서 문화다양성과 국제이해교육으로", 『국제이해교육연구』 제6권 1호, 한국국제이해교육학회, 2011, 1-33쪽.

와 달리 권위주의 재생산의 역할을 담당해왔다는 점에서 다문화교육과 전통예술교육의 기계적 연결은 강제적 동화교육 수준에 그치게 될 개연성이 클 수밖에 없다. 그러므로 다양성과 포용성이라는 이름으로 미화된 차별과 배제의 논리가 바로 현실적 다문화주의이며, 이는 문화다양성과 문화민주주의의 맥락에서 정의와 존엄의 가치로 극복되어야 할 문제인 것이다.

다문화교육에서 단지 다양성만 강조하는 것이야말로 국민국가의 존속과 경쟁력 강화 차원에서 필요한 임기응변식 처방에 불과한 것이라고 할 수 있다. 다시 말하면 현재의 다문화 담론은 인권과 인간적 존엄 차원이 아니라 국가주의와 국제경쟁력 차원에서 이루어지는 것이며, 이는 '이익'[34]의 관점에서 사유하는 것이지 '인간'의 관점에서 사유하는 것이 아니다. 다양성과 포용성보다 현실적인 국내 예술계의 대외종속성과 위계화 문제, 빈익빈 부익부 문제, 예술의 국가주의성 문제 등의 해결이 더 절실하다. 예술의 비민주성과 비인간성이 결부된 이런 문제가 해결되지 않은 상태에서 포용성과 다양성은 권위주의와 위계질서 구조의 하위에 다문화를 범주화시키는 것이 될 수밖에 없기 때문이다.

보다 구체적으로 논의하자면, 현재 벌어지고 있는 다문화 예술교육의 문제는 크게 세 가지 측면에서 지적할 수 있다. 첫 번째는 실질적 문화다양성의 담론에 근접하지 못한 철학 부재 및 그로 인한 막연한 포용성과 다양성만을 강조하는 것이고, 두 번째는 국내 예술계의 국가주

---

34) 소위 '국익(國益)' 논리의 문제는 국익추구 자체가 아니라 국익이라는 당위를 내세우면서 약자와 소수자의 희생을 강요하고 정당화한다는 데 있다. 그리고 그렇게 해서 얻어진 이익이 약자와 소수자에게 돌아가는 것이 아니라 특권층에게 집중된다는 것이다. 그럴 때 국익은 폭력적 지배담론의 영역에서 이루어지는 공격적 지배마케팅의 하나가 될 수밖에 없는 것이다.

의, 위계화 문제를 외면함으로써 자본의 예술 지배 문제를 감추거나 암묵적으로 긍정하도록 하고, 결과적으로 지배영속성을 보장하는 시스템으로 다문화교육 담론이 작동하는 것이며, 세 번째는 다문화주의가 민족주의 문제와 결부되어 있는 것임에도 불구하고 북한에 대한 고려와 민족주의적 담론 차원이 연계되지 않은 채 정치적 당위에 의거해서 진행되고 있다는 점이다.

첫 번째 문제는 다양성 강조 차원에서 다양한 동아시아 각국의 전통적 양식들을 기계적 · 인위적으로 학습하는 방식의 예술교육으로 나타난다. 하지만 다문화교육이 타자화된 공동체 구성원들을 포용하기 위한 교육이 될 때 그것은 실질적인 문화우월주의적 입장에서의 동화정책이 될 수밖에 없다. 결혼이민자 2세는 자신의 의지와 무관하게 '다문화'의 굴레에 속박되고 강제적 다문화교육의 대상으로 전락하게 되는 것이 현실이며, 이런 다문화교육에서는 다양성과 포용이라는 미명하게 그들을 '우리'의 범주에서 배제시키는 태도를 갖게 될 수밖에 없다. 베트남이나 중국의 음악을 접한다고 해서 그들을 우리로 인정하게 된다는 논리는 근거가 없을 뿐만 아니라 '우리'를 중심에 두고 그들을 변방으로 간주하는 사고방식은 지속되기 때문이다. 그러므로 교육은 국가공동체의 '이익'을 위한 포용과 다양이 아니라 '인간'의 관점에서 사유되어야 한다는 것이고, 그럴 때 무차별적 동화교육이 아니라 문화다양성과 문화민주주의가 해결책으로 제시될 수밖에 없다는 것이다.

두 번째 문제 역시 다양한 국가와 민족의 전통을 기계적으로 학습할 것을 미덕으로 삼아서 국가적으로 장려하는 교육시스템에서 비롯되는 문제이다. 예술의 국가주의와 자본 지배 및 위계화 구조의 문제의 극복 역시 문화다양성의 이념 및 그와 관련된 투쟁의 개념으로서 문화민주주의 구현과 기본적으로 닿아있다. 다문화주의를 국가주도 내지 관주도로 접근할 때 예술에 대한 이런 비예술적 · 비인간적 양상의 비판적 접근은 차단된다. '이익'의 관점에 부합하지 않기 때문이다. 소수자의 희생을 토대로 한 강제적 공동체성과 국가경쟁력은 결국 지배집단의 헤게모니 강화와 지배영속성으로 귀결될 수밖에 없다. 그 과정에서 다수를 위한 소수의 희생, 소수에 대한 다수로의 강제적 동화, 그에 따른 인권침해와 '문화로부터 자유'의 침해는 외면된다. 이는 결과적으로 '반(反)문화민주주의'의 모습이 될 수밖에 없다. 현재와 같이 국가주의적 필요에 의해 진행되는 다문화주의 교육은 혹시 사회불안이나 예산문제나 대외정책 변화나 경제위기 등의 문제가 심각해지면 언제든 결혼이민자나 이주노동자를 공격과 비난의 타깃으로 삼아 민족주의적 단합을 통해 위기를 극복하려는 시도가 나올 수 있다는 점에서 그 진정성은 없다고 보아야 한다.

한편, 세 번째로 지적된 민족주의 담론 및 북한문제와의 연관성은 매우 심각한 문제이면서도 거의 간과되고 있는 문제이며, 이에 대해서는 보다 구체적인 논의가 필요하다. 북한에서는 남한의 다문화적 양상에 대해 민족의 혈통적 순수성을 흐리게 함으로써 통일을 방해하는 한심한 상황으로 규정하고 있다. 철저한 민족주의적 자존감에 입각해서 반제국주의를 외치는 북한의 입장에서는, 제국주의에 의해 민족이 분단되었고 분단의 극복이 곧 제국주의 극복인 것이기 때문에, 민족의 단일성과 순혈주의는 북한체제의 존재 이유와도 같은 신성한 가치이다. 이는 다문화가 단순히 남한의 문제일 뿐만 아니라 남북협력과 통일에 관한 철학의 문제와 깊이 연관되어있음을 보여주는 것이다. 이런 상황에서 남한의 다문화주의는 북한의 체제유지 정당성과도 직결되는 위험하고 위협적인 현상이 될 수밖에 없다.

결론부터 말한다면 남조선의 친미사대매국세력이 운운하는 '다민족 · 다인종사회'론은 민족의 단일성을 부정하고 남조선을 이민족화 · 잡탕화 · 미국화하려는 용납 못할 민족말살론이다. (중략) 지배주의와 식민주의가 약소민족들의 운명을 위협하는 현실에서 우리 단일민족의 고유성과 우수성을 부정하는 것은 민족의 정신무장 해제를 설교하는 반역행위이다. '다민족 · 다인종사회'론을 제창해 나서는 남조선의 친미매국세력은 민족관과 사회력사 발전에 대한 초보적인 리해조차 없는 것은 물론 한 쪼박의 민족의 넋도 없는 얼간망둥이들이다. 단일성은 세상 어느 민족에게도 없는 우리 민족의 자랑이며 민족의 영원무궁한 발전과 번영을 위한 투쟁에서 필수적인 단합의 정신적 원천으로 된다. (중략) '다민족 · 다인종사회'론의 반민족성은 바로 민족 자체를 부정하고 나라와 민족을 제국주의자들에게 내맡긴다는 데 있다. (중략) 지금은 북과 남이 60년간의 분렬을 끝장내고 민족의 구조적인 단일을 확립해가는 자주통일시대이며 이 시대의 대세는 '우리 민족끼리'이다. '다민족 · 다인종사회'론은 이 시대의 기본 리념을 거세하는 독소이고 반통일론리이다. (중략) 남조선의 각계각층 인민들은 주체성과 민족성을 저버린 나머지 우리 민족의 혈통마저 흐리게 하고 민족 자체를 말살하려는 사대매국세력의 반민족적 책동을 단호히 배격하여야 한다. 그리고 우리 민족제일주의와 '우리 민족끼리'의 기치를 더욱 높이 들고 민족을 지키고 통일을 이룩하기 위한 애국투쟁에 적극 떨쳐나서야 할 것이다.(최문일, "다민족 · 다인종사회론은

민족말살론", 〈로동신문〉, 2006년 4월 27일)[35]

위 글에서 나타나듯이 특히 민족주의가 강한 북한은 상대적으로 매우 민감하게 남한의 다문화 양상을 바라보고 있으며, 다문화주의가 '민족통일'의 정당성을 흐리게 하는 것으로 여기고 있다. 북한체제 특성상 민족정체성 강조가 반미 · 반제국주의 논리와 같은 맥락에 있기 때문이다. 하지만 바로 이 지점에서 우리의 다문화주의는 점검될 필요가 있다. 다문화주의가 국가경쟁력 차원의 임시변통 정책이 되어서는 안 되는 이유 중 하나가 바로 이 민족주의 담론의 약한 고리를 간과함으로써 통일담론에 역행하는 것이 될 수 있기 때문이다. 다문화교육 역시 이런 차원에서 보다 심각한 방향 고민이 필요하며, 단순한 포용과 다양성 강조의 교육이 아니라 통일시대와 민족담론 차원에서 논의가 병행되어야 하는 것이다. 밀어내기식 · 떠먹여주기식 다양성 강조 교육이 될 때 다문화주의는 민족주의 담론 및 통일교육과 마찰을 초래하게 되기 때문이다.

북한의 모든 것을 '악마화'하고 그들의 모든 것을 부정하는 입장이라면 이는 고려 대상이 되지 않겠지만, 강제적 병합이 아닌 상호주의 원칙에 의한 평화통일을 지향한다면 다문화주의가 자칫 통일담론에 역행하는 것이 될 수 있다는 점은 유의할 필요가 있다. 현재와 같은 강제적 동화주의를 다문화주의라고 설정하고 그것을 교육으로 구현하려고 한다면, 이는 필연적으로 민족통일에 대한 적대적 정책으로 오인될 수 있으며, 특히 국가주의 차원에서 진행될 때 이는 북한체제에 대한 명시

35) 설동훈, "혼혈인의 사회학: 한국인의 위계적 민족성", 『인문연구』 제52호, 영남대학교 인문과학연구소, 2007, 143-145쪽에서 재인용.

적 위협으로 작용할 수도 있다. 다문화주의가 반통일담론이 되지 않고 북한에 대한 합리적 설득을 동반할 수 있는 길은 문화민주주의로의 전환이 최선이라고 할 수 있다. 문화민주주의적 참여와 실천의 예술교육이 인간의 존엄에 대한 교육이라고 할 때, 이는 이념적 차별을 넘어서는 가치에 해당하며 체제대결 차원에서 사고될 수 없는 것이다. 국가주도의 동화주의적 다문화담론은 제국주의 배격과 민족통일을 최고의 이념으로 간주하는 북한에 대한 위협적 신호로 오인될 여지가 크지만, 적어도 생존의 자유, 문화로부터의 자유, 인권과 민주의 발견, 인간과 사회에 대한 참여적 성찰을 지향하는 문화민주주의는 대결과 공격의 논리를 초월하는 것이다. 그럴 때 비로소 다문화와 통일과 평화의 논리는 공존할 수 있다.

사실 다문화사회라는 것은 다민족사회가 선택할 수 있는 전망 중 하나이다. 중요한 것은 다문화사회에 대한 무조건적 당위가 아니라 어떤 다문화사회를 만들어갈 것인가의 고민이다. 예술교육 역시 막연한 다양성과 포용성 차원의 다문화교육이 아니라 어떤 다문화를 지향할 것인가의 관점에서 교육정책이 재고되어야 한다. 그렇다면 어떤 예술교육을 지향할 것인가? 전통음악을 결혼 이민자 자녀에게 가르치고, 동아시아 여러 음악을 피상적으로 접하는 식의 교육은 무의미하다. 그런 교육은 서로를 이해는 하되 타자로서 이해할 뿐 '인간'으로서 존엄에 대한 이해에는 미치지 못하는 것이다. 이는 사실 다문화를 넘어서 근본적 지점에서 예술교육이 왜 필요한지의 문제와 기본적으로 같은 맥락에 있다. 예술교육은 인간의 존엄과 사회적 존재로서 건강성의 차원에서 이루어져야지 국가주의적 필요와 경쟁력 강화 차원에서 이루어져서는 안 된다고 할 때, 이는 다문화 예술교육에도 그대로 적용되기 때문이다.

그렇다면 역시 핵심은 삶의 맥락이 거세된 채 이루어지는 작품중심주의 구조 및 엘리트주의적 문화민주화 차원의 계몽교육에서 벗어나야 하는 것이 관건이 된다. 참여와 실천의 문화민주주의적 고뇌가 일반 예술교육과 다문화교육 모두의 문제에 중요한 관건인 것이다. 음악교육을 예로 들면, 문화민주주의적 교육은 선율과 리듬 중심의 교육에서 벗어나서 사회적 삶을 실천하는 과정의 교육으로 바뀌어야 한다. 그렇다면 이는 음악의 개념규정부터 다시 해야 하는 문제를 낳는다. 음악을 선율과 리듬이 아니라 하나의 언어로 설정해야만 하는 것이다. 언어교육에 있어서 감상자로서 교육은 무의미하다. 그 언어를 구사하고 언어 속에서 생존하고 삶의 의미를 구현할 수 있도록 해주는 것이 핵심이기 때문이다. 그러므로 음악은 인간의 본능이자 숙명이며 사회적 · 역사적 산물이라는 것, 그리고 보다 시급하게 음악이 언어임을 천명하는 작업이 필요하다. 언어를 이해하는 것은 사람을 이해한다는 것이며, 나와 동등한 존재로서 살아가는 사람들의 존엄을 이해하는 것이다. 말을 유창하게 하는 것이 궁극적 목적이 아닌 것이다. 말을 유창하게 하는 것은 경제적 · 정치적 이익을 위한 교육에서의 목적이지 진정한 언어교육이 되지 못한다. 그러므로 다양한 음악언어의 교육 역시 타자의 음악을 잘 이해하고 그들 음악의 문법적 특성을 잘 이해하고 유창하게 그들의 어법을 구사하는 것이 목적이 아니라, 그들의 삶과 가치를 이해하는 것이 목적이 된다.

심지어 다문화교육까지 확대할 필요도 없이 전통음악교육만을 말할 때에도, 예컨대 민요의 지역적 특성을 이야기할 때 해당 지역의 어법을 기술적으로 잘 이해하고 그 특징을 잘 구사할 줄 아는 것이 목적이 되지 못하며, 그 민요적 언어를 통해서 동등한 존재로서 삶과 인간적 존엄을 발견하는 것이 목적이 되어야 한다. 이는 선율과 리듬 중심 교육으로 불가능하다. 문화민주주의적 참여와 실천을 통한 구현의 가능성이 중요하다. 결국 음악의 개념 변화와 음악교육의 철학적 목표의 재설정, 교육정책의 변화와 교과서 개선, 음악만이 아닌 다양한 교과과정과 결합된 통문화적 교육시스템 구축 등이 포괄적으로 이루어져야 가능하다. 따라서 다문화 예술교육, 일반 예술교육, 심지어 전통예술교육까지 모든 예술교육은 문화민주주의적 맥락에서 궁극적으로 같은 지점에 있고 같은 목표를 갖고 있다고 할 수 있다.

예술교육의 진정성이 문화민주주의와 닿아있는 것이라면 통일시대 민족예술에 대한 교육 역시 같은 맥락에 있다. 국가경쟁력 차원의 국악교육이나 전통의 현대화 · 세계화 같은 경제적 이익 관련 논의를 넘어서서 분단극복과 통일을 향한 이념적 지평의 차원에서 민주와 인간의 발견을 위한 예술교육이 되어야 하는 것이다. 이는 예술을 '국가'와 '이익'의 관점에서 사유해서는 안 되며, 예술교육이 이데올로기적 국가장치에 안족(安足)해서는 안 됨을 다시금 말하는 것이다.

다문화사회가 필연적으로 낳을 수밖에 없는 혼혈인을 순혈민족에 대한 '타자'로 설정해서는 안 된다고 말하면서도 실제 다문화교육 현장에서는 그들에게 열등함을 낙인찍는 동화주의적 교육이 이루어지는 현실에서, 예술교육 역시 포용성과 다양성이라는 이름의 구별 짓기용 교육이 되어서는 그 가치와 필요성을 인정받을 수 없다. 포용이라는 말 자체가 우월적 지위의 의식을 담고 있으며, 다양성이라는 것 역시 순혈민족의 중심적 관점에서 주변부의 다양성에 대한 이해라는 차원을 내포하고 있으므로, 이는 결국 위계적 민족주의의 발로인 것이다. 참여와 실천의 문화민주주의가 아닌 선율과 리듬 중심의 체험적 차원의 다문화교육은 위계적 민족주의의 내면화 강요에 불과한 것이다. 마치 혼혈인에 대한 포용과 다양성 인정이 아니라 아예 혼혈이라는 개념이 없어지는 사회, 오직 '인간'으로 보는 사회가 되어야 한다는 지적[36]에서처럼, 다문화 예술교육은 인간을 발견하는 교육, 삶의 과정에 대한 성찰로서 예술에 대한 교육이 될 때 비로소 다문화라는 개념이 없어지게 될 것이다. 말하자면 다문화 예술교육은 다문화 개념을 지우는 것이 목표가 된다고 할 수 있다.

36) 설동훈, "혼혈인의 사회학: 한국인의 위계적 민족성", 『인문연구』 제52호, 영남대학교 인문과학연구소, 2007, 125-160쪽.

II

도금시대의 예술과 비평

마크 트웨인(Mark Twain)의 표현을 빌자면 오늘날은 예술적 '도금시대(Gilded Age)'이다. 오늘날 예술은 '도금된 작품'을 지칭하게 됨으로써 물질화되었다. 그곳에는 과시와 탐욕이 가득하다. 창작은 인간에 대한 고민보다 질서라는 이름의 수학적 계산에 치중하고, 문명에 대한 무비판적 숭배는 예술적 도금주의를 부추킨다. 이런 상황에서 비평은 순금성의 당위에 대한 설파와 지적보다 도금기술의 현란함만을 상찬함으로써 타자화되었다. 예술도 비평도 더 이상 인간의 발견을 위한 영역이 되지 못하고 있다.

1.
예술적 도금과 물질화

1) 예술적 도금시대

19세기 남북전쟁 이후 20세기로 넘어오는 시기(1865~1900), 미국의 산업발달은 당시를 황금시대(Golden Age)로 묘사할 정도로 사람들의 물질적 풍요에 대한 욕망을 자극했다. 하지만 그 시대 미국의 정치는 부패했고, 소수 특권적 자본가들의 엄청난 부의 축적은 부패한 정치와 결탁하면서 미국사회의 모순을 극대화하고 있었다. 산업발달에 따른 이윤축적을 독점한 특권적 계급과 달리 대다수 농민과 노동자들은 그러한 경제적 번영의 열매로부터 소외되었다. 당시 부패한 권력과 결탁한 악덕 자본가는 '강도귀족(Robber Barron)'이라 부르게 되었으며, 이 때문에 그 시대를 강도귀족 시대라고 부르기도 한다. 빈부격차의 심화와 불평등의 심화는 사회가 진보한다는 믿음을 흔들리게 했고, 물질적 풍요의 환상은 미국 전역에서 지역과 계급을 망라한 총체적 투기를 불러왔다.

마크 트웨인(Mark Twain, 1835-1910)은 당시를 풍자한 소설의 제목을 『도금시대: 오늘의 이야기(The Gilded Age: A Table of Today)』라고 설정했다. '겉은 휘황찬란하지만 속은 부패했으며, 도덕이 상실되고 온갖 위기가 잠재되어 있는 시대, 많은 이들이 황금시대(Golden Age)라고 생각하지만 실상은 공허함과 온갖 모순이 난무하는 도금시대(Gilded Age)'로 당시를 규정한 것이다. 의도적이든 비의도적이든 상관없이 물욕이 불러온 총체적 투기와 그에 따른 부패와 환상은 도금시대를 대표하는 모습이었으며, 이러한 현상을 제어할 책임이 있었던 워싱턴의 연방정부는 오히려 그러한 총체적 투기와 부정부패의 중심지였다.[1]

그런데 1970년대 말부터 미국사회는 소득분배의 공정성이 후퇴하고 소득 상위계층과 하위계층의 양극화가 이전에 비해 가파르게 심화되었다. 노조의 약화, 노동시장 유연화, 최저임금 삭감 등의 정책은 승자독식의 구조를 강화시켰고, 국가의 정책이 자본의 이익을 대변하는 역할을 하면서 신자유주의적 모순구조는 심화되어갔다.[2] 사회적 불평등이 도금시대의 수준으로 후퇴한 1980년대 이후 미국사회는 폴 크루그만(Paul Krugman)에 의해 '신도금시대(New Gilded Age)'로 명명되었다.[3] 공동체적 가치보다 자본의 이익을 대변하는 정치, 국가의 비호를 받은 자

1) 성경준, "마크 트웨인과 남북 전쟁 이후의 자본주의: 『도금시대』를 중심으로(Mark Twain and Post-Civil War Capitalism in The Gilded Age)", 『근대영미소설』 제13권 2호, 근대영미소설학회, 2006, 57-79쪽.

2) 이준구, "미국 사회, 무엇이 '신도금시대'의 도래를 가져왔나?", 『경제논집』 제52권 1호, 서울대학교 경제연구소, 2013, 1-49쪽.

3) 심계순, "마크 트웨인의 '도금시대'와 폴 크루그먼의 '신도금시대'(Mark Twain's "Gilded Age" vs. Paul Krugman's "New Gilded Age")", 『미국학논집』 제46집 제1호, 한국아메리카학회, 2014, 43-71쪽.

본가와 특권계급의 귀족화, 희망을 빼앗긴 가난한 하층민, 이런 현상들은 신도금시대를 규정짓는 특징이라고 할 수 있다.

오늘날 한국사회의 신자유주의적 공연예술은 완벽한 예술적 도금시대를 체현하고 있다. 물욕에 사로잡힌 시대, 겉만 화려한 사상누각의 시대, 구조화된 편 가르기와 승자독식의 시대는 도금시대로서 21세기 한국사회 공연예술을 규정짓는 특징이라고 할 수 있다. 이런 현상은 이전 시대에 찾아보기 어려웠으므로 신도금시대라고 규정지을 것도 없으며, '도금주의'라고 명명할 만한 어떤 강제적이고 지배적인 물결은 자본지배의 공고화가 진행될수록 그에 편승해서 더욱 강화되어가고 있다.

예술적 도금시대에는 사회와 시대에 대한 고민이 아니라 전시 공간(혹은 무대)의 화려함에 대한 욕망과 언론 · 비평계의 주례사비평으로 도금된다. 자신의 주체적 예술세계의 가능성보다 타자(자본)가 설정해놓은 시스템에 적응할 자유만이 주어지는 억압적 도금양식이 지배한다. 자아는 갇혀있거나 실종되고, 알맹이가 없는 색칠하기의 도금된 도화지를 작품공간으로 착각한다. 전통을 이야기하는 이들은 전통의 진정성이 아니라 전통을 강제적으로 해체 · 접목한 퓨전 · 하이브리드의 과장된 대중성에 대한 동경을 언급한다. 양식적으로 강요된 퓨전이야말로 현란한 도금예술의 전형이다. 진정성은 교묘한 포장술로 동원되는 언어유희 속에서만 존재하며, 인간에 대한 성찰은 왜곡되거나 심지어 해체되어 있다. 대신 물욕과 공명심은 총체적으로 지배한다.

2) 과시와 탐욕

도금시대 예술의 내적 특징은 물욕 과다의 황금만능주의가 아니라 과시와 탐욕에 있다. 한국사회는 과시의 사회다. 과시는 기본적으로 사회적 행위이며, 과시의 기초는 과잉적 물질과시다. 물질과시를 하는 이유는 물질과시가 곧 인격과시와 동일시되기 때문이다. 물질과시와 인격과시의 결합은 한국사회의 구조적이면서 역사적인 특수성과 연관되어 있다.[4] 조선시대까지는 시식, 군자(인격), 통지 등의 개념들이 신분적 지배와 결부되어 있었으며, 신분적 과시는 소인, 어리석음, 교화 등의 개념과 결부된 피지배계급에 대한 '우등함'의 정당화 실천이나 다름없었다. 말하자면 신분적 차별에 의거한 과시는 인격적 과시이자 우등함의 과시였다. 하지만 사회적 인정자본이 신분에서 물질로 변화하면서 그러한 과시는 더 이상 생성될 수 없게 되었다. 그럼에도 여전히 인격과시적 인정 욕망은 역사적으로 대물림된 아비투스이며, 물질에 의해 신분을 규정하는 시스템적 특징의 자본주의 발달에 따라 물질이 전면적인 '사회적 과시'의 수단이 되었다. 과잉적 물질과시는 인격과시의 인정 욕망에 의한 것이라고 할 수 있다.

게다가 한국사회는 다른 나라보다 과시의 사회적 압력이 매우 높다.[5] 과잉과시 현상은 한국뿐 아니라 일본, 홍콩, 중국 등 동아시아 국

---

4) 유승무 · 박수호 · 최봉영, "한국사회 과잉과시의 구조적 · 역사적 이해", 『사회사상과문화』 제17권, 동양사회사상학회, 2008, 115-140쪽.

5) 이홍균, "한국인의 사회적 과시와 인정의 사회적 형식", 『담론 201』 제9권 2호, 한국사회역사학회, 2006, 207-243쪽.

가들의 공통적 현상이긴 하지만,[6] 한국사회의 과시는 그 강도에 있어서 매우 높은 편이며, 과시의 원인은 남보다 우위에 서고자 하는 데 있다.[7] 그리고 그것은 개인 간의 과도한 경쟁과 깊은 연관이 있다. 과시의 목적이 물질 자체가 아니라 물질을 통한 인격과시이고, 이는 물질과 사회적 지위의 우열이 곧 인격적 우열과 관련이 있다고 여기는 것이다. 인격적 무시를 당하지 않기 위해서는 물질의 양과 사회적 지위를 높여야 하고, 이로 인해 과잉경쟁과 과잉과시는 구조적으로 강화된다. 과시는 남에게 억압당하지 않고 무시당하지 않기 위한 심리적 요인과 관련이 있으며, 동시에 한국사회 과시적 행위의 특성은 전통사회에서의 억압과 차별로부터 탈피라는 문화적 맥락과 닿아있다.[8] 그러므로 과잉과시의 만연과 그 과시 강도의 고도화는 그만큼 한국사회가 신분적 · 유사신분적 위계질서에서 오는 억압과 차별의 가능성이 크다는 점을 말해준다.

이런 사회에서 예술은 과시의 상징이 될 수밖에 없다. 그것은 감상자와 전공자 모두에게 마찬가지다. 감상자의 입장에서는, 작품에 품평되는 '위대함'과 '아름다움'에 아무나 접근이 허락되지 않는다. 평가가 더 높은 작품일수록 그에 대한 접근은 엄격하게 제한된다. '국립'이나 '시립'이라는 글자가 붙는 화려한 대형 전시장 · 공연장을 찾아야만 그 접근이 가능하지만, 그를 위해서는 적지 않은 비용이 요구된다. 이

6) 한세희, "특집: 과시하는 한국 사회: 한국 및 동아시아의 과시현상과 포스트모더니즘", 『사회이론』 제41권, 한국사회이론학회, 2012, 101-120쪽.

7) 이종현, "한국 · 독일 · 일본의 '과시행위'의 비교연구", 『한독사회과학논총』 제18권 2호, 한독사회과학회, 2008, 161-184쪽.

8) 박창호, "특집: 과시하는 한국 사회: 인터넷에서의 과시: 한국의 사회문화적 맥락과 대비하여", 『사회이론』 제41권, 한국사회이론학회, 2012, 35-70쪽.

른바 문화적 접근은 명백한 위계적 구조에 의해 조절된다. 말쑥한 차림으로 화려한 대형 공연장을 찾을 수 있는 이들과 하루하루 생존 자체가 무거운 짐인 이들 사이의 거대한 간극은 현실적으로 엄연히 존재하는 신분제적 모순구조이다. 신분제적 하위구조에 편입되어 물질 소유가 제한된 이들에게 아름다움과 위대함은 자신들과 무관한 타자들의 영역이며, 유한계급으로 대표되는 지배계급은 위대함과 아름다움에 대한 접근권한을 과시적으로 행사한다. 문화적 접근은 물질을 매개로 한 인격적 고상함의 과시적 행위이다.

예술 전공자들에게 이런 물질과시의 맥락은 더욱 두드러진다. 오늘날처럼 예술이 곧 '작품'을 지칭하는 시대에는 예술 활동이 곧 작품 활동을 의미한다. 그러나 예술 활동은 현실적으로 물질과시의 한 장(場)이며, 그것은 자신의 '예술적 능력=인격'을 과시하고자 하는 인정투쟁의 실천이다. 예술이 인간과 사회에 대한 성찰의 가치보다 자본주의적 상품시장에서의 유통 가능성에 의해 그 생존이 결정되고, 권력과 자본에 의해 그 품질이 판단되며, 지배계급의 취향과 가치에 부합하는 것만이 '훌륭함'과 '아름다움'의 가치평가를 부여받기 때문이다. 이런 구조에서 '평가로서의 비평'(정의로서의 비평이 아닌)은 주례사비평이든 엄격한 비판적 평가윤리를 지키든 상관없이 지배질서의 홍위병 역할에 머물 수밖에 없다. 창작자는 시대적 아픔과 자아의 반성과 인간에 대한 발견의 노력이 아니라 남보다 더 정교한 수학적 계산에 치중하고 남보다 더 강렬한 양식적 파괴의 일탈을 미덕으로 삼는다. 관습의 탈피나 기존 양식의 파괴는 탈피와 파괴 그 자체가 미덕이 되지 않으며, 사회적 의미를 획득할 때 미덕이 된다. 사회적 의미는 시대와 사회와 인간에 대한 성찰과 통찰에서 출발한다. 하지만 일탈과 파괴 자체가 미덕처럼 인식

될 때 그것은 예술이 아니라 엘리트주의적 자족감의 강요적 과시가 된다. 여기에 배고픈 예술적 순정만으로는 도저히 흉내 낼 수 없는 막대한 규모의 자본력과 언론 동원력이 인간을 떠난 '작품 자체를 위한 작품'의 훌륭함을 과시적으로 포장하게 한다.

권력과 자본은 지배적 양식과 취향을 우월적 지위에서 독점한다. 피라미드 구조의 중하층으로 내려갈수록 권력과 자본으로부터 소외된 예술가들이 가혹한 경쟁 환경에서 살아남기 위해 더 적극적으로 지배적 양식과 취향에 목숨을 걸게 되며 권력과 자본의 논리에 더 자발적으로 순응하게 된다. 이때 살아남기 위한 예술적 인정투쟁은 지배적 양식과 취향을 더 과시적으로 표출하게 되고, 과시는 예술적 능력을 과시하는 것처럼 보이지만 실제로는 물질과시와 화려함 과시와 수학적 정교함 과시를 매개로 한 인격과시라고 할 수 있다. 인격과시를 위한 물질과시, 경쟁에서 살아남기 위해 인간에게 눈감고 권력과 자본을 위해 순응하는 '과시적 과시'는 오늘날 한국사회 예술의 무기력하고 처참한 몰골을 한 인정의 아비투스이다.

이러한 과시는 곧 숭배적 의례화의 양상으로 발전된다. 과시적 소비자들은 브랜드 '숭배'를 하는데 그것은 일종의 '아름다움과 신성함의 놀이'로서 유사의례의 양상을 보이며, 그러한 브랜드 숭배라는 '신성한 놀이'는 소비자들이 과시적 브랜드 제품을 소유함으로써 스스로 새로운 정체성을 획득하는 과정이다.[9] 예컨대 엘리트 음악가들이 하는 현대음악 혹은 정악이라는 브랜드 숭배, 여러 상품화된 단체들의 월드뮤

9) 이황직, "특집: 과시하는 한국 사회: 신성한 놀이로서의 브랜드 숭배: 기술복제시대 패션 브랜드 소비의 의미 분석", 『사회이론』 제41권, 한국사회이론학회, 2012, 3-36쪽.

직이라는 브랜드 숭배, 많은 전통예술 관련 단체들이 잠꼬대처럼 입에 달고 사는 '전통에 기반한'이라는 명문화된 브랜드 숭배, 대학(특히 서울 소재 상위권 대학)이라는 브랜드 숭배, 무형문화재와 콩쿠르라는 브랜드 숭배 등등, 오늘날 예술 활동 자체가 이미 브랜드 숭배에 따른 신성함 과시의 유사의례 활동이다. 전공자의 숭배적 작품은 신성한 제의의 절차처럼 자본과 권력의 허가를 받은 후 소비자에게 제공되며, 소비자는 그러한 브랜드를 소유함으로써 사회의 지배질서에 편입되어 있는 자아의 정체성을 확인하게 된다. 더 크고 더 화려한 공간에서 펼쳐지는 작품을 더 많은 돈을 주고 볼 수 있는 이들의 브랜드 숭배를 통한 자기만족, 아예 그러한 공간에 대한 접근 자체가 금지되어 있는 이들의 브랜드 배제를 통한 자기비하는 숭배의 질서와 규율이 엄격하고 신성할수록 그 효과가 배가됨을 보여준다. 지배자와 호모사케르의 엄격한 구분은 예술이라는 브랜드 숭배의 '신성한' 의례를 통해 고착되고 정당화된다.

도금시대의 예술은 과시뿐만 아니라 탐욕의 아비투스를 내적 특징으로 한다. 탐욕은 물론 과시와 밀접한 연관을 갖는다. 과시라는 것이 공동체적 건강함보다 타자에 대한 배제의 논리이듯이, 탐욕 역시 마찬가지다. 이때 탐욕은 물질적 측면보다도 기득권 유지를 위한 편 가르기와 타자를 모욕하는 일상화 측면이 보다 강조된다. 물질적 탐욕은 물질과시를 통한 인격과시의 기저에 있는 이기적 · 공격적 욕망인 반면, 편 가르기와 모욕 차원의 탐욕은 피라미드적 위계질서를 공고하게 유지하고 그 속에서 기득권을 철저하게 지속시키고자 하는 방어적 욕망에 해당한다. 이런 탐욕의 대표적인 두 가지 양상은 계급세습의 혈연적 탐욕과 학맥 중심의 패거리 문화적 탐욕이다. 계급세습의 탐욕은 자신의 권위, 명예, 기타 사적 소유물을 대물림하고자 하는 욕망이며, 한국

사회가 실질적으로 계급세습 시스템화되어 있는 사회로 진입하면서 지배적 예술가들과 소비자들 모두 예술에 대한 생산 · 해석 · 품평 독점권 및 작품 접근 독점권을 잃지 않기 위한 본능적 기민함에 노련하게 훈련되어있다. 특히 생존경쟁이 치열해질수록 기득권을 잃지 않기 위한 욕망은 노골적이고 거칠어지고 있다.

한편, 학맥 중심의 패거리적 탐욕은 유사혈연적 탐욕에 해당한다. 예술 관련 학교는 종법질서화된 문중 중심의 운영체제를 갖추고 있으며, 타자 배제와 문중우선주의가 지배하는 전근대적 질서의 학습현장이다. 이런 유사혈연적 질서에서는 이성과 합리성이 불필요하며, 양심이나 공감에 의한 예술적 경쟁보다 몰염치와 뻔뻔함에 의한 타자 약탈과 문중보호의 동물적 경쟁심이 전면에 드러난다. 도덕은 그다지 중요하지 않다. 중요한 것은 이익에 대한 집요한 집착을 성공시킬 수 있느냐이다.

이런 탐욕의 아비투스에서 예술이란 작품을 통한 이익 지키기의 수단적 역할을 수행한다. 애초에 시대에 대한 통찰이나 인간에 대한 고찰은 관심영역이 될 수 없다. 혈연적 · 유사혈연적 탐욕은 예술의 존재이유에 대한 반성이나 사회적 의미에 대한 철학적 사유를 불필요하거나 무의미한 것으로 인식한다. 작품 활동의 이름으로 포장된 과잉 물질과시와 브랜드 숭배, 그리고 기득권을 지키기 위한 혈연적 · 비혈연적 시스템의 구축은, 도덕이 상실되고 물질이 인격화되고, 허황되고 거짓된 욕망이 지배하는 도금시대의 완성을 보여준다.

3) 비평의 타자화

사실 과시와 탐욕은 개인적 차원의 문제다. 도금시대를 이 두 가지만으로 규정짓는 것은 구조적 · 제도적 문제를 개인의 문제로 환원시키는 오류를 가져오게 한다. 과시와 탐욕보다 더 결정적인 것은 바로 과시와 탐욕을 제어할 수 있는 시스템이 작동하지 않는다는 것이며, 시스템 미작동의 원인은 연식이 오래되거나 부품이 없어서가 아니라 일부러 방조하거나 심지어 고의적으로 조장하는 탓에 있다. 방조와 조장의 주체는 바로 정치이다. 즉 정치가 타자화되어 있다는 것이다. 타자화란 시민과 공동체가 아닌 자본 이익의 대변자로서 역할을 수행함을 의미한다. 인간을 위한 예술이 아니라 권력과 자본을 위한 예술이 되도록 정책을 입안하고, 승자독식을 방조하거나 조장하며, 생존의 미끼를 통해 예술가들을 순응적 존재로 만드는 것, 그리고 결과적으로 지배질서를 효과적으로 유지하고 그 영속화를 기도하는 것, 이것이 바로 시스템 미작동의 원인과 결과이다. 시스템은 잘 갖추어져 있으나, 고의에 의한 혹은 미필적 고의에 의한 시스템 오작동의 방조와 조장이 예술적 도금시대의 진정한 민낯이라고 할 수 있다. 정치는 도금시대를 조장하고, 신자유주의 질서[10] 속에서 승자독식과 지배계급 이익 극대화와 피지배계급의 호모사케르화는 가속화되거나 심지어 정당화된다.[11] 그러

---

10) 도금시대적 모습은 경쟁과 탐욕적 과잉과시라는 점에서 신자유주의 시대의 특징과 유사하다.(김철, "특집: 과시하는 한국 사회; 신자유주의 시대 경쟁과 과시", 『사회이론』 제41권, 한국사회이론학회, 2012, 69-102쪽.)

11) 이준구, "미국 사회, 무엇이 '신도금시대'의 도래를 가져왔나?", 『경제논집』 제52권 1호, 서울대학교 경제연구소, 2013, 1-49쪽.

한 사회의 예술에서는 승자독식 및 엘리트중심주의, 작품중심주의가 심화되고, 예술이 인간의 품에서 벗어나 타자의 영역에서 인간을 구속하고 억압하게 된다.

이런 처참한 양상이 반성되지 않을 때, 심지어는 국가가 나서서 예술을 자본축적의 수단으로 노골적으로 활용하는 정책을 펴는 현상까지 나타나게 된다. 예컨대 최근까지 한국정부는 문화와 예술을 콘텐츠 상품으로 간주하고 비즈니스를 펼침으로써, 예술정책의 경제주의적 환원을 노골적으로 강화해왔다. 그 결과 신자유주의를 취하면서도 국가개입을 최소화하고 시장 중심으로 움직이도록 하기보다는 특정 문화콘텐츠를 국가가 주도해서 마케팅을 하는 경제주의적 접근법을 전면화했다. 대표적인 것이 한류정책인데, 한류는 문화적 현상이 아니라 국가주도의 정책과 자본과 언론과 학계의 역량과 욕망이 총체적으로 동원되고 결합된 문화구성체이며, 경제적 지배관계와 정치적 권력관계 속에서 파악되어야 하는 것이다.[12] 그것은 국익 추구와 국가경쟁력 강화라는 차원에서 기획되고 실천된 비즈니스 아이템이었다고 할 수 있다. 사실 국익이라는 것은 하나의 국가주의적 이데올로기에 해당하며, 개발시대의 논리이자 성장주의의 논리이다. 그것은 국내 소외계층에 대한 관심 및 복지와 분배의 문제보다 국가주의적 성장을 우선시하는 논리이며, 그런 측면에서 한류로 대표되는 문화콘텐츠의 국가주도적 마케팅은 예술을 물질로 환원하고 시민과 공동체의 건강함보다 개발시대의 논리와 자본축적의 관점에서 예술을 이해하는 것이라고 할 수 있다. 이

---

12) 최영화, "이명박 정부의 기업국가 프로젝트로서 한류정책: 전략관계적 접근법을 통한 구조와 전략 분석", 『경제와사회』 통권 제97호, 2013, 252-285쪽.

런 전형적인 도금시대적 양상을 국가주도의 강력한 정책적 모델로 삼는 것은 단지 그 경제논리적 저급함 때문이 아니라 인간의 존엄에 대한 방치와 예술의 정치수단화와 자본 지배의 영속화를 조장하는 것이기 때문에 비판되어야 한다.

이러한 신자유주의적 · 국가주의적 도금시대의 현실에서 무엇보다 절실하게 정의(正義)의 역할을 수행해야 할 임무가 있는 것이 비평이다. 하지만 정치 못지않게 비평은 더 교묘하면서도 노골적으로 타자화되어 있다. 비평은 평가적 담론에 그쳐있고, 그 평가가 왜 거짓을 진실로 왜곡할 수 있는지, 왜 약자에 대한 억압을 정당화하는 것으로 활용될 수 있는지에 대한 반성은 이루어지지 못하고 있다. 그런 면에서 도금시대의 비평적 정의(正義)는 예술의 저급화와 물질화에 대한 최후의 수술대가 되어야 한다.

타자화된 물질 품평 행위로서 비평은 예술의 지식화에 기초한다. 권력에 의한 예술은 하나의 지식으로 사회를 지배한다. 예술과 지식의 차이는 '함'과 '앎'의 차이이다. '함'이어야 할 것이 '앎'으로 치환됨으로써 예술은 계급적 행위로 변화된다. 우리가 뭔가에 대해 공론화한다거나 사회적으로 이야기하고 있다는 사실은 이미 그것이 권력에 의해 통제되고 억압되고 있다는 것을 의미한다. 예술에 대해 말하고 있다는 사실 자체가 이미 예술이 권력의 지배하에 있음을 보여주는 것이다. 즉 예술은 권력에 의해 억압되고 조절되고 있으며, 권력과 이데올로기가 허용하는 범주 안에서만 이루어지도록 강요되고 있다. 아울러 사회적 관습과 교육과 지식의 통제된 메커니즘 안에서만 효율적으로 작동하도록 억압되고 있다. 권력은 예술가를 제도화시키며, 그것을 통해서 예술을 제도화시킨다. 제도화는 호모사케르처럼 자신을 버림으로써 비로소 사회에서 존재를 확인받을 수 있도록 하는 장치이다.

이는 예술만의 문제가 아니라 비평에도 그대로 적용된다. 권력은 비평 속에서 예술에 대한 통제력을 더 강화한다. 비평의 세 가지 모습이라고 흔히 생각하는 해석, 평가, 소통 등 모두의 영역에서 비평은 권력의 대리인 역할을 하며, 지배적 해석체계, 지배적 평가기준, 지배적 권력의 승인 방식을 지배적으로 구축한다. 이때 비평가는 호모사케르를 제도화하는 장치이며, 자신을 버려야만 인정받는 시스템의 최첨단 선봉에 서 있는 인물이다. 자신을 버린 사람들을 사회에서 인정받는 인물이라고 인정하는 역할, 잠재적 호모사케르를 예술소비의 주체로 인식하게 하는 역할, 생명관리정치체제에서 구성원들로 하여금 스스로 신성한 존재로 믿도록 신념화하는 역할, 결과적으로 체제에 순응한 채 거세된 자아에 대한 회복욕망을 다시 거세함으로써 권력 통제에 일조하는 역할 등을 주도적으로 하게 되는 것이다.

예술을 평가하고 해석하고 그것과 소통하는 행위를 통해서 권력은 개인들의 사유와 신념을 촘촘하게 통제하는 망을 배치한다. 교육을 개입시키고, 각종 매체와 선전도구들을 이용해서 예술의 사회적 생산과 유통을 통제함으로써 권력은 더욱 강화된다. 그러므로 근대적 비평이란 부르주아지의 권력 강화와 호모사케르 통제 시스템으로 출현한 것에 불과하며, 푸코가 말한 '권력-앎-쾌락'의 메커니즘은 비평에도 그대로 적용된다. 권력은 앎의 의지를 낳고, 앎의 의지에 따라 발견된 지식은 권력을 위해 존재하며, 그것은 다시 쾌락을 분석하고 통제하는 데 이용되어 권력을 강화하듯이, 쾌락을 비평이라는 말로 바꾼 '권력-앎-비평'의 메커니즘은 역시 그대로 작동한다. 권력은 통제를 위해 앎의 의지를 낳고, 앎의 의지는 지식을 낳아서 권력을 강화하며, 지식은 비평의 장에서 예술을 분석 · 통제하고 제도권의 범주에 용인되는 것과 그렇지 못한 것을 구분 지으며, 그러한 구분을 통해 권력은 다시 강화된다. 비평은 원래 구별 짓기가 아님에도 불구하고 실제로는 사회에서 권력에 의한 구별 짓기의 홍위병으로 전락한다. 푸코의 지적처럼 어린 아이의 자위행위를 매개로 다양한 국가적 규율과 통제장치가 개입되고 권력행사가 이루어지듯이, 작품에 대한 분석과 통제 혹은 평가 행위를 매개로 다양한 권력행사가 개입되어 이루어진다. 비평은 권력의 통제와 억압, 호모사케르 재생산과 제도화의 문제를 공론화하지 않으면 죽음을 맞는다. 이를 회피한 채 비평의 이름으로 예술의 신성불가침을 주장하는 모습들은 사실 없느니만 못하다.[13)]

비평이 소외된 노동이 아니고 표면적으로 착취당하지 않는 행위임에도 불구하고, 왜 비평은 자유롭지 않은가? 그것은 명백하게 권력관계에 따른 구속 때문이다. 지식과 권력의 긴밀한 유착관계를 비평은 저돌적으로 실천하고 있으며, 이때 비평은 명백한 권력 재생산의 장(場)이 된다. 비평가에게 표준이란 실제로 지배권력이 설정해놓은 것이며, 권력에 종속될 때 비평가가 '나는 그것을 좋아한다'고 하는 것과 '그것은 위대한 작품이다'는 말이 실제로 같은 의미가 될 개연성은 커진다. 비평가가 곧 이데올로기적 헤게모니의 하수인이 되는 것은 매우 보편적인 현상이다. 비평이 표준 혹은 판단기준으로 제시하는 것이 실은 권력과 이데올로기에 의한 것이고, 가치판단의 주된 대상 역시 권력에 근접해 있는 작품들이거나 권력적 환경에서 '주목받고' 있는 작가들이므

13) 웨인 C. 부스, "비평문화: 세 가지 비평이 필요한 이유", 『비평이란 무엇인가』, 폴 헤르나디 엮음, 최상규 옮김, 정음사, 1984, 200-218쪽.

로, 비평은 권력의 가치기준을 가지고 권력에 유리하게 평가하는 작업이 된다. 비평가는 스스로 권력에 안주하면서 권력을 재생산함으로써 자본주의적 생산관계와 달리 소외되지 않는 노동 공간을 창출한다.[14) 그것을 통해서 권력과 착취, 지배와 피지배의 사회구조를 (극복하기보다는) 더욱 공고히 하는 데 앞장서게 된다. 사르트르가 비평가를 납골당 항아리들을 분석 대상으로 삼는 묘지관리인이라고 비유했을 때, 그것은 작품 품평행위로서 비평을 염두에 둔 것이다. 하지만 권력행위의 돌격자로서 비평가는 이미 납골당에 갇힌 채 권력이라는 묘지관리인에 의해 관리당하고 있는 존재이다.

14) 리처드 오만, "비평의 사회적 관계", 『비평이란 무엇인가』, 폴 헤르나디 엮음, 최상규 옮김, 정음사, 1984, 232-244쪽.

2.
도금행위로서의 창작

1) 창작과 도구적 이성

예술창작은 인간을 발견하는 작업이다. 인간에 대한 발견은 겸허한 성찰의 과정이다. 지식숭배에 따른 과시적 구축작업을 창작이라고 여길 때 그것은 겸허한 성찰이 아니라 억압적 인간지배의 양상을 보이게 된다. 창작이 인간지배의 작업이 될 때, 그것은 도금작업으로 전락하게 된다. 코기토로 대표되는 서구 근대의 출발은 곧 이성의 발견으로부터 비롯된, 자연과 신으로부터의 인간 해방인 것처럼 보였다. 인간은 해방된 것 같았고, 자연지배의 토대 위에 새로운 문명을 이룩하는 것처럼 보였다. 그러나 인간은 인간 외에는 '지배한' 적이 없었다. 자연지배는 사실 인간지배이기 때문이다.

자연지배는 인간지배를 포함한다. 모든 주체는 외적 자연, 즉 인

> 간적이거나 비인간적인 외적 자연을 지배하는 데 가담할 뿐만 아니라, 이를 수행하기 위해 자기 자신 안에 있는 자연을 지배한다. 지배는 지배를 위해 내면화된다……. 내적 · 외적 자연에 대한 인간의 지배는 의미 있는 동기에서 비롯된 것이 아니기 때문에, 자연은 실제로 초월되거나 화해되지 않고 단순히 억압된다.[15)]

작곡에 있어 인간의 자연지배란 이성을 통한 음(tone)의 지배를 의미한다. 이를 위해 인간은 자신 내면의 자연을 지배하며, 이때 자연은 인간의 합리성 · 논리성과 화해되지 않고 단지 억압될 뿐이다. 내면의 자연지배라는 것은 자연 상태의 음을 합리적 · 논리적 잣대에 따라 의도적으로 배열하고 변화시키고 조화시키는 것을 말한다. 그 과정에서 음은 의도에 맞게 합리화되고 논리화된다. 그것은 조성음악의 발전으로 귀결되었다. 말하자면 음의 의도적 정렬과 배치(특히 위계질서에 의한)가 바로 논리와 합리로 인식되었고, 그것을 더욱 정교하고 정연하게 발전시키는 것이 이성의 발달로 이해되었다.

하지만 과연 서구 근대 이후 인간의 이성은 음이라고 하는 '자연'과 화해했던가? 그것은 과연 인간의 해방이자 이성의 승리였는가? 당연한 것을 묻는 것처럼 보이지만 이 질문은 당연하지 않다. 음을 의도적으로 (합리와 논리와 치밀한 계산에 의해) 배열하고 질서를 부여한 창작행위가 표면적으로는 음을 이성과 합리성을 바탕으로 형상화하고 구축하는 것처럼 보였지만, 이는 실제로 자연의 지배이며 인간 내면의 지배이며, 그 결과물은 인간과 소리의 화해이거나 소리의 미적 형상화가 아니라

15) 막스 호르크하이머, 『도구적 이성 비판』, 박구용 옮김, 문예출판사, 2006, 126쪽.

단순한 억압이었다. 이때 억압은 '음'이라는 자연의 억압이자 인간 내면의 억압이기도 하다. 작곡 규칙들로 상정되는 것들은 실제로 억압을 제도화한 것들이며, 제도화된 지배가 다시 지배를 강화해온, 즉 지배를 위해 지배를 내면화해온 역사가 바로 작곡의 역사였다고 할 수 있다.

오늘날 이른바 예술이라고 부르는 것들은 일종의 서구문명의 상징이다. 인간의 이성이 구축한 것으로서의 문명은 서구의 개념이며, 이에 따르면 이성에 의해 논리적 · 합리적으로 설명될 수 있는 것들이 예술로 간주된다. 심지어 추상 · 우연성 등의 단어가 동원되는 작품까지도 논리와 합리로 설명될 때 비로소 그것의 '예술적임'이 인정된다. 표면적으로 논리와 합리를 깨뜨리는 작품들은 실은 가장 정교하게 논리와 합리를 구축해놓은 구조물들이다. 이런 서구 근대문명의 상징 중 두드러지는 것이 바로 작곡의 역사이다. 현상적 작곡행위의 결과물들은 인간의 문명 구축과 자연지배의 상징물들이다. 하지만 문명은 그 폭력성으로 인해 '합리화된 비합리성'[16]을 보인다. 자연의 폭동[17]이라고 할 수 있는 것을 합리화된 규칙으로 끌어들인 창작 관행이 바로 이런 합리화된 비합리성의 전형적인 모습에 해당한다.

그렇다면 서구 근대가 이룩한 문명의 주체인 '개인'으로서 작곡가의 삶은 과연 존재하는 것인가? 문명의 밑바탕인 합리성이라는 것은 과연 합리적인 것인가? 사회는 결코 개인을 자연의 상태로 두지 않는다. 개인의 생존은 사회의 규칙과 속박에 얼마만큼 잘 적응하는가에 좌

---

16) "합리화된 비합리성으로서 문명은 자연의 폭동을 또 다른 수단이나 도구로 끌어들인다." (호르크 하이머, 『도구적이성 비판』, 126-127쪽.)

17) 자연 폭동이란 여기서 선율 파괴와 불협화된 소음들, 인위적으로 조작된 소리(sound)들과 같은 모습들이다.

우된다. 인간은 끊임없이 살아남기 위해 사회에 적응해야 하고, 사회의 요구에 끊임없이 응답해야 한다. 작곡가의 삶 역시 사회가 강요하는 속박에 적응하는 것이 될 수밖에 없다. 작곡은 개인이 하는 것 같지만 실제로는 사회가 만들어놓은 규칙과 시스템에 '의도적으로' 순응하는 것이다. 아울러 예술에서 합리성이라는 것 역시 '실제적인 합리성'이 아니라 사회가 규정해놓고 강요하는 특정 시스템에 불과하다. 작곡가에게는 그에 적응할 것인가 도태될 것인가의 선택만이 있을 뿐이다. 그에게 스스로의 합리적 예술성을 진지하게 고뇌할 자유는 주어지지 않는다. 이는 작곡가뿐만 아니라 현대의 모든 예술가들의 보편적 삶이기도 하다.

인간이 "자연지배를 위한 기계적 장치를 더 많이 발명하면 할수록, 살아남기 위해서 그 기계에 점점 더 많이 헌신해야"[18] 하듯이, 이성이 구축해놓은 장치와 시스템이 더 정교할수록 예술은 그 장치와 시스템에 더 많이 귀속된다. 근대 이후 현대음악에 이르기까지 음악사를 관통하는 핵심은 '이성'에 있다. 이성의 절대성이 구축해놓은 작곡 기법과 시스템이 더욱 정교할수록 작곡가는 그에 더 많이 헌신해야 한다. 즉 음악을 만드는 과정과 결과를 통해서 음악이라는 예술로부터 자유로워지거나 음악을 인간에게 더 가깝게 하기보다는, 음악을 만드는 행위 그 자체에 더 깊이 헌신하고 종속되어왔던 것이다.

그 과정에서 '음'은 단순한 물질적 소재로 전락했다. 공허하고 단순한, 그러면서 자아의 지배를 위해 수단으로 사용되는 자연의 모습인 것이다. 말하자면 음은 합리화의 과정 속에서 작곡가의 자기보존 수단

18) 막스 호르크하이머, 『도구적 이성 비판』, 129쪽.

으로 변형되었다. 그렇게 되자 작곡가의 내면은 다시 내면화된 자아에 의해 지배당한다. 음을 물화시킨 작곡가는 이제 자기 스스로 지배자이면서 피지배자가 되어버린다.[19] 그러므로 서구 근대 이후 작곡의 역사는 예술적 발전과 자유의 증대가 아니라 인간을 둘러싼 내적 · 외적 압력의 증가, 예술창작자의 내면적 자기종속의 증가로 귀결되었다고 할 수 있다.

근대 이후 작곡가들은 한 번도 '주체적'으로 곡을 쓰지 않았다. 이성과 합리성의 이름으로 구축된 문명지배의 시스템에 의해 종속됨으로써, 작곡가 자신을 둘러싼 온갖 규정과 선험적 압력들이 곡을 만들지, 작곡가가 곡을 만들지 않았던 것이다. 작곡의 학습은 작곡가의 자발적인 감각과 사유를 포기하도록 강요하는 규율에 적응시키는 것이었고, 이는 작곡뿐만 아니라 전반적인 예술가 양성과정이 마찬가지라고 할 수 있다. 예술이 인간을 위해 창조되기보다는 인간을 억압하고 도구화하는 수단이 되어버렸으며, 인간의 이성에 의해 구축되고 점령되었다고 생각했던 문명의 결과물들은 실은 진정한 인간성에 대한 제도화된 억압과 모순이었다.

사회가 복잡해지고 모든 분야에서 물화가 심화될수록 수단이 본질인 것처럼 둔갑하게 된다. 소위 작곡 기법이라는 것은 수단이지만 그것이 충분히 정교해지고 음의 인식이 충분히 물질화되었을 때, 작곡가들은 수단을 목표로 착각하게 된다. 정교한 작곡 기법에 의한 논리 구축을 마치 작곡가의 자율적 본성의 구현으로 오인하게 되는 것이다. 이

19) 물질로 전락한 자연은 한편으로 전통을 상징한다. 오늘날 전통음악을 대하는 태도가 바로 물질로 전락한 자연을 대하는 것과 차이가 없다.

렇게 되면 마침내 작곡가에게 이성은 완벽하게 도구화되고 합리성은 완벽하게 허위가 되어버린다.

이성을 바탕으로 한 문명의 지배로서 서구예술은 잘 구축된 작곡의 규범으로 나타난다. 말하자면 '문명=작곡'의 등식이 성립된다. 대개의 작곡가 혹은 음악가 혹은 예술가들은 '자연지배'의 현실을 절대시하거나 무의식적 인정을 함으로써 문명에 굴복하고 그 안에 적응함으로써 생존한다. 그러므로 오늘날 예술가들이나 작곡가들은 결코 문명과 합리적으로 화해하지 못한다. 다만 문명에 굴복할 뿐이다. 즉 '문명=작곡'이므로 '작곡가'는 문명에 굴복함으로써 자신의 존재를 확인하게 된다. 그러나 굴복이란 예술의 가장 큰 적이다. 그러므로 만일 정말로 '작곡'을 하고 정말로 '예술'을 하고 싶은 작곡가가 있다면, 그에게 현실의 억압 굴레인 지배적 예술양식 및 작곡 규범에 저항하는 것이 오히려 작곡가의 자유와 예술적 자유를 추구하는 것이 될 수 있을 것이다. 말하자면 작곡을 포기하는 것이 가장 음악가적인 삶을 가능하게 할 것이다. 주어진 억압의 틀을 스스로 내면화함으로써 내면적 종속을 정당화하고 합리화하는 것이 바로 합리화된 비합리성이며, 이것을 극복하는 것이 예술적 진정성의 출발점이기 때문이다.

그러므로 서구 근대 이후 현재까지 자연지배와 인간 내면지배라는 억압의 현실을 넘어서지 못하고 있는 작곡은 인간의 이성에 의한 찬란한 예술적 성과물이 아니라 여전히 미메시스적 충동 단계에 머물러 있는 것이라고 할 수 있다. 역사적으로 예술이 18세기 이후 미메시스로부터 탈피하여 '표현'의 단계로 진입했다고 말하기도 하지만, 그것은 근사한 희망사항에 해당한다. 한 번도 주체적 작곡행위를 경험해보지 못했기 때문이다. 이러한 미메시스적 수준에서 벗어나는 것이 참된 예술적 목표가 될 수밖에 없다면, 이때 벗어난다는 것은 저항하는 것이다. 저항이란 합리화된 비합리성의 탈피이다. 작곡을 하면 할수록, 인간을 인간답게 하기보다는 인간을 인간으로부터 배제하고, 창작자를 종속의 수렁으로 내모는 압력에 백기투항하는 것이 되어버리는 것이 현실이기 때문이다.

소위 작곡가의 '사유'라는 것은 이 단계에서 기만으로 전락한다. 이른바 작곡노트라는 것을 공개하면서 창작자로서 자신의 사유와 성찰을 보여주는 듯하지만, 작곡가는 실제로 현실의 자연지배를 조금도 벗어나지 못하며, 주어진 '문명'의 틀 안에서 오히려 순응하고 적응함으로써 자신을 정당화하기 때문이다.

이성이 자연을 지배하는 수단이 되고 인간을 지배하는 내면이 되면서 수단으로서의 이성을 분간하지 못하는 경우가 생겨난다. 하지만 이성은 자연과 동일시될 수 없다. 도리어 이성은 자연과 화해를 해야 한다.[20] 이 말은 작곡이 여태까지처럼 이성의 상징적 결과물이 되는 것을 거부해야 함을 의미한다. 이성으로 음을 억압하는 시스템을 구축하고 물질화시키는 행위가 아니라, 인간과 음(즉 자연)을 어떻게 '이성적으로'가 아니라 '인간적으로', '억압되지 않고' 화해할 수 있을 것인가의 인식이 향후 음악 발전의 기본 출발점이 되어야 하는 것이다.

특히 현대음악의 흐름이 '조성'이라는 '문명'으로부터 탈피하기 위해 더 많은 이성을 끌어다 '합리화'를 하고, 과도한 규범들에 의해 '신비화'되어버리며, 음(자연)의 파괴를 '논리적'으로 과시하면서 '이성적' 돌파구를 찾으려는 과정에 몰두함으로써, 도리어 당대의 예술은 인간

20) 이 때문에 예술의 생태주의적 사유가 힘을 얻고 있다.

의 원시적 혹은 미메시스적 충동으로 퇴행했다. 이성 발달의 상징인 조성의 탈피를 위해 도리어 더더욱 자연파괴의 이성숭배에 몰두하는 것은 자연을 자신의 원칙과 의도에 의해 좌우하려는 인간의 오만한 욕망으로 점철되어온 서구 근대의 역사를 반복하는 것이라고 할 수 있다. 자연과의 화해가 아니라 자연의 지배만을 관심에 둠으로써 예술적 욕망은 원시적 충동 및 미메시스적 충동으로 퇴행한 것이다. 인간은 언제나 의도적으로 자연을 자신의 조작대로 움직이려고 할 때마다 야만적 충동으로 퇴행해왔다.[21] 인간의 무자비한 자연지배는 인간의 무자비한 자기보존 · 자기확인의 욕구를 충족하는 행위였으며, 이를 예술창작행위로 이해해온 것이 서구 근대 이후 현대음악에 이르는 작곡 흐름이었다고 할 수 있다. 이러한 반성에도 불구하고 예술은 여전히 이성에 대한 오만한 믿음에 기초한 자연파괴를 미덕으로 삼고 있으며, 자연과 이성의 화해보다 자연지배에 몰두하고 있다.

그러므로 오늘날 창작은 인간을 버렸다. 작품이 완성되는 순간에 본래적 이성은 사라지고 도구화된 이성에 의한 인간지배만이 남게 되었다. 그 과정에서 이성을 인간이 지배하는 것이 아니라 이성에 의해 인간이 지배당해왔다. 이성에 의해 조종당함으로써 인간은 스스로에게 버림받고 있다. 작곡이 발달하고 예술이 정교해질수록 그에 종속되고 억압되는 인간의 모습, 스스로 만든 장치에 의해 억압당하고 있는 인간의 자화상, 인간을 인간답게 하기보다는 주어진 장치와 규율과 시스템에 적응할 것만을 강요당하고 그렇지 않으면 도태되는 창작자의 삶, 이

---

21) "인간은 의도적으로 자연을 자신의 원칙으로 삼으려고 할 때마다 원시적 충동으로 퇴행한다."(막스 호르크하이머, 『도구적 이성 비판』, 162쪽.)

런 것들이 바로 예술에 의해 인간이 버림받고 있는 현실을 보여주고 있다. 인간이 작곡을 하는 것이 아니라 작곡 규범이 인간을 지배하는 것이다. 말하자면 창작으로부터 인간이 소외되어버린 것이다. 인간은 한 번도 진정한 이성을 접해보지 못했으며, 오직 자연지배를 위한 수단으로 전락한 도구적 이성을 숭상해왔기 때문이다. 이제는 이성의 탈피와 작곡의 탈피가 예술을 위한 과제가 되어버렸다.

본질적으로 작곡가의 자유라는 것은 방종이 아니라 원자화되고 파편화된 채 소외되고 억압당하고 있는 예술로부터 '사회적으로 구제되는 것'이라 할 수 있다. 그러므로 예술의 완성 혹은 작곡의 해방은 사회적 차원에서 윤리성이 회복되는 것에 핵심이 있으며, 일상화된 사회적 규범과 시스템에 대한 종속의 내면화가 아니라 저항과 극복의 윤리성이 요구된다.

스스로 구축해놓은 문명의 결과물들에 의해 스스로 노예가 되어버린 인간(예술가)의 모습, 인간을 그렇게 만든 것은 다름 아닌 인간이 발견한 이성이다. 문명을 만든 것도 이성이고 인간을 노예로 만든 것도 이성이다. 이성을 고발하고 그 도구성을 극복하는 것은 이 시대의 필연적인 과제이다. 그것은 작곡과 예술의 역사가 인간을 어떻게 종속시키고 자연(음)에 대한 야만적 오만함을 얼마나 파괴적으로 보였는지를 고발하는 것에서 출발해야 한다.

2) 질서와 예술

논리 혹은 합리성은 질서정연함을 의미한다. 그런데 질서라는 것은 자연 상태에서는 극히 낮은 확률의 상태이다. 그것은 고립계에서 엔트로피(무질서의 정도) 증가라는 열역학 제2법칙에 저항한 상태이며, 따라서 그것은 사실 인위적이고 불편하다. '합리화'된 예술은, 예컨대 조성음악은 엔트로피 값이 지극히 낮은 질서와 구조를 추구한다. 매우 인위적이고 불편한 상태일 수밖에 없는 것이다. 다양한 '현대음악'의 흐름은 조성을 부정하면서도 오히려 인위성을 극대화한다. 엔트로피 값을 높게 보이도록 하기 위해 엔트로피 값은 더욱 낮게 하는 모순된 의도를 가진다. 이는 이성의 과잉숭배가 낳은 것이다. 의도성과 인위성의 범주 안에서 허용된 우연성 · 자연성을 과시하면서 현대문명을 상징하려는 것은 자기모순이다.

예술은 원래 무질서의 상태인 자연을 벗어나 인간의 의도에 의해 규칙 · 질서를 부여하려는 지향을 갖는 것처럼 보인다. 그것은 마치 예술의 반자연성, 혹은 엔트로피 증가라는 자연법칙에 대한 대립처럼 보인다. 이와 같은 예술의 모습은 서구 근대가 낳은 결과이다. 인간의 이성에 대한 '숭배'와 '의심 없는 코기토'는 자연을 인간이 의도적으로 조절하고 조작할 수 있다는 믿음을 가져오게 했고, 자연 상태의 음에 대한 인간의 (합리성과 논리성의 이름으로 대변되는) 의도적 질서화를 '예술'의 이름으로 무제한 미화시켜왔다. 가능하면 자연 상태에서 최대한 벗어나서 가장 질서 있는 (즉 가장 엔트로피 값이 낮은) 상태를 '예술적'으로 규정해왔다. 이는 현대예술에서도 마찬가지다. 표면적으로는 '무질서-도(度)'를 보여주지만 그것은 더욱 과도한 질서 상태이다. 질서, 즉 논리성와 합리성으로 설명되지 않으면 예술로 간주하지 않기 때문이다.

엔트로피 증가는 단순히 무질서의 정도가 높아지는 것이 아니라, 주어진 구조 내에서 이루어지는 최선의 균형 찾기의 강화이다. 균형은 안정이다. 그러므로 인위적 질서구축이라는 기존 예술경향의 틀을 넘어서고자 한다면, 조형 혹은 조성에 대한 무조건적 파괴와 추상성이 아니라 엔트로피 증가가 결국 추구하는 최선의 균형 찾기가 목표가 되어야 한다. 서구 현대예술 사조는 의도적 질서파괴와 형태파괴를 통해 예술표현을 시도했다. 이는 의도성이 허용하는 범위 내의 인위적인 엔트로피이기 때문에 오히려 질서 상태보다 더 확률 낮은, 극도로 질서정연한 예술이다. 형태를 피하기 위해 의도적으로 형태를 파괴하면서 동시에 그에 의미를 부여하는 인위적 이중성을 보이는 것은, 질서의 파괴를 가장한 더욱 극단적 질서 지향의 모습이다.

예술가의 질서추구성향은 본능[22]이 아니라 역사적 · 사회적으로 강제된 무의식이다. 구조적으로 정연하게 질서 잡힌 것을 추구하는 것이 본래 예술경향이라고 간주할 근거는 없다. 구조와 질서의 한계를 극복하고자 하는 서구 현대예술은 미술이나 음악 모두에 있어 오히려 구조와 질서의 과잉으로 치달았다. 얼핏 구조와 질서를 파괴한 듯하지만 실제는 파괴가 아니라 표면적인 파괴만을 가지고 자신들의 의도

---

22) 루돌프 아른하임에 의하면 예술의 질서추구성향이 인간의 본능이다. "이제 자연과 인간에 있어서 모든 노력들은 원칙적으로 서로 대립되는 것이 아니라는 것이 확인되었다. 예술과 다른 활동에서도 볼 수 있는 인간의 질서추구욕은 유기계 전반에서 비슷한 쪽으로 움직이는 우주만물의 성향에 뿌리를 두고 있다."(루돌프 아른하임, 『엔트로피와 예술』, 오용록 옮김, 전파과학사, 2004, 89쪽.) 하지만 돌이켜보면 이는 인간의 보편적 본능이라기보다는 다만 서구적 전통에서만 그것을 본능이라고 여기고 있다고 하는 게 맞을 것 같다. 그래야만 서구예술사의 발전과 가치가 설명 가능해지기 때문이다.

를 포장하고 선전했을 뿐, 구조와 질서로 결국 다시 돌아갔다. 구조와 질서가 없는 것을 예술로 인정하지 않는 것이 서구예술사의 본질이었다. 때로는 '의도성을 갖는 우연성'을 가지고 그것이 본질적인 우연성인 것처럼 착각했다. 결코 엔트로피 최대치를 향한 긴장감과 그 안에서 질서와 안정을 찾으려는(얼핏 보기에는 무질서인 것처럼 보이지만 끊임없이 안정을 위해 꿈틀거리는) 자연스러운 물리법칙을 예술적으로 구현하지 못했다. 기존 서구예술은 물리법칙(열역학 제2법칙, 엔트로피 증가법칙)에 반하는 인위적이고 반자연적인 예술을 지향해왔으며, 이는 이성의 과잉과 자연지배의 오만으로 귀결되었다. 이성의 믿음은 인위적이고 인공적인 것이 자연을 지배할 수 있다는 오만을 낳았고, 이로 인해 창작의 역사 역시 자연법칙에 반하는 역사, 질서와 정돈만을 추구하는 역사가 될 수밖에 없었다.

물론 엔트로피 증가의 최종 지점은 안정성이다. 하지만 그것은 인위적인 안정성과는 다르다. 기존 예술작품은 인위적인 질서를 안정성이라고 여겼지만 그것은 안정성이 아니라 엔트로피 증가를 억제시킨 채 특정한 모습으로 고정시킨 단계였을 뿐이다. 자연적인 안정이 아닌 인위적이고 의도된 안정은 필연적으로 불안정하다. 그러므로 이성에 의해 발달된 창작의 역사는 불안정의 역사였다. 정돈된 상태만을 추구하는 것, 논리와 합리를 최선으로 여기고 그에 입각해서 가장 '잘' 설명될 것을 요구하는 것, 인위적 질서를 가치로 여기되 자연과 화해하는 것을 '야만'으로 여기는 것, 이것들이 서구 근대예술과 현대예술을 지배하는 집단무의식이다. 인위적 질서란 인간의 자연지배이다.

질서와 정돈을 예술적 미로 간주하는 인식은 이제 부정되어야 한다. 정돈된 상태, 인위적 질서의 상태와 참된 질서는 다르다. 인위적 질서에 의한 표면적 안정은 실은 무질서나 다름없는 최저수준의 구조이다.[23] 인위적 질서 지향을 논리와 합리성이라는 이름으로 절대시하고 그것으로 세계를 지배하고 그것이 마치 보편적 잣대인 것처럼 착각하고 있는 것이 오늘의 현실이라고 할 수 있다.

예술은 인간에게 궁극적 안정을 보여줌으로써 이상향에 도달하도록 하는 것이 아니다. 예술은 오히려 인간의 무질서를 보여주고 엔트로피를 보여줌으로써 인간존재의 불안정성을 알리고, 이상향 도달에 의해 마허버린 사회가 아니라 끊임없이 이상향이라는 안정성을 위해 엔트로피 증가가 이루어지고 있는 인간사회를 보여주는 것이 되어야 한다. 예술의 진화를 막는 것은 오히려 의도적 안정화와 질서추구이며, 여전히 불안정하고 끊임없이 역동적으로 꿈틀거리는(즉 엔트로피 증가의 과정에 있는) 인간사회와 우주법칙을 표현하는 것이 예술의 모습이 되어야 한다. 이는 이성 과잉과 그에 따른 인간의 오만으로 귀결된 서구예술의 종말에서 비롯될 것이다.

3) 해방과 소외

왜 예술가는 예술을 인간으로부터 떼어내려고 하고, 인간을 자연으로부터 분리하려 하는가? 인간이 자연의 일부이고 예술은 인간의 삶

---

23) 단순한 정돈 상태만을 마구 쫓는 경향은 군색함을 초래하며 마침내는 온통 뒤죽박죽인 상태나 다름없는 최저구조수준에 이르게 된다. 이럴 때 정돈 충동을 지배하는 반대법칙이 필요하다.(루돌프 아른하임, 『엔트로피와 예술』, 90쪽.)

의 결과물이라는, 너무도 평범해서 누구도 새삼스럽게 논의하지 않는 평범한 진리를, 왜 예술가들은 작품을 통해 부정하려고 하는가?[24] 자연과의 화해가 아니라 자연파괴와 자연지배만을 사고하는 이유는 무엇인가? 그것은 이성에 대한 절대적인 믿음 때문이다. 여전히 이성에 의해 자연(음)을 지배할 수 있다고 믿고, 그것을 지배하고 때로는 파괴하는 것, 그것에 '질서'를 부여하는 것, 최대한 인위적 가공을 강하게 가하는 것, 이런 것들이 철학이자 사유이자 인간을 인간답게 만드는 행위라고 착각하기 때문이다. 그 속에서 작곡행위 역시 자연지배를 심각하게 할수록 더 인정받는 엘리트적 모습인 것으로 오인되어왔다. 이성에 대한 절대적 믿음은 인위적 가공의 무한정 확대를 용인하게 해주었고, 그렇게 확대를 해야만 하는 것으로 예술적 주술을 걸었으며, 그 속에서 인간의 존재 의미보다는 충분히 정교하고 복잡하게 제도화된[25] 규범과 시스템이 신비화되어 작곡가를 지배했다. 말하자면 작곡가는 도구화된 이성에 의해 도구화되었다.

평균율과 오케스트라 양식은 자연음들의 인공적 평균화를 바탕으로 한 전제적(專制的) 양식들이다. 조성음악을 규정짓는 음들의 위계질서, 오케스트라를 규정짓는 지휘자를 정점으로 한 위계질서, 이는 인간의 이성이 노골적으로 음을 지배하기 시작한 것과 제국주의적 지배질서[26]의 결합 형태라고 할 수 있다.

애초에 이성이 중요했던 것은 그것이 단지 신으로부터 인간을 해

---

24) 말과 실천의 괴리를 말하는 것이다. 말로는 인간을 이야기하지만 예술적 실천에 있어서는 인간이 아닌 자연지배의 과정을 작품 속에 내재시키는 오류를 보이고 있는 것이다.

25) 너무 정교하고 복잡해서 고등교육을 받지 않으면 이해하고 접근할 수 없는 상태가 되었다.

26) 위계질서와 전제적 지배·피지배의 시스템을 말한다.

방시켰기 때문이 아니라 인간을 인간답게 하는 핵심적 요소라고 여겼기 때문이다. 그것이 아무리 표면적으로 인간을 해방시켰어도 인간을 인간답게 하지 못한다면 그것은 인간성을 파괴하는 괴물이 될 뿐이다. 하지만 서구 근대에서 이성은 본래적 가치를 벗어나 자연지배를 통한 인위적 예술형태와 전제적 · 제국주의적 지배질서를 합리화하는 구실로 사용되었다. 자연의 일부로서 평화로운 모듬살이를 위한 인간 조건의 이성이 되지 못했다. 인간은 자연의 일부임에도 이성을 소유했다는 이유로 인위적 자연지배가 무제한 가능하다고 믿었기 때문이다. 자연음을 인위적으로 재배열하고 위계질서를 부여할 수 있었던 것은 그것을 논리와 합리의 틀에서 설명할 수 있었기 때문이지만, 논리와 합리는 이성의 부산물이며, 이성은 인간의 오만을 감추는 수단이었다. 정교한 수학적 계산능력과 장기간의 학습과정을 거친 이들만 '가공된' 음을 다룰 수 있었고, 애초에 음의 향유자이자 소유자였던 자연적 인간은 인위적으로 가공된 '작품'만을 음악으로 여기게 되면서 음악으로부터 소외되었다. 모두가 음의 주인이 될 수 있었고 그로 인해 누구나 음악을 할 수 있었던 시대는 끝나고, 소수의 엘리트만이 음을 가공하여 작품을 생산하고, 그런 작품에 접근가능한 소수의 엘리트만이 음악의 소비자가 될 수 있는 시대로 변화했다.

이는 20세기 이후에 더욱 강화되었다. 조성 파괴는 이성의 자연지배에 대한 반성이 아니라 더욱 극단적이고 치밀한 방식으로 이성을 극대화한 것이었다. 그것은 조성의 극복이면서 동시에 문명비판을 가장한 자연지배의 최고봉이며, 더욱 극단적인 소수만이 만들고 향유할 수 있는 것으로 음악을 소외시켜버린 엘리트적 바벨탑이다. 서구 근대 이후 이성의 지배는 인간을 음으로부터 소외시키고, 그러한 자연음을 다루던 주체였던 인간을 음으로부터 떨어져 나가게 만들었다. 음의 의도적 왜곡과 위계질서 구축을 통해 자연지배를 '합리화'시키고, 소수의 엘리트만이 그러한 왜곡되고 '질서화'된 음을 다룰 수 있게 함으로써 음악을 죽였다. 작곡의 역사는 이성지배의 역사이면서 자연지배의 역사이며, 동시에 인간을 음악으로부터 소외시키고 결과적으로 음악을 죽이는 역사였다.

사실 이런 자연지배와 인위적 '질서화'는 서구 근대의 제국주의 발달사와 궤를 같이한다. 조성적 질서와 오케스트라적 전제구조는 기본적으로 제국주의가 갖는 계급적 구조와 대외 침략행위를 그대로 상징하는 것이다. 이는 이성에 대한 절대적 믿음을 통한 무제한의 자연지배 혹은 '야만에 대한 계몽'의 행위였다. 이성은 표면적으로 인간을 해방시키고 '개인'의 존재를 밝혀준 것 같았지만, 실제로는 인위적 위계질서 강화와 지배 · 피지배 구조의 정당화를 가져왔다.

그러므로 조성음악의 종말과 20세기 제국주의 시대의 종말은 필연적으로 같은 길일 수밖에 없었다. 하지만 제국주의의 종말이 표면적인 것일 뿐 지배와 피재배의 현실은 변하지 않은 것처럼, 조성음악의 종말은 표면적인 것일 뿐 음악에서 인공(人工)과 유위(有爲)[27]의 과잉은 20세기 음악에서 더욱 심해졌다. 조성의 종말은 새로운 예술적 해방이 아니라 인위적 지배의 굴레를 향한 인간의 추방이었다. 평균율과 그에 입각한 인위적 음렬구조, 그 음렬구조를 인위적인 법칙에 의해 구성하는 더욱 치밀하고 정교한 이성지배와 유위의 과잉은 인간을 음악으로

27) 인간의 의도적이고 인공적인 행위를 지칭한다. 무위(無爲)에 대비되는 용어이다. 순리에 역행하고 파괴를 정당화하는 것이 이에 해당한다.

부터 더욱 멀어지게 했다. 그나마 20세기 초에는 문명 반성과 인간 내면의 조망이라는 상징성이 있었지만, 그것이 권위화되고 고착화되면서 상징성은 사라지고 형식의 억압이라는 짐만을 남긴 채 현실을 지배하게 되었다. 소위 '새로운 음악'이라는 것의 규범과 체계는 엘리트의 전유물이 되었고, 인간지배의 상징물이 되었다. 그것은 애초에 자연지배였지만 결국 인간지배로 귀결되었던 것이다.

이성에 대한 절대적 믿음이 얼마나 자연파괴적이고 인간을 얼마나 집요하게 지배하고 있는지, 근대 이후 창작된 작품들이 실제로는 얼마나 자연으로부터 인간을 멀어지게 하고 인간을 얼마나 비예술적인 존재로 파괴시켰는지에 대해 많은 이들이 반성과 회의를 할 수밖에 없었다. 음악을 인공과 유위의 과잉적 집착이 아니라 인간의 일부로서 자리매김하고 인간을 자연의 일부로서 확인하는 행위가 필요했던 것이다. 이와 맞물려 필연적으로 오케스트라로 대변되는 지배적 연주양식의 탈피, 무조 · 음렬음악의 이성에 대한 과잉신뢰로부터 탈피가 인간을 위한 음악 발전의 관건이 될 수밖에 없다. 또한 과연 인간에게 자연을 벗어나는 행위는 어디까지 필요한 것인지, 이성은 어디까지 용서될 수 있는 것인지, 이성의 본질적 가치의 구현으로부터 지금 어디까지 멀어져 있는지 등에 대한 반성도 수반되고 있다.

이러한 반성이 보여주는 길은 20세기 음악처럼 조성탈피를 꾀하면서 도리어 이성지배와 인간지배를 극단적으로 보여주는 것이 아니라 오히려 그러한 억압적 질서를 벗어나는 것이 될 수밖에 없다. 서구는 변함없이 이성의 달콤한 환상에서 벗어나지 못할 것처럼 보인다. 자신들의 근대 이후 역사적 성과물들을 반성하기는 어려울 것이다. 게다가 그것들은 전지구적 지배를 통해 보편적인 것으로 둔갑해있기 때문에 그에 대한 반성은 마치 인간 전체에 대한 도전처럼 간주될지도 모른다. 하지만 자연지배가 아니라 자연과의 화해, 음의 인위적 조절과 질서부여를 통해 음악을 엘리트적 전유물로 만드는 것이 아니라 음을 다시 보편적 인간의 품으로 되돌려놓으려는 자세, 전제적 지배질서의 화신인 피라미드 구조의 연주양식이 아니라 연주자의 평등함이 구현되는 양식, 조성적 위계구조와 음렬음악적 질서가 갖는 과잉유위로부터 벗어나려는 태도가 새로운 시대의 음악가에게 요구되는 덕목이다.

창작을 왜 하는지, 왜 창작에 이성이 요구되는지, 이성은 왜 인간에게 가치 있는지에 대한 반성은 얼핏 어려워 보이지만, 서구 근대가 우리에게 부여한 주술에서 벗어나면 어렵지 않을 것 같다. 인간을 인간적이도록 하기 위해 예술을 하는 것이지 인간을 지배하고 자연을 지배하기 위해 예술이 존재하는 것은 아니기 때문이다. 예술이 인간에게 필요한 것은 자연 속에서 인간으로서 생존할 수 있도록 하기 위해서다. 인간이 예술을 요구하는 이유는 자연물로서 인간의 본능적 감성 때문이다. 인공과 유위의 과잉은 그것이 상징성과 시대성을 가질 때 의미가 있지만, 그것이 모든 작품을 지배하는 필연적 구조가 되거나 음악을 판단하는 지배권력이 될 수는 없다.

4) 문명이라는 이름의 도금, 그리고 비평

문명으로서의 예술, 자연지배와 인간지배의 예술은 도금된 예술이다. 인간이 거세되고 수학적 계산이 예술로 포장될 때, 그것은 겉으로 화려한 문명적 성취인 것 같지만 내면은 억압 · 소외 · 위계질서 · 지배구조 등이 상징적으로 복합되어 있는 구조물과 같다. 합리화된 비합리성으로 도금된 예술은 그 '지배'적 속성으로 인해 보편주의적 함정으로 인간을 유도한다. 그러나 오히려 이성의 보편타당성은 예술의 이름으로 반성적 검증의 재판에 회부되어야 하는 시대가 되었다.

특히 한국사회에서 예술은 엘리트주의자들의 분열과 배제의 논리를 충족시켜주는 도구로서 기능하며, 공동체를 아름답게 하고 인간을 인간답게 하는 역할을 거의 하지 못하고 있다. 창작계는 예술적 숭고함을 구현하려는 고뇌가 아니라 서로 깎아내리기식 경쟁을 하고 있으며, 보다 난해하고 보다 현실초월적인 작품으로 뽐내면서 남을 배제시키는 풍토에 빠져있다. 양식적 '파괴'와 자연질서로부터 '일탈'이 엘리트주의로 환원되고 그것이 고급예술로 사회적 인정을 받는 과정에서, 예술적 주체로서 인간에 대한 자각이 거세당하면서 인간이 예술로부터 멀어지는 현상은, 한국사회에서 갈수록 두드러지는 현상이다. 파괴와 일탈은 그것을 통해서 현실과 인간적 삶을 밝힐 때 의미가 있으며, 그것이 존재의 의미성으로 회귀할 때 미덕이 되는 것이지, 파괴와 일탈 자체가 미덕이 되지 못한다. 하지만 엘리트적 도금주의가 지배하는 예술의 장(場)에서는 그 자체가 미덕인 것처럼 제도화된다.

원래 스스로 문명과 지식을 말하는 이들의 눈은 오히려 어둡고 침침하다. 지식이 하나의 허영일 수도 있듯이 예술가의 엘리트주의 역시 허영일 수 있다. 시대와 인간의 고찰이 아니라 도금된 환상과 엘리트적 인정 욕망만이 지배할 때, 예술가는 예술의 주체가 아니라 허영을 좇는 세속적 욕망의 노예로 전락할 수 있다. 마치 인간이 사회적 인정을 위해 자기와 다른 자신의 모습을 보여주고자 할 때 그는 곧 사회적 삶의 주체인 것 같지만 실제로는 노예가 되듯이,[28] 도금시대의 예술가들은 자신의 예술이 아니라 남에게 과시하고 뽐내기 위한 예술, 즉 남을 위한 예술을 하는 예술적 노예들이 된다. 그럴 때 남과 다른, 남보다 돋보이고자 하는 자신을 보고 싶어 하는 예술가들이 의지할 수 있는 최선은 합리화된 비합리성에 대한 과잉집착이 될 수밖에 없다.

인간이 사라진, 수학계산이 지배하는 작품은 일종의 공산품이며, 그것은 예술가들이 '자신의 예술'을 사랑할 뿐, 그 대상을 사랑하지 않은 결과물이다.[29] 엄밀하게 보면, 대상뿐만 아니라 주체도 사랑하지 않는다. 예술의 대상이란 결국 인간이다. 예술의 주체도 역시 인간이다. 예술은 인간을 대상으로 하여 그것을 해석하는 작업이기 때문이다. 예술과 공산품의 차이는 계산적 도금작업에 있다. 인간에 대한 애정보다 규격화된 질서에 대한 과시적 안주는 공산품을 예술로 환원시키게 한다.

도금된 공산품은 위조품으로서 자신을 스스로 드러내지 않는다. 도금작업은 이데올로기적 교화 작업에 해당한다. 다른 작업과 다른 해석과 다른 방식의 존재 가능성을 모조리 배척하고 제거함으로써 그 정당성을 획득하려고 한다는 점에서 이데올로기적이며, 그것을 보편성으로 간주함으로써 선험적 절대 선(善)의 지위를 누리고자 한다는 점에서 계몽적 · 교화적이다. 예술은 이런 '표준화'된 공산품 재생산의 주술적 당위를 극복할 때 그 진정성에 다가갈 수 있으며, 예술을 그러한 모습으로 예술답게 만들기 위한 역할이 비평적 영역이라고 할 수 있다.

순금이 아님을 지적하고 비판하지 못한 채 도금기술의 정교함에

28) 장 자크 루소, 『인간 불평등 기원론』, 주경복 · 고봉만 옮김, 책세상, 2008, 111쪽.

29) 장 끌로드 삐게 편, 『20세기 음악의 위기』, 서우석 · 이건우 옮김, 홍익사, 1982, 161쪽.

대한 상찬만 늘어놓을 때 그 비평은 허수아비로 전락한다. 허수아비는 생명력이 필요 없는 모조품이며, 그 용도는 타자를 쫓아내는 데 있다. 타자란 차별되고 배제되고 억압된 인간이며, 주류에서 배제된 '사람'들이다. 예술의 사회적 의미와 기능에 대해 의문을 갖지 못하게 만듦으로써 그들을 순응하는 인간으로 만들고 지배체제 질서가 요구하는 대로 움직이게 하며, 결과적으로 예술의 진정성으로부터 그들을 내쫓는 역할을 비평이 앞장서서 하게 되는 것이다. 이것이 바로 평가로서의 비평이 갖는 유사비평적 모습이다.

예술의 순금성이란 인간에 대한 성찰을 의미한다. 순금성은 도금기술이 얼마나 값비싼 기계에 의한 것인지와 무관한 영역이다. 도금기술을 오랫동안 익힌다고 해서 도금과정이 순금으로의 변화과정이 되지 못하며, 근대적 이성을 총동원한다고 해서 도금을 통해 순금을 탄생시킬 수는 없다. 그러므로 도금된 공산품 혹은 '제품'을 순금의 '예술'로 둔갑시키는 사기 행위는 비평의 이름으로 걸러져야 한다.

III

전통의 발명과 윤리

전통의 발명은 일종의 도금작업이다. 전통은 주어진 것이 아니라 인식되는 것이며, 불행하게도 그 인식의 저변에는 종속성과 식민성이 내재해있다. 전통과 식민성이 중첩되는 현상은 식민지 경험과 근대국가 수립이라는 현대사와 관련이 있다. 전통의 발명 작업은 상징투쟁 작업으로 이어지기도 한다. 그러나 바야흐로 발명과 상징투쟁의 시대를 넘어 탈식민의 가치가 전통에 요구되고 있다. 전통은 윤리의 차원에서 재탄생되어야 한다.

1.
전통의 이데올로기와 종속성

1) 지배담론으로서 전통론

전통이 지배이데올로기로서 확립되는 순간 그것은 예술적 인정투쟁의 수단으로서 매우 유효한 가치를 얻게 된다. 예술가들은 전통이라는 이데올로기를 통해서 사회적 '인정'을 획득하고자 하고, 이는 민족주의와 결합하여 '부정될 수 없는' 당위로 자리 잡게 된다. 하지만 동시에 전통이 지배담론의 기능을 수행하는 순간 예술 본연의 존재가치보다는 지배를 위한 '구별 짓기'에 몰입하게 된다. 여기서 구별 짓기는 현실적으로 자본 지배의 욕망과 궤를 같이한다. 이런 상황에서는 전통이 도금주의와 결합되는 것이 자연스러워진다. 도금주의적 과시와 탐욕이 전통과 조우할 때 전통은 공동체 통합의 긍정적 기능보다도 과시적 자기만족의 수단으로 전용된다. 그런데 서구적 가치관이 지배하는 한국사회에서 예술적 '과시'는 서구적 양식을 '표준'으로 인식하는 데서 비롯된다. 정부수립 이후 한국 현대사는 늘 서구지향의 정책과 가치관이 지배하는 곳이었기 때문이다. 그렇다면 전통을 통한 인정투쟁은 전통 그 자체가 아니라 서구중심적 사고 위에서 전통을 '과시'하는 모순적 상황을 낳게 된다. 그러므로 전통은 서구지향 사회에서 '인정'을 획득하기 위하여 스스로를 '타자화'하되 동시에 민족주의 담론 속에서 자존적 숭배의 대상으로 자리 잡는 이중성을 보일 수밖에 없다. 서구지향 사회에서 전통은 서구 '근대'와 대비되는 낯선 '민속'으로, 당대성이 결여된 낯선 '타자'로 인식되며, 전통의 '민속화'와 '타자화'는 다시 민족주의와 결합하게 된다. 그 속에서 '타자화된 근대주의'의 모습을 갖는 변형물이 민족주의적 애정을 담은 전통으로 재해석된다. 이때 근대주의는 서구 근대를 보편으로 간주하는 이념이며, 이는 곧 전통을 그 자체적 완결성이 결여된 존재로 간주하게 된다. 이런 사고에서 전통은 보편성이 결여된 지난 시대의 산물이기 때문에 불구일 수밖에 없으며, 전통에 대한 애정의 최선책은 서구적 양식의 기반 위에 전통을 재료로 활용하는 차원에 머물게 된다. 전통과 결부된 타자화된 근대주의는 전통의 자기기만에 해당하며, 따라서 도금시대의 전통은 인정투쟁을 위한 위선적 성격을 갖게 된다. 사회적 인정을 획득하기 위하여 서구적 이름으로 전통이 포장되고 해석되어야 하는 상황은 도금시대가 낳은 전통의 자발적 창씨개명이다. 전통을 어떤 식으로든 벗어나거나 해체해야만 '현재 우리'로 찬사되는 관습은 전통의 자기존중과 민족주의적 활용을 위해서 전통의 가치부여를 서구적 틀에서 구축하고 인정받으려는 이중적 자세가 낳은 시대의 자화상이다.

(1) 이데올로기로서 전통

원론적 차원에서 민족이나 국가의 고유성을 없앰으로써 민족 · 국가 간 평등한 세상이 구현된다면 전통은 무의미해진다. 그러한 상황에서 개별 민족과 국가의 '전통'을 의미하는 것은 평등과 평화를 부정하고 타자에 대한 자신의 영향력과 지배력을 획득하고자 하는 특정 정치세력의 불순한 기획이 될 수밖에 없다. 이것이 의미하는 것은 무엇인가? 그것은 전통이라는 것은 본질적으로 타자와 구별하기 위한 발명품이라는 것이다. 타자와 왜 구별해야 하는가? 평등과 평화가 부정되고 누군가가 누군가를 지배하고 억압하고 착취하는 세상에서는 그러한 불평등한 구조를 극복하기 위해서 불가피하게 타자와의 구별이 불가피해진다. '구별'을 통해서만 누가 지배하고 억압하는지, 누가 지배당하고 착취당하는지 명확해진다. 그렇게 해야만 비로소 지배와 착취와 억압으로부터 벗어나기 위해 싸워야 할 대상이 누구인지 분명해진다. 불평등한 세상에서는 '구별'을 통해서만 평등을 지향할 수 있다. 구별은 불합리한 세상의 모순을 극복하기 위한 기본적인 출발점이라고 할 수 있다.

구별의 중요성은 지배자의 입장에서도 마찬가지다. 자신의 지배를 합리화하고 정당화하기 위해서는 피지배자들에 비해 자신의 문명과 역사적 뿌리가 우월하다는 것을 설득해야 한다. 이를 위해서 자신과 타자의 구별은 중요한 과제일 수밖에 없다. 구별을 통한 자기 정당성의 확보, 그리고 타자의 열등함 · 야만성 · 전근대성의 낙인이야말로 지배자의 투쟁방식이자 욕망이다.

이러한 '구별 짓기로서의 전통'은 현실적으로 제국주의 시대를 거치면서 중요한 의미를 갖게 된 것이라고 할 수 있다. 제국주의 팽창에 따른 서구지배의 시대에 서구 입장에서 자신들의 경제적 · 정치적 지배를 정당화하기 위해 문화적 · 이데올로기적 영역에서 필요한 것이 서구 '전통'이며, 이는 비서구에 대한 우월적 구별 짓기 차원의 자의식에 해당한다. 이에 따라 자연스럽게 서구중심적 세계관이 '근대'라는 이름으로 보편성의 가면을 쓰게 되며, 서구 '전통'과 다른 것들은 서구의 것에 비해 차별된다. 그 결과 대다수 비서구 민족과 국가에서는 자신들이 서구와 다름을 각인하게 되고, 자신들과 서구가 어떻게 다른지, 어떻게 하면 피지배와 열등감으로부터 벗어날 수 있을지를 치열하게 고민하게 된다. 서구 전통과 다른 비서구 다양한 문화적 양상들은 서구와 대비됨으로써 전통적 고유성이 부각되는데, 그러나 그 부각은 실제로는 서구에 의해 타자화된 이미지이며, 지배자로서 서구의 취향이 전지구적 지배취향이 될 때 비로소 비서구 각 전통들은 의미를 갖게 된다.

'구별 짓기로서의 전통' 혹은 '구별되는 자아'로서 전통은 이런 과정을 통해 그 성격을 명확하게 드러낸다. 전통은 기본적으로 구별과 배제의 논리에 해당한다. 그것도 주로 경제적 착취를 본질로 하는 논리일 수밖에 없다. 세상의 모든 전통은 경제적 이익과 불가분의 관계를 가진다. 애초에 서구의 제국주의 팽창이 비서구권에 대한 정복 자체를 위한 것이 아니라 정복을 통한 경제적 착취와 수탈에 목적이 있는 것이었기 때문에, 서구지배와 비서구의 자기인식 모두 경제적 착취와 생존권 차원의 문제와 불가분의 관련을 갖는다. 결국 전통은 '지배-피지배', '정복-수탈'의 역사적 맥락에서 그 의미가 태동된 것이라고 할 수 있다.

이런 '구별'의 맥락은 서구 · 비서구의 틀에서뿐만 아니라 한 문화권 내에서 똑같은 메커니즘이 적용된다. 한 문화권의 지배자는 지배이데올로기로서 국민통합의 가치가 필요하고, 이때 중요한 것이 바로 전통이다. 흔히 전통의 '발명'은 이런 지배자적 차원의 민족주의 · 국가주의 통합의 맥락에서 이루어진다. 이런 민족주의적 · 국가주의적 전통은 대표적인 지배이데올로기에 해당한다. 외부자와 구별되는 자아의 모습을 강조함으로써 지배자와 기득권자가 피지배층을 이데올로기적으로 통합하고 체제안정과 민족적 · 국민적 통합을 도모하는 것은 기존 지배체제를 공고화하기 위한 가치체계로서 전통을 설명해준다. 피지배층은 지배층이 설정해놓은 '전통'이라는 이데올로기를 제도교육을 통해 습득하며, 이를 통해 무비판적 민족주의나 애국심을 긍정하도록 사회화된다. 그리하여 전통은 마침내 신성한 것으로서 지위를 획득하게 된다. 결국 전통은 타자와의 구별을 통해 자기 정당성과 지배력 강화를 위한 이데올로기로서 그 본질을 드러내게 된다. 이 본질은 '서구-비서구' 차원의 맥락뿐만 아니라 개별 국가나 민족 단위의 맥락에서도 적용된다.

(2) '인식'으로서 전통

전통은 실체가 아니다. 과거로부터 이어져왔다고 해서 그것이 반드시 전통이 되어야 하는 것은 아니며, 그것이 가치가 있다고 '인식'될 때 비로소 전통으로 자리 잡는다. 전승과 전통은 다른 개념이며, 과거로부터 '전승'된 것은 때로는 어떤 의미 있는 가치가 부여되지 않은 채 지속되기도 하고 심지어는 극복 · 탈피의 대상이 되기도 한다. 그런 면에서 전통은 주어진 것이 아니라 생성되는(소위 '발명'되는) 것이며, '가치가 있다'는 것은 전통이라는 것이 단순한 술어가 되지 않고 오히려 그것이 당위이거나 욕망임을 말해준다. 말하자면 '이것은 전통이다'라고 규정할 때, 그 말에는 '전통이다'라는 술어가 포함되어있지만, 이 술어는 실은 객관적인 술어가 아니라 가치를 부여한 이들에 의해 만들어지는 '전통이어야 한다'는 '당위' 혹은 '전통이고 싶다'는 '욕망'을 그 안에 내포하고 있는 것이다. 전통은 그것을 만들고 개발(발명)하는 이들의 가치관과 권력관계에 의해 솟아나는 당위와 욕망의 결집체이다. 당위와 욕망에 의해 합법화되고 신성화되어 그 가치가 '인식'될 때 비로소 '전승'이 아니라 '전통'이 된다.

전통은 어떤 식으로든 남과 다른 자신의 모습, 과거로부터 전승된 자아의 모습을 의미하지만, 남과 다른 자아의 구체적 사실 · 모습 자체가 전통이 되지는 못한다. 그런 다름 · 차이를 '인식'할 때 비로소 전통이 된다. '구별되는 자아'에 대한 인식은 두 가지 경로를 통하게 된다. 그것은 경험과 교육이다.

경험은 확실한 인식의 과정이다. 자신과 남이 다르다는 것을 발견하고 인식하는 경험이야말로 '사실'로서가 아니라 '인식'으로서 전통의 실체를 보여준다. 이런 '다름의 인식'은 계급의 문제나 지배 · 피지배의 문제와 무관한 현상인 것처럼 보일 수 있지만, 실은 이는 철저한 지배 · 피지배의 담론 영역에 속하는 것이다. 남과 다른 자아의 발견이 삶에 아무런 영향을 끼치지 않는다면 그것은 자신의 문화적 고유성에 대한 인식이 되지 못한다. 그런 문화적 고유성은 아무런 의미가 없기 때문이다. '구별되는 자아'가 삶에 영향을 미칠 때 비로소 고유성이 의미가 있으며, 영향이라는 것은 타자와의 투쟁 혹은 협력 등으로 나타난다. 투쟁이든 협력이든 모두 자기 삶의 이익과 생존의 문제가 결부된다. 특히 차이에 대한 발견(인식)은 남과 조화를 이루고 평등한 세상을 구현하는 데 이용되는 것이 아니라 '나와 다른 타자'와의 갈등, 나의 이익을 지키기 위한 투쟁의 내재화에 이용된다. 개인적 차원이 아니라 사회적 · 국가적 차원에서 이익과 생존이란 냉철하게 따져보면 지배자들의 관점에서 이익과 생존이다. 사실 남과 다른 자아의 발견은 국가적 · 민족적 차원이 거세된 순수한 개인적 차원에서는 본질적으로 큰 문제가 되지 않는다. 옆 동네 사람이 나와 다른 생활양식과 취향을 갖고 있다고 해서 그것이 내 삶에 영향을 끼치지 않는다면 그것은 전혀 문제되지는 않으며, 그런 상황에서는 굳이 '다름'을 강조할 이유가 없다. 하지만 그것이 국가적 · 민족적 차원으로 확대되면 그것은 지배자들의 이익 문제와 결부된다. 이익의 문제는 단순한 역사적 · 생활양식적 · 취향적 차이 자체에서 나온 것이 아니라 그에 결부된 물질적 · 환경적 요인에 의한 것이다. 갈등은 물질적 · 환경적 차원에서 기인하여 정신적 차원으로 옮겨질 때 생겨나지, 처음부터 물질적 · 환경적 조건 없이 추상적 차원에서 생겨나지 않는다. 전통이나 고유성이라는 추상적 가치는 반드시 물적 조건과 결부되는 것일 수밖에 없다. 결국 '인식으로서 경험을 통한 차이'는 물질과 관련된 지배담론의 영역에 있는 것이며, 지배담론이란 개인적 차원이 아니라 사회적 혹은 국가적 · 민족적 차원의 이익 · 생존을 둘러싼 갈등과 대립을 통해서 유의미해진다. 그러므로 전통은 개인적 차원이 아니라 사회적 문제이며, 국가적 · 민족적 차원의 문제이다. 사회 혹은 국가, 민족 등의 범주에서 생겨난 갈등에 의해 '전통'은 비로소 의미를 갖게 되며, 이 갈등은 개인들 사이의 문제가 아니라 각 범주의 지배자들의 관점에서 바라본 이익의 문제에 해당한다. 전통은 물적 갈등의 산물이자 계급지배의 이익을 위해 개발된 가치라고 할 수 있다.

이런 경험을 통한 '차이의 인식'을 제도적으로 강화하고 이데올로기적으로 정착시키는 것은 교육이다. 전통의 확고부동한 가치는 교육을 통해 구성원들에게 주입됨으로써 신성함을 획득하게 된다. 제도적 · 이데올로기적 정착을 통한 신성성의 가치획득은 지배담론의 중요한 부분을 담당하게 된다. '차이에 대한 교육'은 개인적 차원이 아니라 공동체 계급질서를 공고화하는 수단으로서 기획된다. 그러므로 교육을 통한 '차이의 인식'은 지배담론의 이데올로기적 주입과정이라고 할 수 있다.

이렇게 따져볼 때 경험과 교육을 통한 전통 인식은 지배담론의 영역에 있을 수밖에 없다. 순수하게 추상적 가치로서 존재하는 전통은 애초에 설정될 수 없는 것이며, 오히려 전통은 물질적 이익을 둘러싼 갈등과 지배담론 정당화 필요에 의해 생산된 '의도적 가치체계'라고 할 수 있다.

(3) 주인기표로서 전통

오늘날 전통은 과거처럼 낡고 고루하다는 인식보다는 창작의 재료로서 새로운 블루오션처럼 인식되거나 문화적 자긍심을 고취시키는 이념적 역할을 수행한다. 여전히 서구 중심의 인식체계가 지배하고 있는 현실에서 전통에 대한 '전근대성'의 선입견은 분명히 강하게 존재하고 있긴 하지만, 그럼에도 불구하고 전통을 담은 콘텐츠 내지 전통과 접목된 창작은 신선하면서도 가치 있는 상품으로서 매우 효용성이 크다. 나아가 전통에 대한 배타적이고 맹목적인 가치성의 강조도 갈수록 강화되고 있다.

과거에는 전통에 대한 배타성과 신성성이 다분히 이념적으로 강조되어왔고 민족주의 차원에서 활용되었다. 적어도 1980년대까지 권위주의 정권은 정권의 취약한 정통성을 만회하기 위해 민족주의를 정치적으로 활용했고, 그 결과 전통은 국가주의와 접목되어 이데올로기적으로 강조되었다. 이는 대중이나 시장과는 괴리된 것이었고, 시민들의 인식은 전통보다는 서구적 취향과 가치체계의 직수입에 좀 더 적극성과 친근성이 있었다. 하지만 이제는 상황이 매우 달라졌다. 전통과 국가주의 · 민족주의 접목되어 국가적 차원에서 고취되는 것은 변함이 없지만, 이제는 전통의 가치를 시장이 더 크게 주목하고 있는 상황이 되었다. 오히려 지금은 국가가 앞장서서 전통을 강조하지 않더라도 상품개발을 위한 콘텐츠, 혹은 창작을 위한 새로운 영역의 발굴, 대중성 확보를 위한 새로운 홍보효과 등의 차원에서 전통은 매우 매력적인 것이 되고 있다. 전통은 낡았으며 서구적 취향과 가치를 따르고 그에 적응해야 한다는 식의 생각은 이제는 아주 어리석고 낡은 인식체계가 되었다.

이런 상황에서 전통예술의 전공자들의 인식적 결함 내지 함정이 드러난다. 전통예술을 전공하는 이들은 자신의 전공에 대한 강조를 하기 위해 끊임없이 전통은 소중하다고 강조하고 전통은 고루하다는 편견을 버려야 한다고 주장한다. 하지만 이미 현실(대중, 시장 등)은 전통에 대해 소중하다고 인식하고 있고 전통은 고루하다고 인식하는 부류도 다수는 아니다. 이미 대중의 인식과 상품시장의 현실은 전통에 우호적이며 심지어 전통을 새로운 '가능성의 영역'으로 바라보고 있는데, 왜 전공자들은 전통의 소중함과 전통에 대한 편견을 변함없이 강조하고 있는가? 그것은 전공자들이 현실에 대해 냉철한 분석을 통해 자기 영역을 강조하기보다는 자기 영역을 강조하기 위해 현실을 자의적으로 해석한 탓이 크다. 그 결과는 전통에 대해 현실과 유리된 인식, 그로 인한 시대적 흐름에 조응하지 못한 자족적 활동, 그에 따른 대중이나 시장의 요구 · 감성과의 괴리, 다시 그로 인한 자기고립과 '현실은 전통을 폄하한다'는 식의 배타적 자기 위안 등으로 연결되는 무한궤도적 악순환이다. 현실이 전통을 폄하하는 것이 아니라 전통의 전공자들이 자의적으로 현실을 왜곡해서 인식하고 있으며, 이 때문에 전통의 전공자들은 공연예술 창작의 영역에서 서구적 양식의 하위에 전통의 요소를 접목시킴으로써 자신의 존재를 인정받고자 한다. 사람들이 전통의 가치를 인식하지 못하고 있다고 스스로 판단하기 때문에 사람들의 감성을 지배하는 서구적 양식을 틀을 빌려서 그 위에 전통의 요소를 접목해서 자신의 존재를 알리고자 하는 것이다. 하지만 사회적으로 전통의 가능성과 존재가치를 이미 인식하고 있는 현실에서 볼 때 이런 방식은 오히려 전공자들 스스로 전통의 폄하 경향을 보이는 상황이 될 수밖에 없다. 전통을 강조하기 위해 작품 · 창작활동을 통해 전통을 폄하하는 모순은 전통에 대한 인식에 있어 현실과 전공자들 사이의 물매가 매우 가파르기 때문이다.

이미 현대 한국사회에서 전통은 더 이상 논의가 필요 없는 단계에 접어든 가치체계가 되었다. 논의가 필요 없다는 말은 무슨 의미인가? 오늘날 전통이라는 단어는 '거세'를 통해 구축된 기표라고 할 수 있다. '그것이 무엇인가'라는 근본적 의미에 대한 다양한 논의들이 거세되는 과정을 통해 전통이라는 기표는 이루어졌다. 다시 말하면 전통이라는 것이 무엇이고 왜 논의되는지에 대한 근본적 질문이 사라진 채 전통은 어떠하다, 어떠해야 한다는 식의 형용사적 · 술어적 · 당위적 언술만 존재하는 것이다. 전통은 술어의 다양함을 거느린, 그리하여 술어 자체가 근본적으로 불필요한 기표이며, 이는 주인기표(S1, master-signifier)로서 존재한다. 주인기표는 기의가 거세된 기표이며, 기의에 대한 논의는 불순한 이단으로 간주된다. '훌륭하다', '위대하다'와 같은 형용사, '계승해야 한다'는 당위적 술어를 거느린 전통이라는 주인기표는 우리에게 자명한 것으로서의 전통, 부정할 수 없는 숭고함 자체로서의 전통, 실천은 허용되되 부정은 허용되지 않는 절대자로서의 전통, 존재 그 자체와 가치 그 자체에 대해 의문을 품을 수 없는 것으로서의 전통으로 다가온다. 그것은 탐색과 논의의 대상이 아니라 이념적 지표로 작용한다. 의미에 대한 논의 자체가 무의미해지는 단계, 이미 신성불가침의 영역에 들어간 상태의 전통은 특히 민족주의가 국가의 지배이념이 된 한국사회에서 누구도 회의(懷疑)해서는 안 되는 가치이다.

이는 현대사의 과정 속에서 이루어진 것이다. 애초에 전통은 국가수립의 당위 속에서 '발명'된 가치였기에 그것은 국가적 차원에서 국민들에게 주입하고 강제하는 이념적 체계였다. 전통의 의미와 존재에 대한 다양한 논의들은 애초부터 아주 빈약하거나 아예 허락되지 않았으며, 결과적으로 주인기표로서 전통은 민족주의적 신성불가침의 지점으로 '제도적으로' 수렴되면서 구축된 것이다. 한마디로 전통이 과연 무엇이며 무슨 의미가 있는가와 같은 근원적 질문이 차단 · 거세당하는 과정에서 전통이라는 '주인기표'가 구축된 것이다.

예컨대 전통예술 전공자들이 좋아하는 '전통에 기반한다'는 표현에서, '기반한다'는 것은 전통이 모든 것의 뿌리여야 함을 전제로 한다. 이는 전통에 대한 무상(無上)의 권위를 인정하는 말이다. 이는 전통의 다양한 의미, 해석에 대한 가치판단의 논의 등이 거세된 채 전통의 맹목적 권위를 강조하는 상황을 보여준다. 이때 전통은 전공자들의 선택권 밖에 존재한다. 민주주의 국가에서 어떤 예술가의 활동에 있어 그가 전통에 기반하든 안하든 개인의 자유지만, 전통예술을 전공하는 이들에게 전통은 '강제된 선택'일 수밖에 없다. 그리고 그들에게 전통의 권위는 의심되거나 부정될 수 없는 가치이기에 그들의 '강제된 선택'은 전통에 대한 '자발적 복종' 외에 다른 가능성이 소멸된 결과이다. 그 과정에서 그들은 스스로 전통이라는 권위의 전도사가 되려고 하며 그를 통해 전통의 권위를 등에 업고 사회적 인정을 획득하려고 한다. 주인기표로서 전통은 예술가들의 자의식을 '상징적 동일시'의 단계에 이르게 한다. 이러한 자발적 복종과 상징적 동일시를 결정하는 주체는 누구인가? 그것은 예술가가 아니라 전통이라는 기표이다. 이 단계에서 개인은 주체로서 존재하지 않으며, 오히려 기표에 의해 주체가 결정된다. 주인기표는 주체로서 결정권을 갖는다.

'기의 없는 기표'는 '내용 없는 형식'을 가리키기도 한다. 실제 의미적 · 내용적 건강성 자체보다는 전통이라는 말 자체가 갖는 권위적 틀이 중요한 것이다. '전통에 기반한 예술'에서 현실적으로 중요한 것은 전통이라는 권위를 통해 예술가가 사회적 인정을 획득하려는 의도이지 전통의 진정성에 대한 고민이나 전통의 시대적 의미와 역할에 관한 것이 아니다. 그렇기 때문에 의도하지 않은 언어적 함정에 종종 빠지곤 한다. 다시 '전통에 기반한다'는 말을 살펴보면, 이는 주인기표로서 전통을 설명하고 있긴 하지만, 동시에 '기반한다'는 말은 그것을 기반으로 해서 다른 어떤 것을 창출한다는 말이므로, 이미 전통은 생명력이 다했음을 표현하는 것이기도 하다. 즉 이때 전통은 신성함을 갖춘 주인기표임과 동시에 생명력을 다한 화석화 · 형해화(形骸化)된 존재로 묘사되고 있다. 이는 위에서 언급한 전공자들의 '인식적 결함 · 함정'과 궤를 같이한다. 이런 인식적 함정은 예술에 있어 현실과 괴리된 활동으로 귀결된다.

주인기표이기 때문에 오히려 언어적 · 인식적 함정에 빠지게 되는 현상은 이것이 이데올로기적으로 구축된 기표라는 점(즉 시민의 자발성에 의한 동의과정을 거치기보다는 국가주의 · 민족주의적 강제와 교육적 주입에 의해 구축되었다는 점)과 한국사회 자본주의적 시장경제체제에서 '필요조건으로서의 전통'이라는 양자 사이의 모순 때문에 발생한다. 전통은 이데올로기적으로 주인기표이지만, 현실적으로 상품시장 개척을 위한 개발논리로 사용된다. 말하자면 '전통의 물질화'는 돌이킬 수 없는 지점까지 심화되었으며, 오늘날 우리의 '환경'으로서 전통은 지배이데올로기로서 전통과 물질화된 전통의 모순적 측면이 결합되어 있다. 전통의 물질화는 '가치로서의 전통'이 아니라 '양식(style)으로서의 전통'과 연관된다. 가치로서 전통이 주인기표라면 양식으로서 전통은 실제 상품시장에서 이윤을 얻기 위한 특정한 구현방식을 의미한다. 가치로서 전통은 실체가 아니라 하나의 효과이자 현상인 반면 양식으로서 전통은 물화된 개념이며, '대중'과 '시장'이라는 또 다른 주인기표의 장(場)에서 이윤창출을 하기 위한 그릇에 해당한다. 이 상이한 '전통'이라는 기표는 그 한 축이 '기의 없는 기표'로 존재함으로써, 결과적으로 주인기표로서의 전통을 물화된 양식(style) 개념으로 치환해서 해석할 개연성을 높이게 된다.

이런 모순과 혼돈의 기표인 전통은 당대 한국사회의 모순구조를 상징적으로 드러낸다. 대중들이 갖는 서구적 가치관과 자아정체성 사이의 모순, 국가주의적 '상부구조'와 자본주의적 '토대' 사이의 강제적 결합과 그에 따른 '국민'들의 '강제된 선택'과 '상징적 동일시', 이데올로기적 신비화의 후원을 통해 '시장'의 영역에 도전하려는 무모함과 시장의 현실을 자의적으로 해석하여 스스로 시장과 괴리되어버린 무모함의 중첩구조에 갇힌 생존형 예술가들의 내적 모순, 민주적 시민사회의 건강함을 추구하되 어느 순간 국가주의적 강제에 자발적으로 순응하는 공동체 구성원들의 혼돈적 자기변신 등은 모두 전통이 갖는 이중성과 모순구조를 통해 상징화된다.

2) 전통에 대한 인식과 종속성

우리에게 전통이라는 말은 그 자체로 역사의 단절을 함의한다. 예컨대 조선시대의 경우 어떤 특정한 역사적 시점에서 전통이나 현대를 가를 필요가 없었다. 과거의 것도 자신의 것이고 당대의 것도 자신의 것이기 때문에, 전통을 현대화시킨다거나 전통은 소중한 것이라거나 하는 인식이 필요하지 않았던 것이다. 말하자면 전통과 현대의 이분법은 20세기 이후 식민지 경험과 서구문물의 유입이라는 역사 단절에 의해 생겨난 것이다.

역사의 단절이란 오늘날 개념으로는 전통의 단절이며, '현대'는 새로 유입된 서구문명이다. 그런데 이때 단절은 객관적인 단순한 단절이 아니라 '서양'이라는 헤게모니에 의해 전통이 밀려나고 천대받게 된 상황을 말한다. 다시 말하면 우리는 단절의 역사 때문에 현대화를 지향하게 되었고, '현대'라는 시공간은 '전통'이라는 시공간에 비해 훨씬 긍정적인 무게중심을 이룬다.[1] 따라서 전통예술에 있어 20세기는 단절의 역사에서 비롯되며, 전례 없는 서구지배로 인한 위축의 시대였던 것이다.

그런데, 20세기 서구적 양식의 지배를 과연 서구문물의 지배 탓으로 온전히 돌릴 수 있는가? 현세의 물질문명이 서구에서 수입된 것이 아니라 실질적으로는 우리 자신의 내면에 원인이 있듯이,[2] 예술에 있어서 전통의 위축과 서구 종속이라는 엄청난 흐름에 과연 우리 내면의 원인은 없는 것인가? 예술양식 변화의 가장 직접적인 동력은 외부 충격이라는 일차적 원인 그 자체보다는, 그로 인해 생겨난 우리 내면의 변화와 왜곡이라는 이차적 원인이 더욱 크지 않을까? 어쩌면 우리 스스로 전통예술의 위축과 서구 종속의 흐름을 외부 충격이라는 '남탓'을 하면서 정작 우리 스스로의 책임은 애써 외면하고 있지는 않은가? 내면의 종속성을 은밀하게 키워가면서도 겉으로는 '남탓'을 하는 이중성에 길들여있지는 않은가? 이런 내면의 자화상에 대한 의문은 결국 우리 스스로 전통을 어떻게 이해하고 인식했는지에 대한 반성으로 귀결된다.

---

1) 이 문장에는 아주 긴 설명이 필요하기 때문에 별도의 지면이 요구될 것 같다. 다만 짧게 줄이자면 흔히 '현대화'를 지향하지만 '전통화'를 지향하지 않는다는 측면을 말하는 것으로 이해될 수 있다.

2) 한국사회의 현세적 물질주의는 흔히 말하듯 서구 물질문명의 유입 때문이 아니라 지난 시대를 지배했던 유교적 입신양명주의가 식민지 근대화 및 자본주의 시대를 거치면서 왜곡·변모된 것이라는 주장이 있다. 우리 사회의 물질주의는 결국 남의 탓이 아니라 우리 자신의 탓인 것이라는 것이다.(정수복, 『한국인의 문화적 문법, 당연의 세계 낯설게 보기』, 생각의 나무, 2007, 110-115쪽.)

(1) 20세기 전통예술계의 전통인식

① 일제강점기의 전통

일제강점기는 서양음악 유입으로 인해 조선음악과 서양음악의 이분법이 만들어진 시기이기도 하지만, 이는 또한 계급적인 이분법이기도 했다. 앞선 문물을 배우기 위해 일본이나 서구로 유학을 다녀온 '엘리트' 음악인들과 '초라한' 전통을 계속 유지하고 있었던 음악인들 사이의 간격은 실제로는 문명과 어둠, 계몽과 무지, 엘리트와 빈곤이라는 이분법을 고스란히 담고 있었다. 또한 조선시대 내내 음악에 대한 비평과 감상을 담당했던 지식인 계층이 식민지시대를 거치면서 완전히 시야를 서양음악에 집중하고 있었고, 전통음악 전공자들은 지식인 계층과 유리된 채 실기전공의 범주에서 벗어나지 못했다.[3] 서양음악은 앞선 문물이고 식민지 상황을 극복하기 위해 최대한 빨리 받아들여야 하는 것이라는 인식은 식민지 지식인들이 가질 수 있는 보편적 사고였기 때문에, 식자층의 비평적 관심이 서양음악에 집중될 수밖에 없었고, 상대적으로 전통음악은 관심 밖으로 멀어짐으로써, 유학파 엘리트 전공자들의 음악과 그에 주목하는 지식인 계층, 그리고 '고루한' 전통을 전승하는 교육받지 못한 이들의 음악과 그에 무관심한 식자층의 구분은 명확해질 수밖에 없었다. 게다가 서양음악을 전공한 소위 '엘리트' 음악인들은 전통음악에 대한 편견과 서구우월주의를 어느 정도 품고 있

3) 전지영, 『국악비평의 역사』, 북코리아, 2008, 113-146쪽.

었기 때문에[4] 그들이 오피니언 리더(opinion leader)로 활약하는 시대에서 전통음악은 심리적으로 더욱 위축될 수밖에 없었다.

> 그러나 예술의 향기가 높은 고대문화의 유물이, 골동품으로나 예술품으로는 최고 최상으로 가치된다 하더라도 그것이 오늘날 우리네의 실생활에는 적합되지 않음이 많은 것과 마찬가지로, 동양의 음악이 예술적으로는 최고의 지위에 있다 하더라도, 오늘날 우리의 실생활에나 감정에 적합되지 않는다면, 그것은 또한 골동품에 가까웁다고 할 수밖에 없을 것이다……. 우에서도 말한 바와 같이 서양악은 입체적이요 동양악은 평면적이다. 다시 말하면 서양악은 마치 서양의 고층건축과 같고 동양악은 평면적인 단층건축과 같은 것이다. 비록 시대가 변천되었다고 한들 단층건축물을 헐어서 고층건축물로 개축한다는 것이 얼마나 가능한 일일까.[5]

사회가 전반적으로 전통에 대해 우호적이지 않고, 전통은 극복해야만 하는 것이며 서구문물은 빨리 받아들여야 하는 것으로 여겨진 식민지시대의 전통음악 담당자들은 대부분 전통에 대한 소극적이고 위축된 의식을 가질 수밖에 없었다. 엘리트 지식인들이 고민한 선진문물도 아니고 서양음악에 비해 계급적 하위구조에 놓여버린 전통음악은, 그 전공자들에게 어떤 의식적 · 진보적 담론의 대상이 되지 못했으며, 그것은 단지 숙명이거나 생존을 위해 가혹한 싸움을 하는 자아의 또 다

---

4) 안기영이나 구왕삼과 같은 일부 음악가들을 제외한 대부분 음악가들이 모습이 그러했다.

5) 홍난파, "동서음악의 비교", 『음악만필(音樂漫筆)』, 소화13년, 대동출판소, 155-163쪽.

른 모습이 될 뿐이었다. 이와 같은 전공자들의 전통에 대한 진지한 '정의(定議)'와 지향성 부재는 당시 전통음악계의 양축이었던 이왕직아악부원들이나 창악계 인사들이나 마찬가지였다. 오히려 이런 틈을 비집고 고개를 든 것이 전통에 대해 의도적으로 왜곡을 가한 관념들이었다. 그 대표적인 것이 오늘날 흔히 '한의 예술'이라고 표현되는 비애미론(悲哀美論)이다.

흔히 일본인들 중에서 가장 조선을 사랑하고 조선의 미를 탁월하게 규정한 인물이라고 곡해되어왔던 야나기 무네요시(柳宗悅)는 다분히 그릇된 역사관에 입각해서 조선의 예술에 대해 논의했고, 그것은 사실 감상문 수준 이상은 아니었다.[6]

> 그곳(조선)에서는 자연마저도 쓸쓸하게 보인다. 산은 헐벗고 나무는 앙상하며 꽃은 퇴색해있다. 땅은 메마르고 물건들은 윤기가 없으며 방은 어둡고 사람은 드물다. 예술에 마음을 맡길 때 그들은 무엇을 호소할 수가 있었을까. 소리에는 강한 가락이 없고 색에는 즐거운 빛이 없다. 다만 감정에 넘쳐 눈물이 충만한 마음이 있을 뿐이다. 표현된 미는 애상(哀傷)의 미이다. 슬픔만이 슬픔을 달래준다. 슬픈 미가 그들의 친한 벗이었다. 예술에서만 그들은 마음을 털어놓을 수 있었다. 민족은 주어진 그 숙명을, 미로써 따뜻하게 하고 그것을 무한의 세계에 연결하려고 했다. 가슴을 압박하는 이러한 미가 다른 어디에 또 있을 것인가. 탄식의 울림이 도처에 울려퍼지고 있다. 중국의 예술은 의지의 예술이고, 일본의 그것은 정취의 예술이었다. 그 사이

6) 지금까지도 야나기 무네요시를 조선예술의 보호자로 이해하는 이들이 많다.

에 서서 홀로 비애의 운명을 짊어져야 했던 것이 조선의 예술이다.[7]

음악에 이르면 한층 더 이러한 특질을 발견할 수 있을 것이다. 나는 방에서 또는 길거리에서 때때로 조선의 음악을 들을 기회가 있다. 그러나 그것을 들을 때마다 쓸쓸하고 불안하고 슬픈 감정에 가슴이 짓눌린다. 끊어질 듯 연연하게 흐르는 그 긴 음률과 음에도 앞서 말한 것과 똑같은 조선의 선이 흐르고 있다고 나는 생각한다. 그것은 어디까지나 애상의 음악이다. 저 찢어지는 듯한 중국의 강한 상음(常音)과는 얼마나 좋은 대비가 되는가.[8]

모든 것의 배경이 되는 자연은 조선이 밟아야 할 운명의 방향을 정했다. 대륙의 무서운 북풍은 불가항력의 힘을 가지고 민족을 배후에서 압박했다. 역사는 어쩔 수 없이 고난의 역사가 되었다. 민족이 참지 않으면 안 되었던 환경은 괴로움과 슬픔으로 가득 차 있었다. 그들이 산 세계는 자유도 아니고 강한 것도 아니며 즐거움도 아니었다. 운명은 그들에게 이 지상에서 기뻐하라는 것을 알려주지 않았다. 끊임없는 압박으로 평화가 빼앗기고 행복을 잃었으며 생명은 쉬어야 할 베개를 얻지 못했다. 마음이 줄곧 동요하고 불안이 거듭되어 실낱 같은 희망을 피안에 걸었다. 모든 벗이 그를 배반하여 어디에서도 믿을 수 있는 마음을 찾을 수 없다. 덧없는 이 세상의 하늘에 탄식의 소리가 허무하게 메아리친다. 백성은 인정에 굶주리고 사랑을 그리워

7) 야나기 무네요시, 『조선과 그 예술』, 이길진 옮김, 신구문화사, 2006, 88쪽.
8) 야나기 무네요시, 『조선과 그 예술』, 101쪽.

하고 있다. 이런 심정의 샘에서 솟구친 예술은 어떠한 방향을 택했을까. 모든 아름다움은 비애의 아름다움이었다. 그들은 자신의 쓸쓸함을 털어놓을 벗을 아름다움의 세계에서 구했다. 이 때문에 그들은 자신에게 어울리는 길을 택하지 않으면 안 되었다. 형태의 강함이나 빛깔의 아름다움은 그들이 모르는 세계이다.[9] 필연적으로 이 민족은 표현의 세 번째 길에서 나아가야 할 방향을 발견했다. 선(線)이야말로 요구되는 길이었다. 불안하고 쓸쓸한 마음을 전하는 데 있어서 저 눈물겨운 선보다 더 어울리는 길은 없을 것이나. 선에는 그들에게 한없는 밀의가 있었다. 민족은 일체의 것을 선으로 미화했다.[10]

조선의 역사와 자연에 대한 편견으로 가득 차 있는 이 글들은, 조선을 소극적이고 수동적인 존재로 묘사하고 있다. 얼핏 조선의 아름다움을 말하는 것 같지만, 실제로는 조선은 유약하고 정에 굶주린 역사를 가졌고, 일본과 중국은 강대국이었다는 논리를 깔고 있다. 야나기 무네요시의 속내는 조선예술을 비애의 미로 규정함으로써 조선인의 저항을 잠재우고, 원래 조선의 속성이 유약하고 소극적임을 강조하여 일제의 식민지통치 이데올로기를 강화하는 것이라고 할 수 있다.

조선인들이여, 지금은 한 나라의 정신적 운명이 좌우될 중대한 시기이다. 새 출발을 위해 불변할 기초를 준비하라. 잘 생각하고 반성하여 깊이 그 사명을 의식하라. 독립을 바라기 전에 큰 인격의 출현

9) 야나기 무네요시는 예술의 구성요소가 형태(形態), 빛깔(색채), 선(線)이 있으며, 이 중에서 중국의 예술은 형(形), 일본의 예술은 색채, 조선의 예술은 선(線)이 핵심이라고 하였다.

10) 야나기 무네요시, 『조선과 그 예술』, 101-102쪽.

을 우러러 바라보라. 무엇보다도 먼저 위대한 과학자를 배출하고 위대한 사색가를 낳으며 위대한 예술가의 출현을 열망하라. 진선미를 빼고는 조선을 영원한 것으로 만들 기초가 없다는 것을 깊이 깨달아라. 불평하는 시간을 되도록 적게 갖고 가능한 한 힘써 노력하는 시간을 많이 가져라.[11)]

조선인의 입장에서 조선에 우호적인 것처럼 교묘하게 위장하고 있지만, 그의 논지는 저항하지 말고 참고 인내하라는 것이다. 일본처럼 앞선 과학자와 예술가를 낳으라는 말은 여전히 조선은 후진적임을 암시하고, 일본 침략 책임을 회피하는 것이다. 일본에 대한 저항 이전에 스스로 사색하고 예술적 역량을 키우라는 말 역시 현실의 억압에 대한 저항 대신 순종하고 사색하라는 식의 가르침이다. 이런 '훈수'에서 나온 것이 조선예술에 대한 '비애의 미', '한의 예술'과 같은 표현이다.

그럼에도 불구하고 그의 미론(美論)[12)]은 해방 이후 한국예술에 적지 않은 영향을 끼쳤고, 지금까지도 일부 전통음악의 미학에 '한의 예술'이라는 관점을 끌어들이고 있는 경우가 있다. 이는 그만큼 식민지시대가 남긴 사상적 · 교육적 상처가 컸다는 반증이기도 하다. 그러나 한편으로는 지금까지도 야나기 무네요시와 같은 식민지 지배자적 측은지심의 유령이 우리 주위를 배회하고 있는 것은 전통에 대한 우리의 인식이 결코 식민성(종속성) 극복의 단계에 이르지 못했으며, 전통음악에 대한 전공자들의 역사적 · 윤리적 사고의 결여가 반성적 수준에서 변증법

---

11) 야나기 무네요시, 『조선과 그 예술』, 17-18쪽.

12) 사실 그의 주장은 미론이라고까지 하기도 민망한 수준이다.

적 발전을 겪지 못했음을 말하는 것이기도 하다.

그러므로 일제강점기는 전통음악 전공자들에게 전통에 대한 그릇된 관념을 심어주기 시작한 때였고, 이는 어쩌면 서양음악에 대비되는 계급적 하위(下位)에 대한 자의식과 일본 지배세력의 교묘한 주입(注入)의 상호작용에 의한 것인지도 모른다. 전통을 극복의 대상으로만 바라보고 서구의 것은 무조건 하루빨리 받아들여야 한다는 인식, 자기 자신의 예술에 대해 자학과 인내와 순종의 아름다움으로 규정하는 소극적 의식은 이로부터 생성된 것이라고 볼 수밖에 없을 것이다.

해바라기[13] 근대지향과 왜곡된 미의식은 식민지시대 전공자들의 내면이 이미 그들 스스로의 것이 아니었음을 말해준다. 이런 그릇된 관념은 그들 스스로 조작해서 신념화된 것이 아니기 때문이다. 식민성 극복에 있어서 가장 지난(至難)한 최후의 지점은 외피가 아니라 내면의 주체성에 있다. 식민지 인민(人民)[14]들이 겪는 가장 큰 피해가 바로 정신적 · 지적 · 윤리적 자아상실[15]이라고 할 수 있기 때문이다. 조선총독부의 표면적인 지배는 끝났으나 일제에 의해 정립된 교육체계와 사회체계에 의한 조선 내면의 지배는 (조선인 스스로에 의해) 지속되고 있었고, 식민지 피해의식에 따른 과도한 서구추종과 자기비하는 오늘날까지도 일정부분 이어지고 있다. 자기 스스로의 내면을 빼앗겨버린 식민지 예인들의 삶은 자신의 예술을 자기 스스로의 눈으로 보고 판단하고 규정하

---

13) 서구의 모든 것을 해바라기처럼 지향하고, 정작 자신의 것에는 고개 숙이는 모습을 말한다.

14) 일제강점기는 우리 자신의 나라가 없기 때문에 국민(國民)이라고 할 수 없으며, 만일 국민이라고 하면 그것은 일본제국의 국민을 지칭하게 된다. 그러므로 여기서 인민이라는 말을 썼다.

15) 여기서 '윤리적'이라는 말은 물질적 힘을 바탕으로 식민성을 극복하고 식민지 경험을 잊고 싶어함으로써 발생되는 '자기중심적' 성향을 말한다.

지 못한 채, 타자(他者)에 대한 피해의식과 타자가 주입한 이데올로기에 의해 연명되고 있었다. 그리고 이런 삶은 그 후예들에게 고스란히 대물림되고 있었다.

② 권위주의 시대의 전통

식민지시대 내면의 상실은 권위주의 정권 시절 매우 강력한 서구지향으로 나타났다. 식민지 경험이 가져다준 필연적인 자기부정의 욕망과 절대빈곤의 현실이 결합하면서 자연스럽게 '서구=미래=희망', 그리고 '전통=과거=낡음'의 등식이 성립된 것이다. 전통예술 전공자들은 이런 상황에서 현실과 타협할 것을 강요받게 된다. 사회적으로 전통이 환영받지 못하고, 서구처럼 '잘살아보세'의 구호가 절명(絶命)의 과제가 된 때, 전통을 전공하고 담당하는 이들은 그러한 사회상황 및 시대흐름과 자신의 예능을 크로스오버시키고자 하는 현실적 욕망을 갖게 될 수밖에 없었던 것이다. 때마침 1959년 서울대학교에 국악과가 생기면서 한국사회 최고 엘리트집단을 교육시키는 기관에서 '국악'을 전공하는 이들이 생겨났다. 이는 20세기 전반기 내내 지식인집단이 전통을 외면하고 엘리트 음악인들은 모두 외국유학을 했던 서양음악 전공자였던 역사가 바뀌어가는 것이기도 했다. 당시 대학교육을 받은 엘리트 전공자들에게 '서구=미래=희망'의 등식은 일반적이었고, 전통예술 전공자들 역시 예외가 아니었다. 따라서 그들에게 자신의 전공과 시대적 상황의 타협은 자연스럽게 전통을 '극복'하고 서구적 모델에 맞게 변형시키는 것이 될 수밖에 없었다.

말하자면 이제 전통은 그것을 '극복'해서 어떠한 다른 것으로 나아갈 것을 미덕으로 삼게 되었고, 다른 어떤 것을 하기 위해 도구로 활용하는 노력이 중요하지 그것 자체의 내적 발전을 위한 노력이 중요한 것이 아니었던 것이다. 이처럼 전통은 그 자체로 의미가 있다기보다는[16] 극복의 대상이자 그것을 통해 다른 형태로 발전되어야 하는 중간도구로 인식되었고, 이와 같은 '도구적 전통'은 대학교육의 산물인 엘리트주의와 긴밀하게 결합한다.

서울대학교라고 하는 최고의 교육기관에서 교육을 받은 엘리트라고 자칭하는 집단에게 가장 큰 심리적 갈등은 자신의 전공이 사회적으로 대접받지 못한 채 다분히 천시되고 있다는 것이었다. 이때 엘리트적 자존심이 만들어낸 욕망은 전통을 최선을 다해 존중하고 전승하는 것이 아니라 오히려 전통과 거리를 두는 태도를 낳게 된다. 즉 사회적으로 천시되는 국악의 엘리트 교육을 받은 이들은 '내가 하는 건 다르다'는 점을 과시하고 싶어 하는 것이다. '내가 하는 국악은 저들이 하는 국악과 다르다'는 자의식은 일반적인 전통음악과 '나의 엘리트 국악과는 다르다'는 것이며, 스스로 전공자임에도 불구하고 전통에 대한 사회적 천대를 용인하고 자신은 그 집단에 속하지 않는다고 자위하고자 했다. 이 때문에 그들은 자신의 '다름'을 매우 강하고 적극적으로 홍보하고자 했고, 이때 '다름'은 사람들이 천대하는 전통음악과 달리 뭔가 '세련되고' 뭔가 전통음악 같지 않아 보이는 것이어야 했다. 따라서 가장 전통음악 같지 않아 보이는 음악을 해야 스스로 엘리트적 존재감을 느낄 수 있었고, 국악과(國樂科)를 다닌 전공자임에도 국악의 색채가 나지 않는

16) 물론 전공자들은 표면적으로는 전통은 그 자체로 의미가 있다고 말을 계속 해왔지만, 실제 행동은 도구로서의 의미성에 치중한 것이 현실이다.

방식을 찾아가게 되었다. 게다가 당시 국악과 전공자들은 서양음악 전공자들에 비해 밝히고 싶지 않은 열등의식도 있었던 것이 사실이다. 아무래도 서양음악 전공자들은 대부분 사회 상층계급에 속해있었고 구미 유학이라는 선망의 루트를 걸을 수 있는 경제력의 소유자들이었기 때문에, 국악과 전공자들이 갖고 있었던 엘리트주의적 자존감은 자연스럽게 사회에서 더 '고급'으로 인정받고 통용되는 서양음악에 대한 동경과 지향도 어느 정도 가지고 있었다고 보아야 한다.[17]

이와 같은 도구적 전통 인식과 엘리트주의의 결합은 몇 가지 경향을 낳았다. 그것은 크게 공연양식의 서구화와 작품 생산의 서구화로 요약할 수 있고, 이와 함께 보존을 통한 권력화도 진행되었다.

공연양식의 서구화는 서구식 극장무대에서 이루어지는 관현악과 독주회 탄생으로 대표된다. 서구 오케스트라 양식을 기계적으로 모방한 이른바 국악관현악은 1963년 지영희가 당시 국악예술학교 학생들을 모아서 실험한 후 1964년 첫 공식 발표회를 가졌고, 이는 1965년 서울시립국악관현악단의 모태가 되었다. 첫 번째 실험은 국악예술학교에서 했지만,[18] 국악관현악은 이후 엘리트 전공자들의 주요 루트로 자리 잡았다. 이것이 비록 전통음악의 발전에 대한 음악적 고민이 아니라 서구양식의 직접적이고 도식적인 모방이었고, 아울러 서구적 양식을 선망의 대상으로 여겼던 당시 시대적 욕망의 결과물이긴 했지만, 그

17) 사실 이런 점은 지금까지도 내놓고 논의하는 것이 금기시되어온 측면이 있다.

18) 그 이전에 이미 국립국악원에서 서구식 관현악 편성으로 연주를 했다고 하는데, 국악관현악 양식이 서구 오케스트라의 기계적 모방이고 국악의 내적 자존감에서 비롯된 것이 아니기 때문에, 누가 먼저 시도했는가의 '원조' 싸움은 그다지 중요하지 않은 것 같다. 누가 먼저 남의 것을 흉내내고, 누가 더 많이 남의 것을 흠모했는가 하는 것이 윤리적으로 뽐낼 만한 것은 아닌 것 같다.

것은 또한 전공자들이 가졌던 서구 모방과 '인정' 욕망의 결과물이기도 했다. 국악관현악에 많은 문제들이 있음을 알면서도 결코 포기할 수 없는 욕망으로 인해 지금까지 국악관현악은 지속되고 있다. 서구적 양식의 모방은 '나는 다르다'는 과시와 사회적 '인정'의 욕망을 표출하는 방식이기도 했던 것이다.

한편 1964년 당시 서울대학교 국악과 대학원 졸업을 앞둔 이재숙은 '독주회'라는 양식을 자신의 전공에 도입한다. '국악도 독주회를 한다'는 식의 제목이 당시 언론에 등장했고, 이때 독주회는 전통음악이 연행되던 공간과 전혀 다른 서구식 프로시니엄 무대에서 이루어지는 공연을 말한다. 그리고 이 연주회의 절반은 이성천 작곡의 창작물로 채워졌다. 즉 기존 전통음악과 '다른' 공간에서 기존 전통음악과 '다른' 음악을 함으로써 연주자는 기존 전통음악 연주자들과 '다른' 태도를 보여주고자 했던 것이다. 한편으로는 전통음악 전공자이면서 다른 한편으로는 최대한 자신의 '다름'을 홍보함으로써 세상으로부터 인정받고자 했다.

이와 같은 공연양식의 서구화는 불가피하게 작품 생산의 서구화와 같은 맥락에서 이루어질 수밖에 없다. 음악의 '다름'은 전통적 맥락과 어느 정도 단절된 음악을 요구했고, 계급적으로 우월적 지위를 갖는 서양음악이 한국사회를 지배하는 상황에서 서구식 작곡 개념과 기법에 기초한 작품 생산은 필연적이었다. 서구식 작곡에 입각한 작품 생산은 전통을 하나의 '요소'로 활용하는 '도구적 전통'의 인식을 당연시하게 된다. 대학 국악과에 작곡 전공이 생기고, 이때 작곡은 전통음악

생성의 '논리와 윤리'[19]에 대한 학습이 아니라 서양음악 작곡의 논리와 역사에 대한 학습을 바탕으로 하는 것이다. 그러므로 이때 생성되는 작품은 서구적 기법과 틀 위에 전통음악의 요소들이 파편적으로 실려서 활용되는 것이 된다. 서구적 틀과 도구적 전통의 결합이 만들어 낸 '창작국악'은 이렇게 해서 엘리트 국악으로 변모하게 되었다. 전통음악의 어법을 있는 그대로 답습하고, 전통음악 그 자체는 아니지만 색깔은 완전히 전통음악과 다름없는 그런 '창작'은 창작으로 간주되지도 않았다. 그것은 '다름'의 욕망을 채워주지 못하기 때문이다. '창작'이란 적어도 서구적 '세련됨'을 갖추는 것이 필수적인 조건이 되었고, 이로 인해 '창작국악'은 실제로 국악의 요소와 서구적 요소가 혼합된 '하이브리드(hybrid)' 음악임에도 불구하고 새로운 시대의 새로운 국악, 미래지향적인 세련된 국악의 이름으로 찬사되었다. 서구적 요소가 섞여야만 창작으로 간주하는, 아주 직접적인 서구화를 지향하는 풍토가 조성된 것이다.

한편 이와 같은 공연양식과 작품 생산의 서구화 외에 급속한 산업화와 서구화 물결 속에서 기존 전통음악 레퍼토리들은 다수가 전승이 위태로운 심각한 상황에 처하게 되었는데, 이때 제도적으로 마련된 보호장치가 바로 무형문화재 제도이다. 1964년 무형문화재 제도의 시작은 이와 같은 시대적 상황이 큰 역할을 했지만, 이는 또한 역으로 전통이 '보존을 통한 권력화'가 가능함을 보여주는 계기가 되기도 했다. 과거 관존민비(官尊民卑) 사고가 지배하던 시절 국가가 자신의 예능을 인

19) 이건용의 책 이름에 사용된 단어지만 여기서 빌려 쓰고자 한다.(이건용, 『한국음악의 논리와 윤리』, 세광음악출판사, 1988.) 논리는 말 그대로 생성과정에 대한 논리적 고찰의 의미이고, 윤리는 그것에 대한 사회적 타당성과 정당성의 의미이다.

정하고 국가지정 중요무형문화재라는 벅찬 이름으로 보호하게 된 사건은 전통음악 담당자들에게 놀랍고도 즐거운 충격이었다. 엘리트 음악인부터, 가장 극심한 천대를 받았던 민속 현장의 예인들까지, 문화재를 향한 권력 욕망은 예외가 없다. 그러므로 '보호'가 곧 '권력'이 되어버리는 것은 어쩌면 당연한 수순이었다. 국가의 지정을 받은 종목은 가장 권위 있는 '전통'이 되었고 그 권위는 사승 관계의 연쇄로 구조(構造)된 피라미드식 계급구조를 만들게 되었다.

이것이 보이는 의미는 전통의 보존이 아니라 전통음악 '작품'의 보존이 지상과제가 되었다는 것이다. 전통은 급속한 서구화의 길 속에서 여전히 사회적으로 냉대와 천대를 받고 있음에도 불구하고 전통음악 '작품'들은 제도 권력의 보호하에 권위를 누리게 된 것이다. 음악과 음악 작품은 다르다. 음악은 인간의 본능이자 누구나 영위하고 향유하는 삶의 부분이다. 하지만 작품은 삶의 외곽에서 타자에 의해 주어지는 것이며, 누구나 그것에 다가가지는 못한다. 음악은 우리 삶의 행위가 이루어지는 텃밭이지만, 작품은 그 텃밭에서 크고 굵게 자란 특정한 식물이다. 전통음악은 역사적 삶의 현장에서 연행되고 생성되는 '음악'이지만 전통음악 작품은 메말라버린 텃밭에서 앙상한 뼈를 드러낸 나뭇가지이다. 텃밭이 메마를수록 사람들은 그 앙상한 나뭇가지를 텃밭과 동일시하는 착시현상을 드러내게 된다. 하지만 중요한 것은 나뭇가지에 거름 주는 것보다 텃밭 자체를 다시 푸르게 일구는 것이다. 권력화된 나뭇가지에 집착하고, 그것을 절대화하는 권위가 생성될 때, 그것은 정상적인 보존이 아니라 보존을 통한 권력화에 다름없게 된다. 전통의 권위가 아니라 전통음악 작품의 권위가 전공자들의 시야를 흐리게 된 것이다.

따라서 권위주의 시절 도구적 전통 인식과 엘리트적 '인정' 욕망은 당시 시대적 상황과 맞물려 음악에 있어 대단히 직접적인 서구 영향을 정당화했고, 무형문화재 제도는 몇몇 특정 레퍼토리에 권위를 집중하게 했다고 할 수 있다. 바야흐로 전통은 욕망을 충족시키기 위한 도구로 전락함과 동시에, 권위를 획득한 몇 개 '작품'들이 '전통 그 자체'로 둔갑하는 현상이 보편화된 것이다. 따라서 전통은 이제 권위적 개념으로 변화하고 있었던 것이다. 전반적인 서구화 경향과 권력화 현상은 20세기 후반 내내 지속되었다고 볼 수 있다.

③ 민주화 시대의 전통

권위주의 시대에 자리 잡은 도구적 전통은 이른바 절차적 민주주의가 이루어진 이후에 더욱 강화되었다. 정치적 민주화가 전통의 도구화를 강화한 것은 다소 역설적이다. 이런 역설은 시장의 지배가 본격화된 흐름으로 인해 생겨난 것이다. 권위주의 정권의 통제와 억압이 표면적으로 해소되자 그 틈으로 확고해진 것은 스스로의 가치관과 건강한 자존감이 아니라 시장지배의 전면화와 대중시대의 본격적인 도래였다. 대중화가 거스를 수 없는 대세가 되고 시장에서의 생존이 미덕이 된 시대는 자본이 정치권력의 통제와 예속에서 벗어나 스스로의 시스템에 의해 예술을 좌우할 수 있는 여건을 조성시켰다.

정치적 혹은 어떤 선험적 · 암묵적 보호가 아니라 시장에서 살아남기 위해 전통은 가혹한 변모를 강요받았고, 그것은 매우 불공정한 강요였다. 시장은 이미 대중음악과 서구 클래식음악이라는 골리앗에 의해 점령된 상황이었기 때문에, 보호장구도 제대로 갖추지 않은 전통음악은 지배적 '괴물'과 시장에서 경쟁할 수 없었다. 게다가 전통음악은 시장주의를 뛰어넘는 역사적 정통성을 갖고 있다고 여겨지는 것이다. 이를 '괴물'과 같은 '링' 위에 올려놓고 경쟁시키는 것이 마치 공정한 게임의 규칙인 것처럼 호도되었고, 따라서 자본주의 시장논리는 애초부터 전통음악에게는 공정한 규칙의 탈을 쓴 불공정 경쟁의 강요나 다름없었다.

지금까지도 전통음악의 자기 변모를 통한 시장에서의 생존이 부정할 수 없는 시대적 흐름이라고 여겨지고 있다. 그런데 원래 민주화 시대 초기라고 할 수 있는 1980년대 후반 당시까지는 이런 시장의 강요는 민주화의 결과물로 여겨졌고, 전통음악이 전공자만의 것이 아니라 민족의 것이며 이를 위해서는 권위적 · 고답적 틀을 벗고서 대중화된 변모가 필수적이라는 동의가 작용했다. 하지만 이것이 '희망사항'이자 '착각'이었음을 당시는 알지 못했으며, 그 이유는 당시에 시장이 얼마나 잔혹한 공간인지 알지 못했고, 민주화된 사회에서 시장이 어느 정도 전통음악 발전에 긍정적 역할을 할 수 있다고 여겼기 때문이었다. 하지만 머지않아 시장은 가장 비정한 면모를 드러내기 시작했으며, 전통의 가치와 민족적 자존심이 아니라 어떻게든 시장이 요구하는 흐름에 맞추어야 생존이 가능하다는 위기감은 갈수록 가중되었다. 따라서 시장의 요구에 맞추기 위해서는 이미 대중들의 이목을 지배하고 있는 시장지배적 '괴물'의 힘을 어느 정도 빌릴 수밖에 없으며, 이는 전통과 전통 아닌 것들 사이의 활발한 크로스오버와 교섭의 강요이기도 했다. 시장의 적대성을 감지하지 못했던 때의 '희망'은 곧 본색을 드러낸 시장의 엄혹한 강요에 의해 전통음악의 숨통이 조여오는 가쁜 호흡으로 바뀌었다.

그런데 이와 같은 전통음악 스스로의 변모를 강요한 시장논리를 이념적으로 정당화한 전통음악계 내부의 논리가 존재했다. 말하자면 전통음악 전공자들 스스로 이런 불공정한 게임을 신념화한 역설적 상황이 생겨나게 된 것인데, 이것이 바로 '한국음악'론이다. 이는 과거 이강숙의 '한국음악론'을 말하는 것이 아니다. 이강숙은 한국사회의 왜곡된 음악문화를 개선함으로써 향후 다가올 바람직한 음악문화로서 '한국음악'을 설정했다. 이때 '한국음악'은 아직 이루지는 못했지만 언젠가 찾아야 할 윤리적 정당성을 갖춘 음악을 지칭하는 것이다. 이는 후에 민족음악론이 성립되는 기초가 되었다. 하지만 이 글에서 말하는 '한국음악'론은 전통음악 전공자들이 자신의 음악을 '한국음악'으로 통칭하는 개념적 오류를 말하는 것이다. 말하자면 '한국음악주의' 혹은 '한국음악 이데올로기'라고 할 수 있다.

흔히 사용되는 용어인 '국악'은 '한국음악'과 동의어가 아니다. 국악을 군국주의 논리[20]로 볼 것인가와 별개로, 국악이 '전통음악'과 교차하는 용어라는 점은 그것의 현상적 의미가 민족의 범주와 관련된 음악임을 지칭한다. 하지만 '한국음악'은 틀림없는 (민족 전체가 아니라) '대한민국'의 음악이다. 일본이나 중국과 같은 주변국에서 '한국음악'은 주로 한류로 대표되는 대한민국의 대중음악을 지칭한다. 이른바 한국 클래식음악계의 주요 작곡가들 역시 자신의 음악을 한국음악이라고 분류한다. 그런데 전통음악 전공자들이 어느 순간 '국악=한국음악'의 등식을 갖게 되자 온갖 종류의 하이브리드 · 크로스오버 음악들이 모두 '국

20) 노동은, "음악, 한반도에서 그 갈등의 언어성(III)", 『한국음악사학보』, 한국음악사학회, 1993, 157-188쪽.

악'으로 둔갑하게 되었다. 그것들은 어쨌든 모두 '한국음악'이 틀림없기 때문이다. 예컨대 악기만 국악기를 사용한 대중화된 음악, 아주 단편적인 전통음악 요소를 재료로 한 '현대음악' 작품들과 같은 것들은 전형적인 하이브리드 음악이지만, 그것들은 또한 한국인이 만들고 한국인을 대상으로 한 것이고 한국인이 연주하고 국악기가 사용되었기 때문에 틀림없는 한국음악이기도 하다. 그러나 또한 그것은 하이브리드 음악이고 이질적 요소가 뒤섞여있는 음악이다. 그런데 그것을 전통음악 전공자들은 이를 자신들의 전공음악으로 여긴다. '국악=한국음악'의 등식이 있기 때문이다. 이런 개념적 착각이 바로 이 글에서 말하는 '한국음악'론 혹은 '한국음악주의'이다. 여러 종류의 섞여있는 음악을 '그거 한국음악이잖아'라는 말로 자신의 전공범주에 넣는 오류는 전공자들 스스로에게 모든 것을 용서시킨다. 아주 약간의 전통적 요소만 있어도, 심지어 (우리 전통음악만의 요소도 아닌) 단순 5음음계만을 사용해도, 혹은 그냥 국악기 하나만 등장해도 그것은 '국악'의 이름으로 포용될 수 있는 이데올로기가 된 것이다.[21]

이런 전공자들의 내적 정당화 이데올로기는 그것이 개념적 오류에서 출발했음에도 불구하고 시장에서의 생존과 전통음악의 자기변모 강요를 아주 직접적으로 정당화했다. 이제는 '그게 국악인가'를 묻는 것 자체가 시대착오적인 질문인 것처럼 상황이 극단적으로 변화했다. 그런데 과연 '국악=한국음악'의 등식은 개념적 착오의 수준에서 그치는 것일까? 이 등식은 실은 아주 심각한 '적과의 동침'일지도 모른다.

우선, 이 '국악=한국음악'의 등식 성립은 이승만 시대로 거슬러

---

21) 전지영, 『국악비평의 역사』, 북코리아, 2008, 171-173쪽.

간다. 전쟁을 겪고 북한에 대한 적개심이 극에 이르렀던 시대에, 북한의 모든 것은 거부되고 부정되어야 하는 것이었다. 그들의 실체는 '대한민국' 영토를 불법으로 점령하고 있는 '괴뢰집단'으로 매도되었고, '선(善)'의 국가인 대한민국을 위협하는 '악(惡)'의 집단으로 규정되었다. 이승만의 통일정책은 평화통일이 아니라 무력에 의한 북진통일이었고, 김기수의 〈파붕선〉 같은 음악은 북한에 대한 적개심을 담은 그 시대상황을 대변하는 음악이었다. 이와 같이 북한의 모든 것을 인정하지 않은 시대에는 '대한민국=민족 전체=선(善)'이었다. 즉 당시 '한국'은 북한영토까지 포괄하는 것이었기 때문에, 우리 민족의 역사는 '한국사'로 규정되었고 우리 민족의 음악은 '한국음악'으로 자연스럽게 명명될 수 있었던 것이다. 따라서 이미 1950년대 이혜구의 글에서부터 전통음악 혹은 민족음악과 '한국음악'을 동일시하는 관습은 정착되어 있었다.

> 요컨대 예술적 역량이 있는 한국음악인이 의식적이고 무의식적이고 간에 자기의 민족감정을 표현한 작품을 제작하면 세계의 음악에 기여할 수 있고, 그렇게 됨으로써 한국음악의 생명이 더욱 길 수 있다. 다시 말하면 민족음악을 살린 개성적이고 독창적인 음악이라야 국외로 진출할 수 있고, 그렇게 됨으로써 한국음악의 생명을 더욱 젊고 길게 할 수 있다고 생각한다.(이혜구, 「한국음악의 생명과 민족성」, 1959)[22]

22) 이혜구, 『만당문채록』, 서울대학교 출판부, 1970, 133쪽.

일제강점기에는 '조선음악'이라는 말을 썼지 '한국음악'이라는 말을 쓰지 않았다는 점에서 이 '한국음악'의 용어는 분단시대 남북대립의 산물이라고 할 수 있다. 그런데 오늘날 대립과 갈등을 넘어서 통일을 바라보아야 할 시대에 여전히 '국악=한국음악'의 등식에 안주하는 것은, 결국 북한지역의 음악유산을 '한국음악'의 용어에 포섭함으로써 여전히 북한을 인정하지 않는 태도이기도 하다. 말하자면 다분히 시대착오적인 오류라고 할 수 있는 것이다.

게다가 이 등식은 시대착오적일 뿐만 아니라 애초부터 대단히 석대적인 용어를 동의어로 설정하는 것이기도 하다. '한국음악'론이 강화될수록 국악 아닌 것들이 모두 국악의 이름으로 정당화되고, 전통 아닌 것들이 전통의 탈을 쓰고 권위를 획득하는 것이 가능해진다. 게다가 시장이 요구하는 것은 전통음악 자체가 아니기 때문에 변형된 하이브리드 음악이 전통의 이름으로 자연스럽게 횡횡하게 된다. 이런 현상은 '국악=한국음악'의 등식에서 보면 전통의 부흥이거나 국악 활성화처럼 보이지만, 그 실상은 그 속에서 전통의 존재감이 크게 약화되고 위축되는 상황이다. 말하자면 '한국음악'이 발전할수록 '전통음악'은 도구적 차원 이상의 역할을 하기 어렵고, '한국음악'론이 강화되자 작품에서 '굳이 전통적일 필요가 없다'는 정도에까지 이르렀다. 그 속에서 전통음악은 양식적으로 형해화되었고, 전통음악이 확대재생산 되는 구조는 거의 허물어졌으며, 서구식 작품과 대중음악적 감성에 호소하는 작품이 '한국음악'의 이름으로 '전통음악'을 대체하게 되었다. 그리고 이런 대체는 전공자들에게 아주 자연스럽게 이루어지고 있다. 전공자들이 자신의 전공이 '한국음악'으로 불리는 것에 대해 주의하고 경계하지 않을 뿐 아니라 도리어 환영해왔고, 그런 태도가 미래지향적이라고 여겨왔기 때문이다.[23] 따라서 '한국음악'은 '국악' 및 '전통음악'과 동의어가 아니라 실제로는 아주 적대적인 용어였던 것이다.

이와 같은 '한국음악'론의 위력은 전통음악의 위축과 서구종속을 아주 교묘하게 논리적으로 합리화시키는 결과를 가져왔으며, 이는 민주화 시대 시장경제 논리에서 전통음악의 생존투쟁과 관련된 것이었다. 그리하여 이제는 전통음악 전공자들조차도 전통적인 것을 고집하는 것이 고루하고 시대 흐름을 역행하는 태도로 간주하기에 이르렀다.

(2) 오늘날의 전통: 전통과 현대의 이중성

일제강점기 왜곡된 전통 관념부터 20세기 말 '한국음악'론까지 지속적인 흐름은 전통의 쇠퇴와 서구화 경향의 강화이다. 그런데 한편으로 전통은 여전히 권위의 상징이기도 하다. 전통의 이중성이 있는 것이다. 이와 맞물려서 현대 개념의 이중성도 존재한다.

① 전통의 이중성

전통은 개념적으로 본질적 의미와 현상적 의미가 차이가 있다. 본질적 가치의 전통과 현상적으로 권력화된 전통의 양면성이 있는 것이다.

---

23) 송방송 역시 국악이란 용어는 과거지향적이고 한국음악이란 용어는 미래지향적이라고 규정한 바 있다.(송방송, "한국음악학의 방향과 과제", 『한국음악학의 방향』, 예솔, 1998.)

㉠ 본질적 의미의 전통

긍정적 관점에서 전통은 과거의 실천과 행위의 응축, 주어진 환경에 끊임없이 적응해온 역사적 과정의 결과물이라고 할 수 있다. 이런 실천, 행위, 적응 등의 과정은 현재도 계속 진행되고 있다. 전통은 과거의 것이 아니라 현재의 것일 될 수밖에 없는 것이다. 하지만 '현재'라는 시간은 실존하지 않는다. 그것은 미래를 향해가는 가상의 지점일 뿐이다. 그러므로 전통은 과거의 어떤 것이 아니라 미래의 어떤 것을 향해 가기 위한 것의 의미를 가진다. 다시 말하면, 전통의 의미(가치)는 과거가 아니라 미래에 있는 것이다. 아울러 전통은 그것이 현재와 미래를 위해 존재하기 때문에 의미가 있는 것이지, 과거 그 자체만을 위해 존재하는 것이라면 그것은 박물관 전시물로서 호고(好古)적 취향 이상의 의미가 없을 것이다.

하지만 전통의 모든 것이 무비판적 권위를 부여받을 수는 없다. 시대에 따라 의미성의 변화가 있을 수밖에 없기 때문에, 미래지향적 전통의 의미를 위해 가장 중요한 것은 끊임없는 비판적 자기반성이다. 전통에 대한 무조건적 숭배의 강요는 건강하지도 않을 뿐 아니라 현상적 권력의 지배 욕구의 산물이다. 이른바 권위 있는 전통예술, 이미 제도에 의해 권력화되어버린 예능에 대한 맹목적 찬양과 신비화를 통해 그러한 권위를 지속시키고자 하는 욕망이 도사리고 있는 것이다.

㉡ 제도와 권력에 의해 조작된 표피적 전통

제도와 권력에 의해 권위를 획득한 전통음악 레퍼토리들은 그 자체로 아주 강력한 세뇌력을 가진다. 레퍼토리 혹은 작품을 '전통 그 자체'로 호도하는 힘을 갖기 때문이다. 앞서 언급했듯이 전통음악과 전통음악 작품은 다르다. 오늘날 우리가 알고 있는 혹은 인정하는 전통음악 작품들은 대단히 권력화된 악곡들이다. 이들 작품들은 제도교육을 통해, 그리고 무형문화재 제도를 통해 전승되며 경연대회를 통해 재생산되고 '전통'이라는 선험적 가치를 등에 업고 권위를 확산시킨다. 하지만 그것은 전통음악의 피상이자 외피이다. 외피가 본질로 둔갑함으로써 그것은 권위의 상징이 되고, 심지어는 편 가르기 문화의 도구가 되기도 한다.

권위 있는 전통음악 작품들의 재생산만을 강조하는 표피적 전통은 자신의 논리를 구축하고자 한다. 권력을 쥐고 지향하는 욕망은 자신 논리의 재생산을 통해 권력을 강화하고자 하기 때문이다. 이는 제도교육을 통해 구현된다. 특히 한국사회에서 대학은 진리탐구의 장이 아니라 상당부분 권력 재생산의 수단으로 전락한 면이 있기 때문에, 표피적 전통의 제도교육을 통한 합법적 권위 강화가 가능해지는 것이다.

아울러 권력과 권위 강화는 사회적 주류 예술과의 제휴를 통해 시도되기도 한다. 이른바 전통과 현대의 조화라는 말로 행해지는 각종 '실험'들이다. 사회적 주류예술은 현실적으로 지배계급의 음악인 서구 클래식음악이나 시장지배적 대중음악이다. 많이 개선되긴 했지만 시장에서 전통음악의 영향력 또한 여전히 열세이기 때문에, 주류 예술과의 제휴를 통해 그 문턱에 진입하고자 하는 욕망은 변함없이 강렬하다. 그것이 또한 표피적 전통의 권력 강화로 이어지는 것은 자연스러운 현상이기도 하다. 엘리트 교육을 받은 전공자들이 앞장서서 서구 현대음악을 모방하고 흠모하는 현상, 대부분 전공자들이 전통의 가치에 대한 윤리적 고뇌보다는 화려하고 권위적인 공연장에서 주목받고자 하는 모습, 더 고급 학력을 가진 연주자들일수록 '민(民)'이 아니라 자본의 공간에서 자신을 상품화시키고자 하는 양상 등은 모두 이와 관련이 있다.

㉢ 전통음악과 전통음악 작품

이와 같은 본질적 의미의 전통과 표피적 전통의 차이는 전통음악과 전통음악 작품의 차이로 투영된다. 앞서 언급했듯, 전통음악은 작품(악곡)들을 지칭하는 것이 아니라 그러한 악곡을 만들어내는 행위를 가능하게 하는 덧빌이다. 그런데 현실적으로 오늘날 모든 전공자들은 '전통음악 작품 전공자들'이며, '전통음악 전공자'는 없다. 그것은 제도교육의 한계이기도 하다. 전공자들은 전통의 텃밭에서 자란 적이 없고, 그들의 생활공간이 모두 타자의 음악공간이므로 전통음악을 만들어낼 줄 모르며, 전통의 '논리와 윤리'에 무관심하다. 그러므로 할 수 있는 것은 오직 작품만을 익히고 분석하는 것이 될 수밖에 없다.

전통에 관심 있는 음악가라면 누구나 '현대'와의 소통을 고민할 것이다. 진정한 전통음악 전공자들과 현대와의 소통은 현대를 극복하고 '전통화'해야 하는 것이 될 수밖에 없다. 전통은 뿌리이고 현대는 그 뿌리 위에 피어난 잎이 되어야 하기 때문이다. 그렇다면 전통과 현대의 양자 중에 소통을 위해 변화하고 희생해야 할 것은 당연히 현대가 되어야 한다. 하지만 현실적으로 누구나 전통을 '현대화'해야 한다고 생각하지 현대를 '전통화'해야 한다고 생각하지는 않는다. 그것은 전공자들이 실제로는 전통음악 전공자들이 아니라 전통음악 작품 전공자들이기 때문이다. 전통음악 작품 전공자들과 현대와의 소통은 기본적으로 표피적 전통에 기반해 있다. 어차피 '작품'만을 전공했기 때문에 기꺼이 전통의 파편을 토막내고 색칠하고 왜곡할 수 있다. 전통음악의 논리와 윤리를 진지하게 고뇌하지 않기 때문에 전통을 '극복'하고 현대화하려고 한다. 도구적 전통을 바탕으로 자신의 욕망을 충족시켜주기 위한 서구지향적 · 시장지향적 음악을 하는 것에 대해 윤리적 머뭇거림도 존재하지 않는다. 그러면서 본인은 전통에 기반하고 있다고 주장하는 오류를 범하기도 한다.

② 현대의 이중성

한국사회에서 '현대'는 첫 번째 '서구문명'[24], 두 번째 '자본주의'의 이중적 의미를 갖는다. '서구문명'은 곧 한국사회의 문화적 종속을 의미하며, '자본주의'는 곧 자본에 대한 예술의 종속을 의미한다. 결국 어느 쪽이든 '현대=종속'의 등식이 성립하게 된다. 또한 '서구문명'과 '자본주의'는 긴밀하게 연결되어 있다. 현실적으로 전통 전공자들이 생존하기 위해서는 시장논리에 따라야 하지만, 시장은 '서구문명'이 지배하는 공간이기 때문이다. 시장의 '불공정성'과 서구종속의 강요는 동전의 앞뒷면과도 같다. 그리고 이와 같은 종속강요는 표면적으로는 외적 강요이지만, 실제로는 전공자들이 앞장서서 정당화해왔다. 그 역할을 소위 '한국음악'론이 해왔던 것이다.

결국 전통과 역사 단절의 경험이 식민성(종속성)으로 연결되듯이, '현대' 역시 식민성(종속성)으로 연결되므로, 전공자들은 종속구조가 만연하여 감각조차 무뎌진 상황에 던져졌다. 그러면서 오히려 종속을 스

---

24) 20세기에 발전한 산조는 '전통음악'이면서 그보다 훨씬 이전 서구 근대의 산물인 조성음악을 모방한 음악은 '현대적'이라고 규정하는 모습이 이를 잘 상징한다.

스로 정당화하는 모순에 빠진다. 전통화보다는 현대화에 치중하고, 자기 주체성의 존엄성 찾기보다는 자본주의적 세계화에 편승하는 현상이 이를 잘 보여준다. 그 속에서 도구적 전통, 표피적 전통의 시각은 더욱 공고해진다.

이와 같은 전통과 현대의 이중성은 우리의 음악적 종속성에 대한 반증이다. 일제강점기부터 잘못 끼워진 단추는 해방과 경제성장을 거치면서 교정되기보다는 더욱 심화된 양상으로 전개되었다고 할 수 있다. 극복 대상으로서의 전통, 도구적 전통의 관념은 음악에 있어서 서구지배의 심화와 정당화를 가속해왔다. 그리고 '한국음악'으로 대표되는 전공자들의 개념적 오류와 착각은 그러한 종속성 심화를 제대로 간파하지 못한 채 현상에만 매몰되게 만들었다. 자본과 서구문명의 이중 종속구조 이면에는 결국 일제강점기 이후 전통에 대해 진지하게 탐구하고 윤리적 진정성을 심각하게 번뇌하지 않았던 역사가 있었다고 하겠다.

(3) 음악적 인정(recognition)의 윤리학

20세기 이후 전통의 단절과 전통음악의 위축은 일차적으로는 식민지 경험과 서양음악의 지배력 때문이지만, 보다 근본적으로는 자기 스스로의 콤플렉스와 위축감에 젖어 내면적 종속성을 키워온 자신의 문제가 더 근본적이고 심각한 원인일지 모른다. 현상의 어두운 장면들에 대해 '남탓'으로 모든 책임을 전가하면서 스스로의 책임은 외면한 우리 내면의 종속성은 모든 음악의 양상들에 대해 스스로 면죄부를 주고자 했다. 현대화 혹은 세계화의 이름으로 종속성을 심화시키는 음악들을 생산하면서도 (서구문물을 '보편성'으로 앞장서서 간주하고서) 시대적 흐름에 따라야 한다는 식의 자기 합리화, 자존심을 고려하지 않은 과도한 상업화 앞에서 자본에 대한 종속에 앞장서면서도 '대중이 원한다면……' 식으로 음악적 순교자나 계몽적 선구자인 양 자처하는 자기 위안, 그러면서도 '전통은 소중한 것'이라며 온갖 공적 지원금에 군침 흘리면서 어느 순간 스스로 전통의 대변자로 돌변하는 이중성 등의 자화상은 모두 20세기 이후 역사의 단절과 종속성 지속 · 심화의 결과들이라고 할 수 있다. 그렇다면 이런 종속성 극복을 위해 어떠한 방향에서 문제 해결점을 찾을 것인가?

현상의 원인이 서구문물 그 자체가 아니라 그에 따른 우리 내부라고 할 때, 내부라는 것은 사회적으로 '인정'받고자 하는 욕망과 맞닿아 있다. 계급적으로 천대받았던 기억, 서양음악에 비해 '하급'으로 비하되었던 상처는 사회적으로 더 많은 관심을 받고 싶어 하는 욕망을 키우게 했다. 그런 욕망의 근저에 자리 잡은 상처 투성이의 콤플렉스를 딛고 진정으로 자립할 수 있는 길은 어떠한 방향에 있을 것인가? 오늘날 비정한 자본지배의 사회가 강요하는 '인정투쟁'의 속성은 남들보다 더 높은 지위에 오르고, 더 큰 명예를 얻음으로써, 공적으로 든든한 '인정'을 받으려는 욕망을 보편화시킨다. 그러나 그러한 욕망이 사회를 지배할 때, 그 사회는 공동체의 정서적 풍요로움과 예술적 숭고함은 사라진 채 오직 생존의 경쟁만이 처절하게 전개되는 저주의 땅이 될 것이다. 우리에게 필요한 것은 그러한 '상처 입은 존재들의 빗나간 인정투쟁'[25]이 아니라 인간적 존엄과 음악적 '진정성'(혹은 자기 진실성)의 추구이어야 한다.

예술가들의 (사회적 차원이 아닌 원자적 차원에서) 자기 확인과 개인적 성공 투쟁, 부단한 자기 몰두, 그리고 경쟁에서 우위를 얻기 위한 음악 추구 등은 존엄과 진정성에 배치되는 삶의 모습이다. 진정성은 개인적 차원이 아니라 사회적 차원에서 그 의미성이 두드러지며, 사회적 관계를 통해 얻어지는 것이다. 그것은 "근본적이고 더 이상 수축할 수 없는 사회적 미덕"[26]이며, "무질서하고 유치한 일시적 반응의 꾸러미에서 상당히 잘 형성된 안정적 자아를 가진 성숙한 성인으로 변화시키는 사회화와 교화의 과정"[27]을 통해 이룩될 수 있는 것이다. 말하자면 남을 배제시키고 남 위에 올라서고자 하는 특권적 명예가 아닌 인간적 · 역사적 존엄과 품위의 예술을 추구할 때, 우리는 시장이 요구하는 예술이 얼마나 비윤리적이며 자본이 강요하는 삶이 얼마나 비인간적인지를 더 깊이 깨닫게 될 것이다. 말하자면 '생존에서 존엄으로'[28]의 방향전환, 자기실현에만 몰두하면서 모든 것에 자기만을 중심에 놓고 사고하는 진부한 병리적 자아관의 탈피, 근대성의 탈을 쓴 원자적 개인주의나 소비주의 문화를 딛고 넘어서려는 '윤리적' 진정성의 인식[29]이 우선적으로 요구되는 것이다. '우리는 지금 무엇을 하고 있는가'의 질문은 현재 우

25) 장은주, "상처 입은 삶의 빗나간 인정투쟁", 『인권의 철학』, 새물결, 2010, 399-423쪽.

26) 찰스 귀논, 『진정성에 대하여』, 강혜원 옮김, 동문선, 2005, 194쪽.

27) 찰스 귀논, 『진정성에 대하여』, 198쪽.

28) 장은주, 『생존에서 존엄으로』, 나남, 2007.

29) 찰스 테일러, 『불안한 현대사회, 자기중심적인 현대문화의 곤경과 이상』, 송영배 옮김, 이학사, 2001.

리를 지배하는 서구지향과 종속성 극복으로 이어지고, 이는 결국 예술적 진정성으로 귀결된다.[30)]

30) 여기서, '그럼 전통음악만 하자는 것인가?'로 반문하는 이가 없기를 바란다. 연주자가 전통음악을 하든 퓨전을 하든, 혹은 작곡가가 어떤 음악을 작곡하든, 그것은 자유이다. 음악가에게 이러이러해야 한다고 강요할 근거는 존재하지 않는다. 음악가가 어떤 음악을 할 것인지는 남이 아니라 음악가 자신이 선택할 수 있는 권리이다. 다만 음악가들이 어떤 개념적 오류에 빠져있거나 자신의 활동에 대해 잘못된 근거를 제시한다거나, 혹은 정작 자신이 뭘 하고 있는지 알고 있지 못할 때, 그에 대한 지적은 필요불가결하다.

2.
전통의 발명

발명은 새로운 개념의 개발과 그에 따른 의미통제로 시작된다. 전승유산이 국가통제의 관리체제를 위해 전용되고, 그를 통한 국가적 이념과 지배질서 공고화가 구축되기 위해서는 국가주의적 개념 주입과 통제가 필수적이다. 그러한 통제는 '현재'를 지배하고 장악하기 위한 억압적 규율이기도 하다.

1) 개념의 발명과 통제: '국악'의 예

국악은 대표적인 '전통 발명'의 산물이다. 국악이라는 단어에는 다양한 의미가 포함되어 있지만, 현상적으로는 전통음악과 교차되는 의미망을 갖는다. 하지만 오늘날 유통되고 있는 국악의 실질적인 의미와 범주는 대한민국 정부수립 이후 '발명'된 것이다. 이에 대해서는 아주 구체적인 설명이 필요한데, 우선 해방공간에 있었던 (지금의 국립국악원과 다른 조직인) 국악원이라는 조직의 활동에 대한 논설이 필요하다. 국악원이 어떤 희망을 갖고 '국악'을 만들고자 했는지에 대한 이해를 하고, 그에 이어서 정부수립 이후 국립국악원에 대한 설명이 이어질 때 '발명품으로서 국악'의 실체가 드러나게 된다.

(1) 해방공간 국악원 활동과 국악의 희망

오늘날 국악원이라고 하면 통상 국립국악원을 지칭하지만, 국립국악원 설립(1951) 이전의 국악원이라고 하면 흔히 대한국악원으로 알려진 조직을 말한다. 해방공간의 국악원이 국립국악원 설립 이후 대한국악원으로 이름을 바꾸면서 통상 대한국악원으로 기억되지만, 원래 명칭은 국악원이었다. 그런데 해방공간 전통예술분야 통합단체였던 국악원은 그 활동의 중요성에도 불구하고 제대로 조명되지 않은 채, 해방 이후 잠시 활동했던 사설단체 정도로 이해되고 있다. 명칭도 국악원이라는 정확한 이름이 아니라 6 · 25 전쟁 이후 사용된 대한국악원이라는 명칭이 마치 해방공간에도 사용된 이름인 것처럼 오해되고 있는 형편이다.

예를 들어 『한겨레음악대사전』에는 '국악원' 항목에서 "해방 직후에 창설한 국악단체의 하나"[31]로 기술되어 해방직후 여러 국악단체 중

31) 송방송, "국악원", 『한겨레음악대사전』, 보고사, 2012.

하나인 소규모 단체라는 이미지를 주고 있고, '대한국악원' 항목에서는 "사설 국악단체의 하나"[32)]라고 규정하여 역시 소규모 사설단체 정도로 설명되고 있다. 『한국음악통사』의 현대사 부분에서는 해방 직후 국악단체에 대해 "하나는 일제강점기 이왕직아악부의 후예가 결성한 구왕궁아악부이고, 다른 하나는 비제도권의 국악인들이 결성한 대한국악원이다."[33)]라고 적고 있어서, 마치 국악원의 공식 명칭이 대한국악원인 것처럼 혼동을 줄 수 있는 내용으로 기술되어 있으며, 그나마 해방공간의 비세도권 국악인들의 음악단체로 기술되어 있다.[34)] 한편에서는 당시 창악계가 지리멸렬한 상태였으며 그로 인해 국악원 역시 별다른 의미있는 활동을 하지 못했다고 보거나 친일경력의 인사들이 모여 있었던 단체 정도로 묘사되기도 한다.[35)]

이처럼 그다지 중요성이 부여되지 않다보니 국악원의 활동과 의의에 대해서 제대로 주목되지도 않았다. 그런데 당시 신문기사를 비롯한 여러 자료들에서는 국악원 활동이 이처럼 단순한 접근으로 파악할 수 없는 중요한 면모들이 있음을 발견하게 된다.

---

32) 송방송, "대한국악원", 『한겨레음악대사전』, 보고사, 2012.

33) 송방송, 『증보 한국음악통사』, 민속원, 2007, 695쪽.

34) 해방공간에서는 국가가 수립되기 전 단계이고 전통음악과 관련된 국가기구 역시 당연히 존재하지 않은 상황이었음에도 불구하고, 제도권과 비제도권으로 구분하는 것은 오류이다.

35) 성경린은 『한국음악논고』에서 구왕궁아악부와 국립국악원으로 이어지는 전통을 이야기하면서 당시 창악계는 분파가 되어 지리멸렬한 것처럼 설명했다.(성경린, "국악오십년사", 『한국음악논고』, 동화출판공사, 1976, 181-182쪽.) 한만영 역시 "한국음악 최근세사"에서 성경린과 같은 맥락으로 설명하면서 특히 당시 창악계는 친일경력의 인사들이 모여 있는 것으로 묘사했다.(한만영, "한국음악 최근세사", 『한국전통음악연구』, 풍남, 1991, 237-278쪽.)

① 해방공간 국악원 설립과정

해방 직후 전통예술분야 예술인들은 1945년 8월 19일에 국악건설본부를 창설하고, 이를 8월 29일 국악회로 개칭했으며, 이것이 10월 7일에는 국악원이라는 이름으로 조직화된다. 여기에는 조선총독부 산하 조선악부, 조선성악연구소 후신인 조선창극단, 조선정악전습소, 이왕직아악부 등의 인물들이 포괄되어 있었으며, 원장 함화진, 부원장 박헌봉이었다. 집행부서는 총무국(서무부, 재정부, 지방부), 문화국(아악부, 정악부, 창악부, 속곡부, 민요부, 문예부, 연구부), 사업국(기획부, 운영부), 국악학교기성회, 국악극장설치위원회, 국악기관지발행준비위원회, 문헌악기수집위원회 등으로 구성되었고, 산하에 국악사, 국극협단 등의 단체를 두었다.[36] 주요 인물들은 다음과 같다.

위원장: 함화진
부위원장: 박헌봉
총무국: 유기룡
문화부: 장인식, 김윤덕, 김천흥, 정남희, 김경식, 이병성
사업국: 임서방
국극사원: 정원섭, 오태석, 정남희, 조상선, 강장원, 한갑득, 김재선, 장영찬, 박녹주, 김소희, 박동실, 임소향, 박귀희, 조순애
사업부: 김주종, 김주전

36) 박헌봉, "근세국악의 발자취", 『창악대강』, 국악예술학교 출판부, 1966, 84-85쪽.

그리고 조직강령으로 내세운 것은 '세계음악사상에 독특한 조선국악의 원리를 파악하여 조선국악의 체계적 이론을 수립하고 진지한 연구와 완전한 발전을 기함', '조선 전통의 예술을 확보하고 과거 특권계급에게 독점되었던 음악예술을 조선 민중에게 절대 개방을 기함', '본악이나 외래악은 물론하고 저열경부(低劣輕浮)한 음악은 철저히 배격하고 전통적 유아명랑(幽雅明朗)하고 순수한 신조선음악 건설을 기함'이었다.

일단 여기서 면밀하게 살펴볼 점은 조직 명칭이 이전처럼 '조선음악'이라는 말이 아니라 '국악'이라는 용어를 사용하고 있는 점, 그리고 이왕직아악부가 이름을 바꾼 구왕궁아악부와의 관계에 관한 점이다. 우선 '국악'이라는 용어는 박헌봉에 의하면 일제강점기 천대받던 전통음악의 자존감을 높이기 위해 사용된 용어였다. 일제강점기 당시 '조선음악'으로 불려진 고유의 음악에 대해 새로운 시대 부흥을 꾀하는 의미로 박헌봉 등에 의해 사용된 용어가 '국악'이었던 것이다. 그리고 그 중심에는 박헌봉이 민속음악이라고 표현한 창악이 자리 잡고 있었다.

> 해방 나흘만인 8월 19일에 민속음악인의 대동단결을 목표로 국악건설본부를 창설하였는데 오랫동안 민속음악을 천시해온 사람들의 그릇된 인식을 깨우침으로써 민속음악을 올바른 위치로 끌어올리기 위해 국악이라는 어휘를 최초로 사용했던 것이다.[37)]

박헌봉은 창악 혹은 민속음악이 천시받던 시대를 벗어나서 새로운 시대 조선음악의 중심이 되어야 한다고 생각했다. 실제로 박헌봉은

---

37) 박헌봉, "국악운동반세기", 『문화재』 제2권 6호, 한국문화재보호재단, 1972. 6. 38-50쪽.

창악의 인식개선을 자신의 중요한 사명으로 간주하고 있었다.

> 특히 봉건적인 이조사회에서 고유음악을 멸시하는 그릇된 누습은 자아를 망각한 불건전한 독단이라 하지 않을 수 없다. 그러나 그들은 악인을 광대니 산이패니 하며 소원(疎遠)히 하였고 심지어는 당대의 일류명창들을 완롱물(玩弄物)처럼 다루는 것을 상식으로 알고 있었다. 이러한 그들의 사상은 숭유(崇儒)주의의 소치였고 또한 그들이 항용(恒用)하는 글은 한문이요 가장 칭찬하는 음악은 아악이었다. 그러나 자기의 글 자국예술을 천시하는 그런 모순이 어디 또 있으랴. 일제의 수난기는 말할 것도 없고 현금까지도 그러한 유습에 젖은 일부층이 여전히 국악을 올바르게 인식하지 못하고 오히려 외래음악만을 숭앙하고 맹종하는 일을 생각할 때 통탄함을 금할 길이 없다.[38)]

'국악'이라는 말은 '나라의 음악'이라는 말이지만, 그 의미는 단순하지 않다. 구한말 당시 '국악'은, 당시는 민족주의가 정립되기 이전 시대였고 국(國)은 곧 왕 또는 황제의 통치영역이었기 때문에, '국악'은 실질적으로 '임금의 음악'이고, 이는 오늘날 개념의 궁중음악에 해당된다. 일제강점기 당시 '국악'은, 당시 한반도의 나라는 조선이 아니라 일본이었기 때문에, 그것은 '일본의 음악'이 될 수밖에 없었다. 즉 일제강점기 조선음악과 국악은 전혀 다른 의미였다. 그리고 해방이 되자 조선음악을 국악이라고 부르고자 했고, 그 결과 조선음악단체 이름이 국악원이 된 것이다. 그러나 해방공간은 아직 한반도에 국가가 수립되기 전

38) 박헌봉, "자서(自序)", 『창악대강』, 국악예술학교 출판부, 1966, 페이지 없음.

이었기 때문에 국악이라는 용어 자체가 성립이 안 되던 시기였다. 그럼에도 박헌봉이 조선음악을 굳이 국악이라고 부르고자 한 이유는 천대받아온 조선음악을 제 위치로 끌어올리고, 일본이 물러간 이상 일본음악이 차지하고 있던 국악이라는 이름을 우리 음악을 지칭하는 것으로 사용함으로써 스스로의 음악에 대한 자존감을 높이고자 한 의도였던 것으로 볼 수 있다.

이는 해방 당시 여운형을 중심으로 조선건국준비위원회가 조직되고, 해방된 땅에서 새로운 민주공화국을 수립하기 위한 노력들이 추진되고 있었던 상황과 관련된다. 이미 일본의 패망을 예감한 여운형 등은 1944년부터 조선건국동맹을 조직하고, 1945년 8월 15일 일본 패망과 함께 조선총독부 정무총감 엔도(遠藤隆作)와의 협상을 통해 국내 치안과 조선 내 일본인 안전 및 향후 한일관계에 관한 타결을 했고, 일본의 무조건 항복과 동시에 조선건국준비위원회를 발족시켰다. 조선건국준비위원회는 "① 우리는 완전한 독립국가의 건설을 기함, ② 우리는 전 민족의 정치적 · 경제적 · 사회적 기본 요구를 실현할 수 있는 민주주의적 정권의 수립을 기함, ③ 우리는 일시적 과도기에 있어서 국내 질서를 자주적으로 유지하며 대중생활의 확보를 기함" 등 3개 항을 강령으로 내세웠다. 이런 상황에서 조선음악 담당자들이 내세운 '국악'이라는 용어는 조선건국준비위원회에서 준비하고자 했던 새로운 국가의 희망찬 음악이었다고 할 수 있다. 일제 치하에서 '국악'은 일본음악일 수밖에 없었던 상황을 돌이켜보면, 우리 고유의 음악을 '국악'으로 부르고자 했던 것은 민족적 충정이자 새로운 건국에 대한 희망의 표출이었던 것이다.

이 때문에 당시 '국악'은 '나라의 음악'임과 동시에 '나라의 음악이

되고자 하는', 또는 '나라의 음악으로 삼아야 할'이라는 의미가 강하다. 아울러 당시는 분단이라는 상황을 경험하기 전이었기 때문에 '국악'은 '나라의 음악'이 아니라 '민족의 음악'이라는 함의도 포괄하고 있었다. 이는 당시로서는 대단히 미래지향적이며, 해방 직후 민족적 번영에 대한 열망과 희망을 담고 있는 용어이기도 했다.

그런데 여기서 한 가지 의문이 들게 된다. "민속음악을 올바른 위치로 끌어올리기 위해 국악이라는 어휘를 최초로 사용했던 것"이라는 박헌봉의 말에 따르자면 마치 국악이라는 어휘는 박헌봉에 의해 주장된 것처럼 해석된다. 그러나 박헌봉은 국악원 부위원장이었고, 위원장은 함화진이었다. 그렇다면 조직 명칭을 만들 때 위원장과 논의와 합의 과정이 있었을 것이다. 박헌봉은 함화진과 논의를 통해 국악원이라는 이름을 만들었다고 밝힌 적이 없고, 국악이라는 이름의 의미성에 대해 언급할 때도 함화진을 결부시키지 않았다. 하지만 국악이라는 용어에 대해 애초부터 익숙한 이는 박헌봉이 아니라 함화진이었다. 구한말 당시 악인의 직제에 국악사, 국악사장 등이 있었고, 함화진의 부친인 함재운이 국악사장을 역임했다. 오히려 박헌봉은 국악이라는 명칭이 아니라 조선음악이라는 명칭이 익숙한 인물이었다. 따라서 국악이라는 용어의 사용은 박헌봉이 아니라 함화진의 머리에서 나온 것이라고 보아야 할 것 같다.

아악부 출신의 함화진은 아악(궁중음악의 일본식 용어)[39]을 가장 위대한

---

39) 전통적으로 중국과 한반도에서 아악은 문묘제례악과 같은 중국계 제사음악만을 아악이라고 부른다. 이 아악은 궁중음악 중에서도 아주 일부분에 해당한다. 이 음악은 일본에서는 애초에 존재한 적이 없는 음악이다. 원래 아악은 중국 고대에서부터 세상에 존재하는 유일한 바람직한 음악이자 가장 위대한 음악의 상징이었다. 이런 음악이 일본에는 없다는 것은 일본의 콤플렉스로 작용했으며, 일본은 이런 콤플렉스를 자족적으로 극복하기 위해서 자

음악으로 간주했고, 조선이 가진 최고의 자랑거리라고 여겼던 인물이다. 그럼에도 불구하고 속악이라고 배척해왔던 창악을 끌어들여 국악이라는 용어를 사용하게 된 이유는 무엇일까? 이를 살펴보기 위해서는 함화진의 이력을 되돌아볼 필요가 있다.

1932년부터 아악사장으로 이왕직아악부를 이끌었던 함화진은 1939년에 갑자기 사임하게 되는데, 그 이유는 분명치가 않다. 다만 '금후는 향토음악을 위해 미력이나마 다할 각오로 있습니다'[40]라는 말을 남겼다. 이때 향토음악이라는 말은 창악 혹은 민속음악을 지칭하는 것으로 볼 수 있다. 그 후 1941년 조선총독부 관변단체이자 태평양전쟁 총동원 체제를 위한 조직이었던 조선음악협회 산하에 조선음악부가 만들어졌을 때 함화진이 대표 격인 조선음악부장을 맡는다. 조선음악부는 실질적으로 창악계를 아우르는 조직이었다. 어차피 이왕직아악부는 제도권 내에서 총독부 감독하에 있었기에 별도로 조직화할 필요는 없었고, 조선 민중들에게 전쟁을 선전하고 그들을 동원체제로 내몰기 위해서는 조선 민중들에게 실질적으로 가까이 있는 음악인들을 중심으로 조직화할 필요가 있었기 때문에, 조선음악부는 창악계 인사들을 중심으로 조직이 꾸려진 것이다. 그런데 이 조직의 대표에 아악사장 출신의 함화진이 자리했다. 이 때문에 1939년 함화진이 석연치 않은 이유로 아악사장을 사퇴할 무렵 총독부와의 어떤 교감이나 지시가 있었는지 의문을 품을 수 있으며, 갑자기 자신이 속악이라고 배척했던 향토음악

신들의 황실음악을 모조리 아악으로 불렀다. 일본에서의 아악은 우리의 궁중음악 개념과 같으며, 이 일본식 개념이 일제강점기 때 수입되면서 일제강점기 때 교육을 받은 음악가들은 문묘제례악만이 아니라 궁중음악 전체를 아악으로 부르는 관습이 있었다.

40) 『조선일보』, 1939년 4월 13일.

을 위해 노력하겠다는 발언 역시 이런 의문을 증대시킨다. 조선음악부는 실제로 총독부가 조직한 단체이기 때문에 그 대표인 부장 역시 총독부에서 임명한 것이다. 즉 창악계에서 자발적으로 함화진을 부장으로 옹립한 것이 아니며, 오히려 창악계 인사가 아닌 인물이 부장을 맡는 것에 대해 거부감이 있을 수도 있겠지만, 총독부 지시라면 창악계에서 함화진 부장을 수용할 수밖에 없었을 것이다. 총독부 입장에서 보면 창악계 인사들보다는 총독부 감독하의 아악사장을 맡았던 함화진이 부장으로 가장 적격이었을 것이다. 아무튼 이를 계기로 함화진은 창악계 주요 인물들과 밀접한 관계를 맺으면서 활동하게 된다. 조선음악부는 부장인 함화진 이외, 이사에 김석구, 박석기, 박헌봉, 현철 등이 있었고, 그 이하 대부분 창악계 인사들이 포괄되어있었다. 해방이 되자 함화진은 아악사장과 조선음악부장의 경력을 기반으로 아악부와 창악계를 아우르는 수완을 발휘하여 국악건설본부를 창설을 주도한다. 그리고 곧 국악건설본부를 국악회로 발전시키고, 이를 더욱 발전시켜 국악원을 설립하고 자신이 위원장을 맡는다. 결국 해방이 된 후 함화진은 아악이나 창악 중 어느 한쪽만이 아닌 양자를 아우르는 전체 조선음악의 대표자가 된다.

이런 함화진의 이력을 볼 때, 국악이라는 명칭은 전체 조선음악의 명실상부한 거봉이 되고자 한 함화진의 야망과 관련이 있다고 볼 수 있다. 일제강점기 때 국악은 공식적으로는 일본음악이었지만, 동시에 아악부원들에게는 또한 궁중음악 즉 자신들의 음악인 아악을 지칭하는 것이기도 했다. 자신들의 선배 · 선생님들의 직책은 구한말 당시 국악사 내지 국악사장 등과 같은 것이었기 때문이다. 즉 아악부원들에게 국악은 그들이 속악이라고 폄하했던 창악계와 공유할 수 있는 용어는 아니었다. 창악계 인사들에게 있어 자신들의 음악은 조선음악이었고, '국악'은 거의 남의 이야기와 다름없는 이미지였던 것이다. 즉 창악은 천대받고 있었고 국악은 존대받고 있었던 것이 일제강점기 상황이라고 할 수 있었다. 그런데 함화진은 그러한 국악이라는 용어를 창악계와 공유할 수 있게 함으로써 창악계 인사들로 하여금 이제 창악이 더 이상 천대받지 않아도 되는 시대가 될 수 있다는 착시현상을 유도했던 것이다. 그것은 자신이 아악과 창악을 아우르는 최고의 대표자가 되기 위해 필수적으로 지지를 얻어야 했던 창악계 인사들을 포섭할 수 있는 강력한 유인책이었다. 함화진은 국악이라는 이름을 통해 아악의 대표자로서뿐 아니라 창악계의 신망도 얻은, 전체 조선음악의 명실상부한 유일한 대표자가 될 수 있었던 것이다. 또한 이 때문에 박헌봉은 국악이라는 이름을 창악의 천대를 극복하는 의도로 여겼던 것이다. 물론 국악원 설립 과정에서 성경린을 비롯한 아악부 인사들이 국악원과 결별을 하면서 어느 정도 타격을 입긴 했지만, 함화진의 야망은 달성된 것이라고 볼 수 있다. 결국 국악이라는 용어 사용은 박헌봉의 생각이 아니라 함화진의 야망과 관련된 것이라고 생각할 수밖에 없다.

그렇다면 왜 박헌봉은 굳이 함화진의 이름을 지운 채 국악 용어 사용이 마치 자신의 생각인 양 포장하려고 했을까? 그것은 훗날 국악이라는 이름이 전통음악을 지칭하는 보편적 용어로 자리 잡게 된 이후, 그 용어 사용의 계기 마련이 큰 자랑거리로 이해된 탓으로 보인다. 박헌봉 자신의 공적으로 기록하고 싶은 욕망이 있었던 것이다. 실제로 박헌봉뿐만 아니라 성경린도 국악이라는 어휘 사용이 자신의 머리에서 나온 것처럼 자랑하기도 했다.[41] 물론 그것은 거짓이다. 해방공간에 성경린을 비롯한 아악부원들은 여전히 아악만을 유일한 바른 음악이라고 생각하고 있었고, 민속음악은 함께 거론할 수 없는 속된 음악이라는 사고에서 벗어나지 못하고 있었으며, 성경린보다 앞서 이미 국악원 측에서 국악이라는 말을 사용하고 있었기 때문이다. 함화진 · 박헌봉의 국악에 대한 생각을 읽지 못한 상태에서 훗날 국립국악원 역사를 의미부여하는 과정에서 생겨난 일종의 공명심의 발로였던 것 같다. 한편, 함화진은 1947년 미 군정의 좌익사범 검거 당시 체포되었다가 이후 전통음악계를 떠난 점 등으로 인해 박헌봉은 함화진의 이름을 자신과 나란히 세우고 싶지 않았을 수도 있다. 아무튼 국악은 함화진에 의해 기획된 용어이면서, 동시에 박헌봉을 중심으로 창악계를 고무시킨 용어로 사고되었다고 정리할 수 있겠다.

한편 구왕궁아악부(이하 아악부)가 국악원에 동참했는가의 문제는 성경린에 의해 누차 강조되어왔는데, 아악부는 결코 국악원에 동참한 적

41) "조국해방과 더불어 곧 우리 음악을 국악이라고 일컬어야 옳다고 생각했다면 거짓말이 될 것이다. 아악부란 이름은 경술국치 이후 일본사람이 달아준 간판이었다. 나에게 섬광처럼 전날 악원(樂院)의 직명이 떠올랐다. 갑오경장 이후가 되겠는데 그 서양음악이 궁중에 도입되게 되고 하니까 양악대의 악사와 구별하기 위하여 고유한 우리 음악을 관장하는 악인의 직명을 국악사장, 국악사니 하여 불렀던 일이 기억되었다. 비록 한국음악을 통틀어 표방하는 뚜렷한 성어는 아니었더라도 우리 음악을 하는 사람을 국악사라고 하였으면 우리 음악은 자연히 국악이라 일컬어 무방할 것이었다. 나는 아악부의 이름도 앞으로 아악만의 편협한 명칭으로 할 것이 아니라 우리 음악 전부에 걸쳐야 한다고 믿고 주장할 사(司)를 붙인 국악사(國樂司)라고 하는 것이 좋다고 하였다……. 국악이란 이름은 그러니까 누구의 창작이거나 명명이 아니오 실로 옛날 직명에서 암시를 얻은 일종의 조술이라고 여겨지는 것이다. 위에서도 밝힌 것처럼 결코 자랑일 것도 그렇다고 아닌 것도 없고 그저 너무 자연스레 국악이란 이름은 얻어졌고 그 이름은 진정 8 · 15 해방과 더불어서 더욱 당당하고 자랑스러웠다."(성경린, "국악수상수제", 『관재 성경린 선생 구순 기념 관재논문집』, 국악고등학교 동창회, 2000, 94-95쪽.)

이 없다는 것이다. 물론 아악부 인사 중 장인식이 문화부장에 포함되어 있었고, 김천홍 · 이병성 등의 이름도 포괄되었지만, 그것은 본인의 동의 없이 국악원 측에서 독단적으로 이름만 올린 것이라고 밝혀왔다. 아악부는 국악원의 이러한 행동을 격하게 비난했다.

> 무슨 문화국 내에 아악부를 두고 그 부장에 우리의 요상 장인식 씨를 위촉함에 있어서도 사전 사후 일언 사의가 없는 걸로도 저들의 아악부에 대한 태도의 일단을 추찰할 수 있을 것이다……. 그러니 아무 근거도 없이 세력부식이나 선전적 효과만을 위주하여 아악부를 감히 주종관계에 빙설하고 저의 산하인 것 같이 미채하려는 불손한 태도가 있다고 하면 역사와 전통을 유일의 생명으로 하는 아악부에 있어 도저히 인내할 수 없다는 것을 밝히하여 둔다.[42)]

당시 성경린은 '모리배', '약삭바른 놈' 등의 표현까지도 사용하면서 국악원을 경계하고 있었다. 그런데 이런 상황은 좀 더 면밀한 탐구를 요한다. 실제로 국악원이 건설되기 이전의 조직인 국악건설본부와 국악회에는 성경린이 함께 관여하고 있었기 때문이다.

> 국악건설본부가 조선음악인의 통합을 전제로 국악회로 발족하여 그 전형위원회에서 함화진, 성경린 등 6인이 위원에 선임되고 그 위원회에서 위원장을 추대한 것이 나[43)]였다. 그 후 장근 일삭 위원회의

42) 주간 『문화통신』 제6호 1945년 12월 24일. 성경린의 "국악수상수제"(『관재 성경린 선생 구순 기념 관재논문집』, 국악고등학교 동창회, 2000, 96쪽)에서 재인용.

43) 성경린

소집도 없이 누구의 자의에서인지 세상에 광포한 국악원의 출현이 보아진 거다.[44]

위의 글을 보면 국악건설본부가 만들어지고 그것이 국악회로 개칭되던 무렵(1945. 8.)까지는 성경린을 비롯한 아악부 인사들이 주도적으로 참여하고 있었으나, 국악원이 발족한 이후(1945. 10.)에는 아악부에서 국악원에 대한 강한 반감을 갖고 있음을 알 수 있다. 불과 두 달 사이의 이러한 변화가 의미하는 바는 분명하다. 아악부에서는 애초에 자신들의 주도하에 조선음악계를 재편하려는 생각을 갖고 있었고, 그래서 국악건설본부와 국악회에 주도적으로 참여했으나, 막상 국악원이 발족할 때는 함화진이 원장인 것을 제외하면 창악계가 중심이 되고 아악부는 하부조직으로 편제되는 분위기였기 때문에, 이런 상황은 그들의 자존심이 용납할 수 없었다. 최고의 음악을 담당한다고 자부하던 아악부원의 입장에서는 속악이라고 배척했던 창악계 인사들이 주도하는 조직의 한 부분으로 '전락'하는 모양을 받아들이기 어려웠던 것이다. 다시 말하면 일종의 권력다툼에서 밀려나게 되자 국악원에 합류하기를 거부하고 독자적인 길을 가겠다고 천명한 것이었다.[45] 이 때문에 성경린이 아주 거친 어조로 국악원을 비판하는 것과 달리 박헌봉은 오히려 당시 국악원이 아악부까지 포괄하고 있었던 것처럼 담담하게 기술하고 있다.

---

44) 성경린의 "국악수상수제"(『관재 성경린 선생 구순 기념 관재논문집』, 국악고등학교 동창회, 2000, 96쪽)에서 재인용.

45) 여기에는 '국악=아악'이라고 여겨왔던 아악부 측에서 국악이라는 용어를 창악계와 공유하기 싫어했다는 점도 일정한 역할을 했을 것 같다.

10월 7일에는 조선악부와 조선창극단(조선성악연구회 후신), 조선정악전습소, 이왕직아악부의 대표책임자가 모여 해방의 기쁨과 아울러 흩어져있던 여러 부문이 뜻 깊이 뭉쳐 국악원을 조직하였다.[46)]

하지만 이런 상황 속에서도 장인식과 이주환은 국악원의 가장 중요한 첫 공연을 준비하는 데 참여하고 있었고, 성경린 또한 창악계 인사들과 완전히 등을 진 것은 아니었다.

호화스런 춘향전을 보게 된 것슬 일반은 크게 기대하며 그 스람을 소개하면 아래와 갓타. 원안 국악원 문화국, 각색 김무하, 연출 안종화, 이서향, 고증 국악원연구부, 장치 원우전, 김운선, 아악지도 장인식, 창악지도 이동백, 박동실, 무용지도 이주환, 조상선.[47)]

국악연구가와 연주가들은 민족음악의 앙양을 위하여 이번에 민족음악연구회를 결성하엿다는데 동 연구회에서는 압흐로 국악의 과학적 연구와 예술적 향성에 이바지할 계획이라는 바 책임위원은 성경린, 나운영, 심상건 씨 외 삼십 명이라 한다.[48)]

위의 기사에서 보듯이 국악원 창립 이후 가장 중요한 공연인 창립기념공연에 아악 및 무용지도로 장인식과 이주환이 포함되어 있었으

46) 박헌봉, "근세국악의 발자취", 『창악대강』, 국악예술학교 출판부, 1966, 85쪽.
47) "대춘향전 공연 국악원 창립기념으로", 『동아일보』, 1945년 12월 2일 석간.
48) "민족음악연구회", 『자유신문』, 1948년 1월 12일.

며, 국악원 측에서는 여전히 아악부를 자신들의 영역으로 포괄하기 위해서 창립기념공연 자체를 '아악과 창악을 종합한' 내용으로 마련했다는 것을 알 수 있다. 따라서 성경린은 아악부 전체가 국악원에 등을 돌린 것으로 말했지만, 실제로는 성경린을 비롯한 주요 인사들이 국악원과 대척점에 서 있었던 것이며, 모든 아악부원들이 국악원을 등진 것은 아니었다는 것을 알 수 있다. 또한 국악연구가와 연주가라는 표현으로 민족음악 연구 모임을 함께 한 인물에는 심상건과 함께 성경린이 포함되어 있다. 아악부 인사들과 국악원 측이 긴밀하게 연합한 것은 아니더라도 아예 단절된 행보를 보였던 것은 아니었던 것이다.

이후 1947년 8월 13일 함화진이 원장직을 사퇴하고 9월에 박헌봉이 이사장 겸 원장으로 취임하면서 기구를 개편했는데, 이사회(이사장, 상무이사, 이사, 감사)와 4개 국(총무, 공연, 문예, 기획)과 9개 부(총무, 서무, 창악, 민요, 기악, 무용, 국극, 연구, 선전)를 설치하고, 산하에 국극사, 여성국악동호회, 여성국악동지사, 삼성창극단, 햇님창극단, 여성국극협회, 우리창극단, 연예단, 민요단체 등의 단체를 두었다. 여기에는 아악부와 관련된 면모는 없어진 것 같지만, 여전히 아악부 출신 김천흥이 무용부장으로 참여하고 있었다.

② 해방공간 국악원 주요 활동

해방공간에서 아악부가 전통음악계의 중심이었다는 일반적인 생각과는 달리 당시 아악부는 매우 제한된 행사만을 했었고, 오히려 국악원이 실제 당시 언론과 미 군정으로부터 명실공히 전통예술분야 대표자로 인식되고 있었던 것으로 보인다. 당시 언론에서 아악부 활동은 아주 단편적으로 언급되는 정도였지만, 국악원 활동은 대대적으로 보도되고 민족예술 부흥의 활동으로 묘사되었다.

> …… 민족전통예술문화 부흥의 기치를 노피 들고 나슨 국악원에서는 오는 오월 이, 삼, 사일 삼일간 서울운동장에서 전선농군악경연대회를 열어 향토예능의 진가를 발휘하게 되엿다.[49]

> 민족문화와 같이 잘아난 우리의 樂史도 사천 년의 유구한 역사 우에 그에 존재를 차즐 수 있다. 그러나 역사의 침략과 동시에 이 악사도 민족의 예술도 침략을 당하엿든 것이다. 해방 후 이 전통 있는 음악을 재부흥하고저 노력 중 국악원과 전재학생위원회가 주최가 되어 덕수궁에서 10월 11, 2, 3, 4일 전국 향토민요와 민속무용 제일회 발표대회를 회화로히 열기로 되었다.[50]

위의 기사를 보면 실제로 국악원이 민족예술 부흥의 중요한 단체임을 알리면서, 전통예술 행사의 중심이 국악원에 있는 듯한 분위기를 보여주고 있다. 즉 언론에서 국악원에 대해 대단히 호의적이며, 전통예술계의 대표성을 가진 단체로 어느 정도 인정하고 있음을 감지할 수 있다. 이는 언론사뿐만 아니라 미 군정청 역시 마찬가지였다.

---

49) “오월 이일부터 전국농군악경연대회 삼일간 서울운동장서 개최”, 『동아일보』, 1946년 4월 4일.

50) “민요 · 민속무용대회 시월 십일일부터 덕수궁에서 개최 – 국악원 전재(戰災)학생원호회 주최로”, 『동아일보』, 1946년 9월 21일.

국악원에서는 국악인들의 통합과 국극의 향상을 도모하고저 군정청 예술과와 본사 후원으로 오는 10일부터 17일까지 여드레 동안 서울 국도극장에서 해방 최초의 제1회 창극제전을 개최하기로 되었다.[51)]

문교부와 국악원에서는 오는 23일 창경원에서 제2회 전국농악제를 개최한다고 한다. 그런데 심판관은 조택원(趙澤元), 김순남(金順男), 함화진(咸和鎭) 씨 외 20명이라 한다.[52)]

세계희극사상에 비겨 손색이 업는 조선의 창극은 민족예술의 자랑이거니와 국악원에서는 이번 제이회 전국창극제전을 준비 중이든바 본사와 문교부의 후원을 바더 오늘 칠일부터 십삼일까지 일주일 동안 국도극장에서 공개하기로 되엇다. 이번 공연 레퍼토리는 대심청전(5막)인데…….[53)]

위의 기사들은 국악원 활동이 단순한 소규모 사설단체의 활동이 아니며, 미 군정 문교부에서 공식적으로 행사를 공동주최하거나 후원하는 것이었음을 보여준다. '민족예술의 자랑거리'를 치르는 국악원을 미 군정에서 지원하는 것은 당시 미 군정이 국악원을 실질적인 전통예술의 대표단체로 인식하고 있었음을 반증하는 것이기도 하다.

---

51) "홍보전과 춘향전으로 제일회 창극제전", 『경향신문』, 1947년 2월 5일.

52) "전국농악제 개최", 『자유신문』, 1947년 5월 14일.

53) "민족예술의 꽃, 국악원의 창극 대심청전 공연", 『자유신문』, 1947년 6월 7일.

당시 주요 신문기사를 중심으로 정리한 전반적인 국악원의 주요 활동은 다음과 같다.

1946. 1.	대춘향전 공연(창립기념공연, 국제극장)
1946. 2. 24.	조선문화단체총연맹 결성 참여
1946. 5. 10-13.	제1회 전국농악경연대회(창경원)
1946. 10.	향토민요 · 민속무용대회(덕수궁)
1947. 1. 8.	조선문화단체총연맹 주최 제1회 종합예술제 참여(중앙극장)
1947. 2.	제1회 창극제전(대흥보전과 대춘향전 공연, 국도극장)
1947. 5.	제2회 전국농악경연대회(창경원)
1947. 6.	제2회 창극제전(대심청전 공연, 국도극장)
1947. 8. 13.	함화진 체포(9월 박헌봉 원장 취임)
1947. 11.	제3회 창극제전(아랑애화(阿浪哀話) 공연, 국도극장)
1947. 12.	제4회 창극제전(대흥보전과 장화홍련전, 제일극장)
1948. 2.	제5회 창극제전(대심청전, 국도극장)
1948. 2. 24-26	국악종합발표회
1948-1949.	선화공주(국극사 창립 2주년 기념), 고구려의 혼(국극협단 창립공연), 논개, 왕자호동, 옥중화, 햇님달님 등의 작품들이 국악원 산하단체들에 의해 공연
1953. 2.	대한국악원으로 개명[54]

54) 박헌봉은 1953년 2월이라고 밝혔으나, 1952년 신문기사에도 대한국악원이 언급되고 있어서 대한국악원의 명칭이 언제부터 명명되었는지는 좀 더 확인이 요구된다. "시국을 망각한 청춘남녀들이 노래와 춤으로 세월을 보내다가 유치장 신세를 지게 되었다. 시내 수정동에

당시 국악원이 가장 심혈을 기울인 분야는 창극과 농악이었고, 민요와 무용도 중요도가 높았다. 그런데 이는 함화진 원장 시절과 박헌봉 원장 시절 다소 차이가 있다. 함화진이 사퇴하기 이전은 농악경연대회와 국악원 전 역량이 결집된 대형 창극이 핵심이었지만, 박헌봉 원장 시절에는 농악경연대회보다는 주로 산하단체의 개별적 창극(여성국극) 공연이 주를 이룬다. 이런 변화는 당시 정치적 상황과 관련이 있다.

당시 국악원과 관련된 기사를 가장 활발하게 썼던 언론사는 좌익 성향의 자유신문이었다.[55] 이 때문에 국악원 활동은 주로 좌익계열의 시각에서 의미가 부여되는 경우가 많았으며, 이는 당시 국악원 활동의 중요한 역할을 하던 상당수 음악인들이 좌익계열이었던 것과도 관련이 있다.[56] '과거 특권계급에게 독점되었던 음악예술을 조선 민중에게 절대 개방을 기함'이라는 국악원 강령에서도 이러한 국악원의 성향은 엿보인다. 국악원은 조선문화단체총연맹[57]에도 참여하고 있었는데, 이 조선문화단체총연맹은 실질적으로 좌익계열 지식인들에 의해 주도되

거주하는 황선옥 외 오명은 수월 전부터 대한국악원에서 춤을 추다가 북서에 체포되어 전시법 위반으로 십사일간의 구류처분을 받었다고 한다.("춤추다가 유치장 신세", 『경향신문』, 1952년 9월 23일.)

55) 자유신문은 국악원 창설 때부터 "조선국악 재건의 거화(炬火)"라는 제목으로 의미부여를 하였다. "세계음악사상의 독특한 전통을 가진 조선국악의 건전한 발전을 기하는 동시에 이를 특권계급의 손으로부터 조선 민중에게 개방하고저 수십년간 이왕직아악을 지도하야 오든 함화진 씨를 중심으로 이번에 국악원이 창설되어 동원의 활동이 크게 기대되든 바인데, 그 진용은 다음과 같다. 위원장 함화진, 부위원장 박헌봉, 총무국장 유기룡, 문화국장 함화진, 사업국장 임서방"("조선국악재건의 거화(炬火)", 『자유신문』, 1945년 11월 9일.)

56) 조상선, 박동실, 정남희, 안기옥, 공기남 등이 좌우 갈등의 과정에서 월북했다.

57) 해방 직후 결성되었던 '조선문화건설중앙협의회'와 '조선프롤레타리아 예술동맹'이 통합해서 만든 조직으로, 보수적 성향의 '전조선문필가협회'와도 연합하긴 했지만, 전반적인 성향은 좌익계열이었다. 이 때문에 미 군정으로부터 행사가 봉쇄되기도 했고, 1947년 8월에 좌익사범 대검거령이 실시되면서 단체 회원들 상당수가 검거 대상이 되기도 했다.

고 있었다.[58] 이러한 국악원의 성향을 볼 때 향토음악 내지 민속음악의 이름으로 연행되던 창악계통과 농악분야는 가장 중요한 활동분야가 될 수밖에 없었다.

> 국악원에서는 민족예술의 수립을 꾀하고저 오는 10월 11일부터 4일간 덕수궁에서 민족예술의 모태가 되는 향토민요 민속무용 제1회 발표대회를 전재학생(戰災學生)원호회와 공동주최로…….[59]

> 국악원에서는 민족음악 수립운동과 아울러 조선 고유의 창극 발전을 추진하기 위하야 전국 창극인들의 총동원으로 제1회 창극제전을 10일부터 8일간 국도극장에서 공연하리라 한다.[60]

> 고유한 민족전통예술의 건설적 의의를 자랑하는 국악원 주최인 제2회 전국농악경연대회는 예정가티 23일부터 27일까지 오일간 신록이 욱어진 창경원에서 개최하리라 한다.[61]

위의 기사를 보면 '민족예술의 수립', '민족음악 수립운동', '민족전통예술의 건설적 의의' 등의 표현으로 농악과 향토민요, 창극의 행사에 대한 의미부여가 되어 있다. 향토민요와 민속무용을 민족예술의 모태라

---

58) 1947년 1월 8일에 서울 중앙극장에서 이 연맹 주최 제1회 종합예술제에 국악원은 참여했으나 두 번이나 테러가 있었는데, 이때 경찰관이 폭도들을 방임하고 도리어 출연자들을 위협한 사건이었으며, 결국 미 군정에 의해 행사가 봉쇄되었다.

59) "민족예술의 모태 조장", 『자유신문』, 1946년 9월 23일.

60) "창극제, 10일부터 국도(國都)서", 『자유신문』, 1947년 2월 9일.

61) "전국농악대회 23일부터 개막", 『자유신문』, 1947년 5월 22일.

고 말할 뿐만 아니라, 민족음악 수립과 창극을 연결함으로써 국악원 활동의 핵심방향이 '무너진 민족음악을 수립하는 것'임을 암시하고 있다. 또한 농악경연대회는 국악원이 자부심을 가질 만한 민족예술의 핵심으로 인식되고 있다. 바야흐로 농악과 창극 및 민요가 민족예술의 표상이 되고 있으며, 국악원 사업의 핵심을 차지하고 있음을 알 수 있다.

이렇게 민족예술의 수립이나 민족음악의 건설 등으로 대표되는 민족의식과 계몽주의가 결합된 형태의 사고는 당시 좌익계열 지식인들에게 매우 일반적인 모습이었다. 그리고 이는 국악원 강령에도 드러나고 있다. '조선음악의 독특함', '신조선음악의 건설'과 같은 표현은 당시 우익계열 지식인들의 생각과는 다른 의미를 갖는 것이었다.

'조선음악의 독특함'이라는 것은 단순한 민족적 자존감의 표현이 아니라 일제강점기부터 엘리트 지식인들에 의해 지속적으로 강조되어 온 계몽주의의 맥락에서 나온 것이다. 일제강점기 향토예술 혹은 민속예술의 이름으로 조선 고유의 유산들이 주목되어왔으며, 이는 애초에 조선총독부의 식민지 농촌 피폐문제 해결을 위한 정책으로 기획되었다가, 점차 민족주의 고양의 모습을 보여왔다. 그러나 이때 향토 혹은 민속은 '근대', '도시', '발전' 등의 이미지와 대비되는 용어였으며, '낡은' 것들이 계몽주의적 관점에서 새롭게 해석되고 의미 부여되는 것이었다.[62] '신조선음악의 건설' 역시 단순히 새로움의 지향을 의미하는 것이 아니라, 부르주아적 잔재를 청산한 바탕 위에 건설적인 민족음악을 수립하자는 의미를 갖는다. 즉 '조선적 특수성' 내지 '전통' 등과 같은 이름으로 봉건잔재 유산에 야합하거나 전근대적 가치를 합리화하는 태

62) 일종의 오리엔탈리즘적 관점이다.

도를 배격하고, 조선 민중의 창조적 능력이 건강하게 표현된 새로운 음악을 추구하는 것이었다. 이는 우파 민족주의와는 근본적으로 다른 민족의식이다.

따라서 국악원이 함화진 원장 시절 주도했던 향토민요와 민속무용, 농악, 창극과 관련된 활동들은 국악원이 애초 지향한 강령의 취지에 충실한 활동이었으며, 그에 맞게 행사의 의미도 부여되었던 것을 알 수 있다.

하지만 변화는 1947년 8월에 생겨난다. 애초에 조선공산당을 중심으로 한 좌익계열은 미 군정을 점령군으로 인정하고 조선혁명을 위한 과도기적 단계로 정세를 설정하면서, 미 군정과 가능한 우호적 관계를 유지하고자 했다. 하지만 1946년 5월 정판사 위조지폐 사건, 1946년 9월 총파업 등을 거치면서 미 군정은 좌익계열에 대한 대대적인 탄압에 나섰고, 박헌영 등 핵심인물에 대한 검거에 나섰다. 이에 따라 조선공산당은 미 군정에 대한 강경투쟁으로 선회하게 되고, 결국 1947년 8월 11~14일 미 군정은 민주주의민족전선 중앙위 · 인민공화당 중앙위 · 조선노동조합 전국평의회 중앙위 사무소를 폐쇄하고, 좌익계열 1,000여 명을 검거하는 대대적인 조치를 취하게 된다. 국악원장이던 함화진이 체포된 것이 이 무렵인 8월 13일이었다. 함화진이 국악원장을 사퇴한 것은 8월 13일이라고 박헌봉은 밝혔지만,[63] 실제로 함화진은 이미 5월에 사퇴를 한 상황이었다.[64]

함화진이 실제 좌익성향의 이념을 갖고 있었는지는 분명치 않지

63) 박헌봉, "근세국악의 발자취", 『창악대강』, 국악예술학교 출판부, 1966, 84-85쪽.

64) "국악계의 거성 함화진 씨는 국악원장을 사임하얏다고 한다."("소식", 『자유신문』, 1947년 5월 23일.)

만, 그가 좌익성향의 지식인들과 함께 활동하고 미 군정을 규탄한 것은 분명하다. 그는 1946년 4월 15일부터 개최된 민족문화건설 전국회의에서 좌익계열 지식인들인 임화, 안기영, 김남천 등과 함께 발제자 중 전통음악분야 대표자로 참여했으며, 1947년 2월 13일에 임화가 주도한 남조선문화단체예술가 총궐기대회에 전통예술분야 보고자로 나서기도 했다. 여기서는 남조선의 문화예술의 건설상황 보고, 국대안(국립서울종합대학안) 기타 비민주법령에 대한 보고, 예술 각 방면에 대한 당국의 간섭에 대한 보고 등이 이루어졌으며, 이는 미 군정에 대한 좌익 지식인들의 전방위적인 비판대회였다. 아울러 그는 또한 당시 여타 지식인들처럼 계몽주의적 성향 역시 강했는데, 윤백남 · 신정언 등과 함께 계몽구락부에서 활동하면서 계몽운동을 함께했다. 이러한 함화진의 활동양상은 미 군정으로 하여금 검거의 충분한 동기가 되었던 것으로 보인다.

아무튼 이 사건으로 인해 국악원은 큰 위기를 겪게 되는데, 다른 좌익성향의 단체들처럼 불법화되거나 미 군정이 인정할 만한 성향으로 변모하거나 양자택일을 할 수밖에 없는 상황이었다. 국악원은 후자를 택하게 된다. 그 결과 부위원장이던 박헌봉이 위원장을 맡게 되고, 조직개편을 통해 좌익성향의 인사 대신 '순수음악' 지향의 인사를 영입했다. 계정식, 채동선이 연구부장으로 영입되면서 '순수음악'을 분명히 했다. 행사 역시 민족의식과 계몽주의적 강령에 토대한 농악, 향토민요, 대규모 창극과 같은 공연 대신, 산하단체들의 개별적인 창극행사가 중심이 되게 된다. 같은 창극이라 하더라도 함화진 원장 시절처럼 '민족예술의 수립', '민족음악 수립' 등과 같은 의미부여를 하지는 않았다.

박헌봉이 위원장이던 시절 국악원은 사회성, 민족음악 담론, 민중성 등의 담론에서 멀어지고, 각 산하단체의 개별적 생존을 위한 공연활동에 치중하게 된다. 즉 민족문화 건설의 자부심이 아니라 현실적 생존을 위한 음악활동으로 변모했다고 할 수 있다. 이 과정에서 박헌봉은 미 군정과 재외동포 등을 위한 공연활동을 통해 사회적 관심을 이끌고 재정적 어려움을 극복하고자 노력했지만, 큰 성과는 거두지 못했다. 그러자 일반시민들을 직접적으로 겨냥해서 돌파구를 열어가고자 했고, 대중을 상대로 한 실험은 일정정도 성과가 있었다. 하지만 당시 피폐한 경제상황, 혼란한 정치상황과 좌우대결 국면에서 순수한 공연예술 활동으로 활로를 모색하기는 쉽지 않았다. 또한 남한 단독정부 수립 이후 강화된 이념적 통제는 건강한 민족음악 논의를 가로막고 있었으므로, 민족의식이나 계몽주의와 같은 신념을 펼칠 수 있는 기회 역시 제한되었다. 1950년 전쟁이 날 때까지 산하단체의 개별적 창극공연들이 계속 이어졌고, 전쟁 중에 대한국악원으로 이름을 바꾸게 된다.

해방공간에서부터 전쟁 무렵까지 국악원 핵심 인사들 중 좌익계열 인사들은 다수가 월북했는데, 월북 시기는 사람마다 차이가 있다. 최옥삼은 1945년 해방 직후 월북했으며, 안기옥은 1946년 6월 정판사 위조지폐 사건 이후 월북했다. 공기남 · 임소향은 1948년 정부수립 이후 월북했으며, 조상선 · 박동실 · 정남희는 1950년 전쟁 이후 월북한 것으로 알려져 있다. 그리고 나머지 인원들은 전쟁 중에 국군 문예대나 문화공작대에서 활동함으로써, 한때 동지였던 이들끼리 대결을 해야 했다.

결국 해방공간 조선음악을 국악으로 규정짓고 희망을 쌓았던 역사는 정치적 소용돌이 속에서 좌절되었다고 할 수 있다. 이후 정부수립과 분단은 국악을 전혀 다른 의미로 구축하게 했다.

(2) 정부수립 이후 국악의 개념

국악원이라는 이름은 1951년 국립국악원 설립과 함께 전혀 다른 조직을 지칭하게 된다. 국립국악원 설립은 해방공간 국악원과 갈등을 빚었던 성경린 이하 아악부 출신 인사들이 중심이 되었다. 1948년 남한 단독정부가 수립된 후, 국회 논의를 거쳐 정식으로 12월 17일에 국회에서 아악부 국영 청원결의가 가결되었다.[65] 그리고 1950년 1월 18일에 대통령령 제271호로 국립국악원 직제가 공포되었고, 1951년 4월 10일 피난지 부산에서 국립국악원이 개원했다.

개원과 동시에 국립국악원장을 비롯한 요직은 아악부 출신 인사들이 독점했고, 애초에는 아악부 국영화 청원이었기 때문에 국립아악부 정도의 명칭을 생각했으나, 당시 문교부에서 국립국악원이라는 이름을 사용했다. 이는 아악을 국악으로 둔갑시킨 것이었고, 이를 통해 아악부 인사들은 자신들의 '아악'만이 아니라 창악까지 포괄된 전체 전통예술을 관장하게 된 것이다. 이로 인해 박헌봉 이하 국악원 인사들은 국악원이라는 이름을 국립국악원에게 빼앗긴 셈이 되었다. 애초에 성경린 이하 아악부원들이 국악원과 제휴를 거부한 이후 국악원이 모든 전통예술 행사의 중심적 역할을 담당해왔음에도 불구하고, 새로운 정부수립과 동시에 아악부원들이 정권의 힘을 입어 국립국악원을 차지하면서, 아악부의 원래 담당인 '아악'만이 아닌 전체 전통예술의 중심적 권위를 아악부원들이 모조리 가져가게 된 셈이었다. 당연히 국악원에서는 모든 것을 찬탈당한 느낌으로 인해 반발이 거셌지만, 아악부

65) 조용규, 주기용, 송진백 등이 찬성의견을 주도했으며, 찬성 60, 반대 1로 가결되었다.

원들은 중상모략으로 간주하면서 시기 · 질투로 여길 뿐이었다.[66] 게다가 국악원은 다수 핵심 음악가들이 월북한 상황에서 조직적 실천동력이 부족했고 다수 창악인들의 경제적 어려움까지 겹치면서 보다 적극적인 대응을 할 수 없었다. 국악원이라는 이름이 이제는 국립국악원을 지칭하는 것이 되어버리자 이름을 대한국악원으로 바꾸었으며, '대한'이라는 말을 붙인 것은 전쟁 시기 극도의 이념대결 상황에서 보다 선명한 활동지향을 보여주기 위한 의도로 보인다. 국악원 인사들 중 상당수가 월북한 상황이었기 때문에 이런 의도가 필요했을 것이다. 그리고 이제 남한의 모든 전통예술분야는 국가기관인 국립국악원이 독점적으로 관장하게 되었다.

여기서 중요한 것은 국립국악원의 '국악' 독점의 역사적 의미에 관한 것이다. 해방공간의 희망과 역동성은 1948년 남한 단독정부 수립과 함께 새로운 국면을 맞게 된다. 이승만 정권은 해방공간의 다양한 민족문화 담론들을 합리적으로 수렴하기보다는 단독정부 수립 정당화의 관점으로 모든 것을 귀결시키고자 했다. 즉, 해방 및 민족과 관련된 담론의 장을 국가 중심의 이념으로 변화시키고자 한 것이다. 국가 건설 초기, 체제 정당성을 위한 이데올로기로서 민족문화는 불가결의 표상이었다. 민(民)을 국민으로 범주화시키고 민족을 국가로 오버랩시키는 이념화는 국가체제 공고화에 있어 꼭 필요한 작업이었다. 이 과정에서 전통은 주목받게 된다. 전통은 정통성 확보를 위해 국가적 차원에서 반드시 '발굴'하고 체계화할 필요가 있는 것이었다. 게다가 국가가 민족 전체를 아우르는 것이 아니라 반공이념에 입각한 반쪽짜리일 때, 정통성

66) 성경린의 여러 글들에서 이런 점은 쉽게 확인된다.

확보를 위해 민족 전체 유산을 보유하고 있음을 과시 · 홍보하고 그것을 바탕으로 민(民)을 '국민화'하려는 시도는, 개국 초기 대단히 중요한 정치적 작업일 수밖에 없는 것이다.

따라서 반공이념과 전통의 발굴은 단독정부 수립 이후 체제정비와 정당성 확보 측면에서 기본적으로 같은 정책적 맥락에 있는 것이었다. 북측의 모든 것을 부정하고, 오직 남쪽만이 정당성을 확보한 국가이고자 할 때, 이념적 반박뿐만 아니라 민족의 유산을 북측은 말살하고 남측은 국가적 관리를 한다는 선전효과는 정책담당자에 있어서 필연적인 노림수가 될 수밖에 없다.

게다가 북측에서 이루어진 사회주의 혁명이념에 의한 부르주아적 잔재 청산은 남측에서 전통의 말살이라고 공격하기 매우 좋은 모습이었다. 여기에 국가주의적 숭고함을 고양하기 위해 화려한 왕조의 유산을 국가의 이름으로 포장 · 관리할 필요가 생겨난다. 그 과정에서 흔히 이야기하는 '전통의 발명'은 이루어지며, 이에 따라 유산이 아닌 전통의 이름으로 많은 전승예능들이 새롭게 인식되기 시작한 것이 단독정부 수립 이후였다. 그리고 해방공간 민족문화 건설의 여러 양상들을 국가가 수렴하는 작업이 이루어졌다. 조선미술전람회를 대한민국미술전람회로 개칭하고, 부민관을 국립극장으로 '국영화'했으며, 그 과정에서 아악부 역시 '국립국악원'으로 재탄생되었다. 해방공간 민족문화와 관련된 여러 지평들을 국가 중심으로 재편하는 작업이 차근차근 진행되는 상황이었던 것이다.

민족이 아닌 국가 중심으로 재편된다고 할 때, 이때 '국'은 한반도 전체를 아우르는 것이 아니라 당연하게도 대한민국, 즉 남한 단독정부를 의미한다. 북한의 모든 것을 부정하고 폄하함과 동시에 민족 전체의 범주를 대한민국이라는 범주로 동일화함으로써 국가주의적 기틀을 공고화하고 '국민'들을 이념적으로 통제하고자 했다. 그리고 민족적 숭고함을 국가적 숭고함으로 동일화함으로써 국민들을 자발적 순응의 자세로 길들이는 효과를 노렸다. 게다가 범민족적 논의를 반공이념에 입각해서 거세시키는 효과를 가져오게 함으로써, 단독정부의 정치적 성과를 더욱 강화시켰다.

이런 상황에서, 해방공간 다양한 층위의 음악인들이 다양한 공간에서 전승하던 음악들은 국가관리의 음악(즉 국악)이 되었고, 국악원을 중심으로 한 민족음악 모색의 다양한 목소리들은 국립국악원 설립과 함께 잊혀지거나 폄하되었다. 바야흐로 '조선음악'은 '국악'이 되고 '전통'이 되었다. 따라서 함화진 · 박헌봉이 생각하던 국악과 국립국악원의 국악은 말은 같지만, 실제 의미성은 전혀 다르다. 함화진의 야심에 의해 기획되었던 국악의 명칭은 민족음악 모색의 주체이기도 했고 창악계의 새로운 희망을 담은 말이기도 했지만, 국립국악원의 국악은 국가정당성 강화에 필요한 예술적 봉사물이었고, 민족담론이 아니라 반공정부 담론의 장에 있는 것이며, 한반도 전체가 아니라 반쪽짜리 음악일 수밖에 없다. 박헌봉에게 국악은 미래지향의 희망이었지만, 국립국악원의 국악은 아악부의 궁중음악 중심으로 전체 전승음악이 재편되는 새로운 시스템이었으며 국가의 필요에 의해 새로 짜여지고 위계화된 '발명품'이었다.

국립국악원은 전체 '국악'의 권력을 독점하게 되면서, 단순히 권력독점만이 아니라 지식과 기억까지 독점하게 된다. '국악'과 관련된 지식은 아악부원들의 성향에 의해 구성되고 짜여졌으며, 민속음악에 대한 지적 관심은 한동안 전통음악이 아닌 민속학계의 범주에 머물러있을 수밖에 없었다. '국악'과 관련된 기억은 국립국악원과 아악부 중심으로 구성되었다. 이 때문에 해방공간 국악원 활동과 민족음악 논의는 사설단체의 조그만 사업 정도로 묘사되거나 친일분자들의 모임 정도로 비하되었고 국악원 구성원들은 성과는 못내면서 시기 · 질투나 하는 이들로 매도되었다. 대신에 아악이 얼마나 위대한 음악이며, 아악부원들이 위대한 유산을 위해 얼마나 헌신적으로 애써왔는지가 강조되었다. 소위 '국악이론'은 아악부원들에 의해 존귀한 음악이라고 간주된 음악들을 중심으로 연구되고 설명되었다. 지식과 기억의 국가전유는 그렇게 해서 오늘날까지 이어지고 있다. 그리하여 개념의 개발은 국가를 위한 사고 통제의 기능을 수행하게 되는 것이다.

2) '현재'의 발명

역사는 완결된 사건의 실체를 통해 구축한 완결된 구축물로 간주되지 않는다. 푸코의 지적처럼 역사는 담론적 질서에 해당하며, 그것은 이데올로기적 질서이다. 역사는 이데올로기의 산물이거나 이데올로기 그 자체이기도 하다. '과거의 사실'에 의미가 부여되어 '역사적 사실'이 되는 과정, 역사적 사실에 맥락이 부여되어 '역사 그 자체'로 자리 잡는 과정에는 틈틈이 권력과 이데올로기가 개입된다. '그러한' 사건이 '그러한' 의미를 부여받는 맥락, '그러한' 의미가 강조되고 그것이 전후(前後) 시대의 다른 사건들과 연관되어 해석되는 맥락, 이러한 '역사화' 과정을 지배하는 주체는 기성 권력과 질서이다. 역사가가 주체가 되어 역사를 서술하고 진술하는 것 같지만, 그 역사가를 그러한 모습으로 성장시킨 과정, 그 역사가의 해석을 그러하게 만드는 수많은 조건들이 존재한다. 그 조건의 핵심이 권력과 질서, 혹은 체제와 이데올로기라고 이야기할 수 있다. 그러므로 역사는 권력적 작업이며 이데올로기 전파의 효율적 수단이다. 특히 역사는 우리에게 민족주의와 국가주의를 신성시하게 하고 그 불가역적 내면화를 유도하며, 동시에 내적 자기 결속 및 타자 배제의 실천적 동력으로 작동하게 한다. 역사가 그렇게 작동할 수 있는 이유가 바로 역사가 이데올로기적 질서의 화신이기 때문이다.

그래서 흔히 객관적 역사는 불가능하다고 이야기한다. 하지만 이 말은 과연 그대로 인용해도 되는가? 객관적 역사의 불가함은 역사에 대해 조금만 성찰하면 쉽게 이해할 수 있는 것이다. 문제는 객관적 역사라는 말 속에 '역사'라는 것의 가치에 대한 선험적 권위가 내재되어 있다는 것이다. 의심의 여지 없이 중요한 가치로서 정당성, 현재의 눈으로 과거를 해석하는 작업에 대한 의심 없는 정당성, 이 정당성에 의하여 역사라는 것은 누구도 부정할 수 없는 주인기표적 지위를 획득하고 있음을 볼 수 있다. 역사의 객관성은 부정해도 현재의 눈으로 과거를 해석한다는 역사 자체의 논리는 부정되지 못한다. 그리하여 역사는 현재와 미래를 밝히는 등불이자 지혜의 보루로 간주된다.

그런데, 현재의 눈으로 과거를 보는 것의 의미는 무엇인가? 현재의 눈으로 과거를 보는 것과 과거의 눈으로 현재를 보는 것은 당연히 다르다. 역사의 '시점(視點 - 공간적 개념)'으로서 현재는 무엇인가? 여기서 현재라는 기표는 기만적이다. 공간적으로 현재는 온갖 권력적 억압과 이데올로기가 지배하는 공간이다. 현재라는 공간에서 개인은 자신의 생각과 관점이라고 여기는 것들을 갖고 있지만 실제로 그것들은 당대

사회화 과정과 인정투쟁 과정에서 내면화된 것들이다. 그것들의 소유는 개인이 아니라 사회이며, 직접적으로는 권력과 이데올로기적 지배질서이다. 이러한 현재라는 공간은 결코 객관적이거나 가치중립적이거나 순수한 공간이 아니다. 하지만 과거와 미래 사이의 가상의 '시점(時點 - 시간적 개념)'으로서 현재는 말 그대로 하나의 시간적 지점일 뿐이다. 그것은 가치적 개념이 아니다. 이런 현재의 의미적 양면성에 의해 현재라는 기표는 기만된다.

현재의 눈, 현재의 시각이란 실제로는 공간적 의미의 현재이자 이데올로기적 현재이지만, 그것이 마치 시간적 지점의 현재인 것처럼 포장되어버리며, 이러한 포장은 곧 현재의 이데올로기와 억압적 질서를 감추고 제도화시키는 역할을 수행한다. 시간적으로 현재는 늘 세상을 바라보는 기준이기 때문이다. 이런 상황에서는 특정 권력적 시각과 이데올로기적 시각을 갖고 바라보면서도 마치 그것이 가치중립적 시각인 것처럼 호도된다. 그런 의미에서 '현재'는 공간적 의미를 시간적 의미로 치환하여 우리의 착시를 유도함으로써 지배질서 내면화와 정당화를 수행하는 이데올로기인 것이다.

따라서 역사와 관련하여, 우리는 현재의 눈으로 과거를 보는 것 같지만 실제로는 과거의 눈으로 현재를 보게 된다. 현재의 공간은 과거부터 수행되어온 일련의 과정을 통해 구축된 질서에 의해 움직이며, 현재의 권력과 이데올로기는 과거를 통해 구축된 것들이다. 그러므로 공간적으로 현재는 과거의 식민지이며, 과거에 의해 조종당한다. 그러므로 현재의 눈이란 과거에 의해 지배당하는 눈이다. 과거를 통해 구축된 이데올로기적 질서에 길들여진 채 현재의 시간 위에 서 있으면서, 그 이데올로기적 눈으로 과거를 보는 것을 우리는 역사라고 이해해왔다. 이는 명백한 기만이다. 우리는 현재의 눈으로 과거를 본 적이 없으며, '과거에 의해 점령된 현재의 눈'으로 과거를 바라보도록 강요받았다. 이때 과거를 바라보는 시각은 현재를 지배하는 특정 이데올로기적 경향성에 충실하도록 강요받는다. 그러므로 우리는 언제나 과거의 눈을 통해 현재를 바라보는 한계에 갇히는 사고를 해왔으며, 그것이 역사인 것처럼 오인해왔다.

그러므로 이 지점에서 다시 역사는 이데올로기다. 우리의 눈을 기성 질서로 가두는 이데올로기이며, 이러한 기만적 개념의 역사에 의해 기만된 개념이 바로 '현재'라고 할 수 있는 것이다. 그러므로 현재는 늘 권력과 이데올로기가 정당화된 기표였으며, 그런 의미에서 현재는 역사에 의해 '발명'된 것이라고 할 수 있다. 이 발명품으로서 '현재'는 권력관계에 의해 의미가 굴절되었으며, 역사를 실체로 간주해온 결정론적 역사해석만이 아니라 담론적 질서로 간주해온 신역사주의적 해석마저도 이러한 역사라는 기표와 기의의 기만이 창조한 '현재'의 이데올로기적 함정에서 자유로울 수 없었다.

우리가 '과거의 눈으로 현재를 보는 것'을 역사로 이해하도록 길들여졌다는 사실, 역사란 현재의 시공간에서 과거를 해석하는 것인 양하지만 실제로는 과거의 시공간에서 현재를 지배하는 것이라는 사실은 '현재'가 이데올로기적 환경이며 위계화된 공간임과 동시에 역사적 시점(時點)임을 가리킨다. 역사는 과거 사건의 매개가 아니라 당대의 행위, 제도, 관계 등과 연관될 때 의미가 생성되기에, 과거의 눈으로 현재를 보게 되면 현재를 정당화하는 시선에게 우리는 나포된다. 그렇기에 중요한 것은 '진정한 의미에서 현재의 눈'으로 과거를 보기 위한 투쟁의 요구이다. 우리는 한 번도 현재의 눈으로 과거를 본 적이 없기 때문에 현재의 눈으로 과거를 본다는 것은 현재에 대한 비판적 실천을 의미하게 된다. 그리하여 역사적 비판공간으로서 현재를 설정하는 것이 불가피하다. 그 속에서 현재를 구축한 과거의 시각, 사건, 이데올로기의 지배화 과정을 비판하게 된다. 그러므로 '발명품적 현재'를 극복하기 위한 '투쟁적 현재'가 우리에게 요구되는 것이다.

이러한 위계적이고 이데올로기적인 발명품으로서 '현재'의 대표적 상징권력 중 하나가 바로 전통이다. 이때 전통은 과거의 순수함이 아니라 현재의 지배적 질서이자 권력적 이데올로기이다. 전통은 우리의 '현재'를 지배하는 눈이며, 과거를 지배적 방식으로 해석하도록 하는 '기만적 현재'의 첨병이다. '현재'를 정당화하는 이데올로기이자 기성 질서의 신성불가침성을 강조하는 강제적 상징으로서 전통은 설정되어있다. 그러므로 전통은 '발명된 현재'를 위해 '발명된' 가치이자 이데올로기인 것이다. 다시 말하면 전통은 과거가 현재를 지배하고 구속하기 위해 설정한 그물망이며, 과거란 곧 현재 지배질서 구축의 토대적 지점인 것이다.

현재는 '지금'이라는 의미로 인해서 긍정된다. 그것은 쉽게 부정되지 못한다. 과거를 부정해도 지금은 부정되기 어렵다. 그것은 왜곡되고 굴절된 공간임에도 불구하고 긍정적 공간으로 의심 없이 설정된다. 그렇기 때문에 '현재의 대중', '현재의 예술' 등은 다른 모든 것들을 해석하는 기준점으로 설정된다. 비평적 시선의 오발탄은 여기서 비롯된다. 현재가 이데올로기적 '공간'임에도 불구하고 현재의 '시점(時點)'을 절대시하여 해석의 기준점으로 삼게 됨으로써 온갖 오역(誤譯)과 권력적 담론 재생산이 나오게 되는 것이다. 그러므로 비평의 지점에서 전통보다 더 중요하게 비판되어야 하는 기표가 바로 '현재'인 것이다. '현재의 대중'은 기성 자본주의 질서에 의해 '표준화'된 상품소비자로서 속성을 가지며, '현재의 예술'은 서구적 가치관의 지배적 영향에 의해 '표준화'된 양식적 질서를 갖고 있다. 이들은 모두 근현대사에 의해 구축된 질서들이자 속성들이며, 당대를 지배하는 이데올로기적 환경이다. 그럼에도 불구하고 '현재'는 선험적으로 긍정되고자 하기 때문에, 현대화·세계화·대중화 등의 용어들이 힘을 얻으며 생성된다. 근현대사는 식민과 권위주의 역사에 의해 질서가 구축되었다는 점에서 이 용어들은 과거가 현재를 통제하는 식민성에서 자유롭지 못하며, '현재'를 세계관의 뿌리로 두고 있다는 점에서 현재의 오염과 굴절을 묵인하고 정당화하며 심지어 신념화시키는 이데올로기적 기능을 수행함을 확인할 수 있다.

'발명된 현재'는 위계적 질서이기 때문에 자기비판을 허용하지 않는다. 애초에, 모든 사건은 완결되지 않는다. 그것은 어떠한 형태로든 영향을 남기며, 다양한 형태로 다양한 공간에서 잔존되거나 변형되거나 부활한다. 예술작품이나 예술활동 역시 마찬가지다. 예술적 사건들 또한 완결되지 않으며, 현재라는 이데올로기 공간에서 볼 때 '결정된 사건'은 존재하지 않기 때문에, 현재는 늘 가변적임과 동시에 바로 그 때문에 끊임없이 해석되고 비판되어야 한다. 그러므로 '현재의 예술'이 진정성을 획득하기 위해서는 '과거에 의해 규정된 현재'가 아니라 '주체로서 현재'를 위한 투쟁이 불가피하다. '현재의 예술'은 '역사화된 예술'을 호출할 수 있어야 하며, 이때 '역사화된 예술'은 이데올로기 공간에서의 역사해석이 아니라 주체적 해석 가능성을 위해 현재의 위계적 질서를 비판하는 관점이다.

모든 예술은 기본적으로 역사적이다. 과거를 통해 구축된 양식적 질서에 의해 통제되기도 하고 당대 이데올로기 환경에 의해 억압되기도 하지만, 그 또한 역사적 현상이다. 그러한 역사적 현상을 이념적으로 뒷받침하는 지배담론 중 하나가 전통인 것이다. 반대로 그러한 통제와 억압에 저항하는 작품과 활동 또한 역사적 구성행위이다. '역사화된 예술'은 '현재의 눈으로 과거를 볼 수 있기 위한' 투쟁으로서 예술이다. 이는 전통의 억압적 위계구도를 부정하고 '현재'가 예술적 주체로 나서기 위한 투쟁이다. 전통이 권력이 아니라 생태적 삶으로 재탄생할 수 있을 때 전통은 오히려 '주체적 현재'와 '역사화된 예술'을 위한 긍정적 역할을 할 수도 있을 것이다. 그러므로 예술이 역사적인만큼 역사도 예술적이다. 역사와 예술 모두 '현재'와 '주체'를 위한 투쟁의 관점에서 동일하다. 투쟁이 아닌 질서와 조화를 예술적 가치로 삼는 것은 당대 지배이데올로기에 의해 포획된 거짓 신화이다.

전통의 긍정적 가능성은 억압적 이데올로기 측면과 부정교합되어 있다. 당연하게도 전통은 다양한 함의를 갖고 있다. 흔히 말하는 '발명품적 전통'에서부터 자아정체성 차원에 이르기까지 해석적 스펙트럼이 매우 넓은 편이어서, 가치적 측면에서 양식적 측면까지, 강제적 · 타율적 신념에서부터 윤리적 자기비판의 가능성까지 전통은 여전히 많은 차원의 논쟁 대상인 것이 사실이다. 그럼에도 불구하고 전통에 관한 모든 접근과 관점이 갖고 있는 인식적 공통점은 '규율로서 전통'의 자명성에 있다. 자의적이든 타의적이든, 자발적 신성화든 비판적 극복논리든 상관없이 전통은 규율적 존재임을 전제로 한다. 규율로서 전통은 예술가들이 잊고 있던 귀소본능의 가능성을 포용하는 함지(咸池)이며, 최후의 불꽃이 산화하는 예술적 정열의 붉은 연못이기도 하다. 또한 동시에, 규율이기에 때로는 전통의 가치에 대한 설명에는 논리나 이성보다도 당위가 앞서기도 하고 창작적 자율성에 배치되는 억압적 이데올로기의 양상도 보이게 된다.

그래서 많은 이들이 착각하기도 한다. 현재의 작업이 훗날 어느 시점에 가면 전통이 될 것이라는 믿음은 희망사항이지 진실은 아니다. 이런 착각은 '억압적 현재'를 무비판적으로 사고하여 해석적 기준으로 설정할 때 등장한다. 현재가 합리적 전통이 된다는 것은 양식적 완성도와 대중적 호응도의 차원에서 이룩되는 것이 아니라 정치적 · 사회적 차원에서의 용인 혹은 의도가 동반될 때 가능해진다. 정치와 사회의 영역에는 윤리와 정의(正義)가 개입되어야 한다. 현재의 작업이 진정성의 전통이 되기 위해서는 윤리적 책임과 정의로움을 향한 예술정신이 철저하게 동반되어야 하고 그것은 곧 '현재'의 비판적 성찰 · 검증을 의미한다. 윤리적 사유와 정의에 대한 책임의식이 없는 예술창작은 방종이며, 현재의 방종이 미래의 전통이 될 것이라는 생각은 정상적인 사회화 과정을 갖지 못한 상상계 단계의 병리적 증상에 해당한다. '비판적 현재'를 가능하게 하는 윤리와 정의의 성찰은 전통과 창작을 일란성 쌍둥이로 간주하게 한다. 애초에 인간의 창작은 무에서 유를 만들지 못한다. 그것은 신의 영역이다. 인간의 예술작품은 이미 존재하고 있는 유산, 환경, 욕망 등을 토대로 삼아 이루어지며, 창작의 자율성은 그러한 토대 위에서 제한적으로 이루어진다. 작품 창작은 이미 존재하는 다양한 요소들에 의해 규정받기에 엄밀한 의미에서 인간에게 100% 창작은 존재하지 않는다. 인간의 창작은 시대적 · 사회적 · 역사적 · 환경적 요인들을 숙명적 토대로 하는 것이기에, 뿌리 없는 창작은 거짓이고 창작 없는 뿌리는 폭력이다. 그런 측면에서 전통 없는 창작은 오만이고 창작을 억압하는 전통은 강제수용소다. 전통의 억압적 이데올로기성은 강제수용소적 전통을 지칭하는 것이다. 그러므로 의미와 가치 차원에서 전통과 창작은 윤리적 성찰이 전제된 개념이며, 이 개념에 의해서 비로소 '비판적 현재'와 '주체적 현재'는 '역사적 예술'을 호명할 수 있다.

이 지점에서 비평은 자기 존재가치를 검증받아야 한다. 전통의 미화와 기성 예술의 아름다움 재생산을 위한 비평은 권력행위에 불과하며, 과거에 의해 식민화된 현재를 상징하는 행위에 머무는 모습이다. 비평은 '주체적 현재'와 '역사화된 예술'을 위한 투쟁 차원에서 존재가치를 인정받아야 하며, '발명된 현재'를 위해 복무하는 비평은 또 다른 억압주체에 불과하다.

3.
무형유산 국유화와 전통의 윤리

우리는 무형유산의 국가관리 시스템에서 살고 있다. 전승된 유산은 국유화 과정을 통해 '관리'되고 '통제'되고 있으며, 폐쇄적 권력화에 길들여져 있다. 그 속에서 과연 전통의 윤리는 어떠해야 하는지, 전승 유산의 기예능적 활성화가 아니라 생태적 회복 가능성은 없는지, 우리의 과제는 무겁다.

1) 무형유산 국유화와 전통의 탈식민화

(1) 전통의 발명과 무형유산 국유화

대개 전통은 새로 수립된 정부의 통치 정당화를 위한 것으로 활용되며, 민족주의와 결부되어 사회통합과 민족공동체 소속감을 구축하고 상징화하는 발명품적 가치를 지닌다. 이에 따라 국가주의를 통해 권력화된 제도가 구축된다. 대한민국 정부수립 이후 전통의 발명과정은 이런 과정의 전형성을 보여준다. 대한민국 건국과 전통의 '발명'은 곧 전승 무형유산을 '전통'의 이름으로 국가가 호명하고 관리하는 체제의 등장을 의미하는 것이다. 정부수립 이후 국악과 관련된 이런 일련의 과정들은 국가가 체제를 유지하고 홍보하기 위해서 전승 유산을 국유화 시스템에 편입시켜 관리해온 모습을 잘 보여준다. 생활공간에서 늘 함께 해왔던 전승 유산들이 국가 관리체제로 편입되면서 바야흐로 민족문화의 정수이자 위대한 민족적 자아정체성의 표상으로 해석되었다. 이런 '전통의 발명'은 국립국악원과 같은 국가기관과 대학교 국악과와 같은 제도교육을 통해서 이념적으로 구축되었고 무형문화재 제도와 같은 법적 시스템을 통해서 제도화되었다.[67]

사실 전통이 국가주의와 민족주의의 기획물이라 하더라도, 그리고 역사적 고유성의 총체로서의 상징적 유산을 전통의 이름으로 부르는 것이 국가에 의한 '발명' 과정이라 하더라도, 현대사회에서 그것은

---

67) "해방공간 국악원 활동" 참조.

또한 사회를 통합하고 민(民)들의 정체성을 스케치할 수 있게 하는 본질로서 의미를 가지기도 한다. 말하자면 자아정체성이라는 '본질'로서의 전통과 이데올로기로서의 전통은 현실적으로 엄격하게 구분되지 못하는 것일 수 있다. 그런데 전승 무형유산이 전통이 된다는 것, 그리고 그러한 전통이 국유화된다는 것은 하나의 전제를 필요로 한다. 그것은 바로 무형의 유형화이다. 전통은 추상적이며 총체적 개념이지 숫자로 세어서 나열할 수 있는 것은 아니다. 하지만 그것이 국가 관리체제로 편입되기 위해서는 개별 '작품'들 단위로 관리되어야 한다. 국가에 의해 권위가 부여되고 그것이 민족문화의 표상으로서 역할을 하기 위해서는 국가에 의해 소위 '점고'될 수 있어야 한다. 그렇기 위해서는 개별 '작품'들 별로 나열되고 순번이 지정될 수밖에 없다.

게다가 이러한 '유형화'된 전통이 대학교육의 장으로 진입하게 되면 엘리트 교육을 통한 인정투쟁 수단이 될 수 있다. 전통이 애초에 자아정체성이라는 '본질적' 측면을 제시할 자격을 갖춘 상황에서 최고 엘리트 교육의 현장으로 들어가게 되면 전통에 대한 무조건적 숭배의 강요가 가능해진다. 그렇게 되면 이른바 권위 있는 전통예술, 즉 이미 제도에 의해 권력화되어버린 예능에 대한 맹목적 찬양과 신비화가 정당화되게 된다.

전통음악 '작품'은 무형문화재 제도를 통해 '전통 그 자체'로 둔갑하고, 둔갑된 전통은 민족문화의 표상으로 신성시됨으로써, 전통음악 작품의 보존이 곧 전통의 보존이 되는 것으로 오인되게 된다. 그렇게 되면 '작품' 재현의 최고 권위자는 작품 재현자를 넘어서 민족적 유산 그 자체가 되는 것이다.[68] 이에 더해 권위적 가치 발명을 위해 정악 이념, 선비정신이나 풍류 혹은 신명과 같은 추상적 신념이 전통의 이름으로 음악에 주입되고, 그것을 통해 스스로의 자기정당성과 자기만족을 이루며, 나아가 구비전승과 사료에 대한 해석독점권을 가지고 스스로의 범주를 공고히 하며 배타적 권위를 형성하게 된다. 그 과정에서 국가기관을 통한 신분상승을 통해 엘리트집단이 된 이들이 스스로의 우월감을 고취시키기 위해 전통음악은 그 신성성이 강화되고 권위적 통제력은 확대된다. 그러므로 전통음악이란 실제로 국가에 의해 해석독점권을 부여받은 엘리트적 전문가들에 의해 선택되고 쓰여지고 묘사되고 전파되고 제도화된 것이라고 할 수 있다.[69]

이런 전통의 권위를 이데올로기적으로 대변하는 것이 바로 원형론이다. 무형문화재 제도를 통해 전통음악 '작품'과 전통음악이 동일시되고 작품 구현의 권위자가 국가로부터 인정받는 시스템에서는, 국유화된 유산으로 인정된 '특정 예인의 작품'은 민족문화의 '원형'으로 추앙되게 된다. 그러나 세상에 원형이라는 것은 존재하지 않는다. 중요무형문화재로 지정된 가곡의 원형은 무엇인가? 김경배, 김월하, 하규일과 임기준, 박효관과 안민영, 김천택과 김수장…… 누구의 노래가 원형이란 말인가? 『현금동문류기』(1620)에 삭대엽 선율이 처음 등장하니

---

68) 소위 인간문화재란 호칭이 이를 상징한다.

69) 전통음악뿐만 아니라 월드뮤직, 동양음악 등은 모두 근대성이라는 성취를 따라잡기를 희망하기를 강요받았던 역사의 산물이자 근대성 숭배의 과정에서 기획된 발명품들이다. 서구인들이 주목해주기를 바라고 기다리는 존재가 되어버린 역사에 의해 발명된 것이라고 할 수 있다. 근대성과 동전의 양면인 식민성에 의해 발명되고 고안된 기획물이 바로 전통이라고 할 때, 전통의 근대화, 현대화 등이 모두 식민성 담론이며, 근대성의 역사로부터 배제되고 추방당한 사람들은 근대성의 강박관념을 피할 수 없다.

원형 보존을 위해서 1620년 당시 삭대엽을 복원·보존할 것인가? 시대와 사람의 변화에 의해 전승유산도 함께 변화하는 것이기 때문에, 원형은 허상일 수밖에 없다. 하지만 현실적으로 원형이라는 것은 대한민국 정부수립 이후 무형문화재 제도가 마련되던 그 시점의 권위 있고 뛰어난 예능구현자의 '작품'을 지칭하는 것이다. 말하자면 원형에는 이미 제도화된 권력이 개입될 수밖에 없는 것이다. 게다가 그것이 원형임을 판단하는 일은 누가 하는가? 한국사회에서 권력 재생산의 기능을 충실히 담당하는 대학의 권위 있는 (소위 근대적 교육을 받은) 지식인들이 제도의 틀 안에서 판단하게 된다. 그러므로 원형이라는 함의에는 근대국가로서의 제도적 권력과 근대적 교육을 통한 지식권력의 이중적 권력 장치가 내재해있음을 알 수 있다.

이렇듯 권력화된 원형 담론을 유지하는 중요한 두 축은 제도교육과 경연대회이다. 애초에 권위 있는 전통음악 '작품'들의 재생산만을 강조하는 이데올로기적 전통은 제도교육을 통해 구현된다. 제도교육의 교육과정은 권위 있는 '작품'들을 중심으로 짜여 있으며, 제도권 교육자들 역시 '작품'의 권위를 곧 원형으로 상정하는 관습을 숭배한다. 원형을 판단하고 심의한 이들이 애초에 대학교육을 담당하고 있었고, 그들에 의해 원형으로 간주된 것은 제도적·학술적 권위를 인정받았으며, 그 속에서 원형의 권력은 신성시되었다.

이런 원형의 권력은 경연대회를 통해 다시 강조됨과 동시에 국유화된 유산임이 다시금 확인된다. 경연대회는 원형의 구현능력을 테스트하는 국가적 공간이라고 할 수 있다. 오늘날 대부분 경연대회의 상훈은 '대통령상', '국무총리상' 등과 같이 국가권력의 이름을 갖는다. 국가기관이 주최하는 경연대회에서나 가능한 현상이 현실적으로는 민간단체에서 주최하는 거의 대부분의 경연대회에서 보이고 있는 것이다. 이런 현상은 1960년대 후반부터 비롯된 현상이며, 경연대회의 수상실적은 국가로부터 원형 구현 능력을 인정받았다는 의미가 될 수 있다.

이처럼 전통의 발명과 무형유산 국유화는 제도와 이데올로기로 권력화 되며, 그에 대한 신성불가침성의 부여는 원형이라는 맹목적 가치를 재생산하기 위한 제도교육과 경연대회 같은 장치들로 연결되는 것을 확인할 수 있다.

(2) 경건주의와 보편주의

'국유화된 무형유산'은 '전승된 예능'에 해당하는 것들이다. 예능은 예술과 다르다. 예능이 장인정신을 갖추고 자신의 혼을 담아 구현하는 것이라면, 예술은 아도르노가 말한 대로 '사회에 대한 사회적인 안티테제'로서 존재하는 것이라고 할 수 있다. 여기서 사회적이라고 하는 말은 '사회에 대항하는 내재적 운동'의 의미이며, 이는 예술이 사회적으로 형성되고 사회와 분리될 수 없으면서도 그 자율성의 확보를 통해 사회적 현실을 변화시킴을 의미한다. 예술은 경험현실에 대한 안티테제이자 변증법적 의미의 '모순'이며, 이 모순은 기존의 세계를 '확연히 부정'하기 위해 운동한다. 그렇기 때문에 예술은 일차적으로 사회의 지배적 억압을 부정하고 기존의 관습과 선입견을 부정하며, 이러한 부정을 통해서 사회적 현실을 비판하게 된다.

예술이 사회에 대한 통찰과 인간에 대한 사유를 바탕으로 한 비판적 행위일 수밖에 없다면 전통이라는 권위적 '이데올로기'와 배치될 수밖에 없다는 것은 자명해 보인다. 발명품으로서 전통이 애초 국가수립 초기부터 체제 정당화의 기획물이었다면 그것은 기존 관습과 억압과 권위의 주체에 대한 '사회적인 안티테제'로서 예술과는 오히려 적대적 위치에 있을 수밖에 없기 때문이다. 결국 그렇다면 전통예술은 진정한 예술성보다는 관제예술로서밖에 존재할 수 없을 것이다. (적어도 표면적으로는 그렇게 해석될 수 있다.)

하지만 어쩌면 전통예술이 가능한가의 질문에 대한 '예'나 '아니오'의 단답형 대답을 내려고 하는 것은 적절한 태도가 아니다. 보다 중요한 것은 "어떻게 하면 '전통+예술'을 가능하게 할 수 있을까"에 대한 물음에 있기 때문이다. 그에 대한 해답은 우리가 전통을 어떻게 사유하는가에 달려있다.

전승 무형유산이 이데올로기적 전통이나 관제예술이 아니라 구현 가능한 '전통+예술'이 되기 위해서는 전통에 대한 맹목적 경건주의가 아니라 전통의 이름과 결부된 원형 담론과 권력집착을 비판하는 태도가 전제되어야 한다. 신성불가침의 전통 관념은 국가주의적 이데올로기이며 작품중심주의와 불가분의 관계에 있다. 그런 측면에서 오늘날 무형문화재 제도의 핵심적 문제는 그것이 전통에 대한 맹목적 경건주의와 작품중심주의를 강요하는 상징폭력[70]의 주체라는 점에 있다.

전통이 예술과 결합되기 위해서는 신비화된 경건함이 아니라 권력 지향적이고 이데올로기적이고 억압적인 지점들에 대한 비판이 동반되어야 한다. 그렇지 않은 맹목적 전통은 형해화 · 화석화로 진행될

---

70) 지배계층의 취향과 논리를 마치 전 계층에게 보편적이고 합리적으로 적용되는 것으로 규정짓게 함으로써 피지배계층의 무의식을 지배하고 문제의식을 거세시키는 효과를 가져오는 것을 말한다.

수밖에 없을 것이기 때문에, "전통을 사랑하는 가장 좋은 방법은 전통에 대한 비판적 시각을 갖는 것"이라는 주장은 타당하다.[71] 원형이라는 '실체 없는' 잣대를 통해서 비판과 창조와 자율을 배척하고, 변증법적 자기발전보다는 타자에 대한 차별과 배제의 '구별 짓기'[72]를 정당화하고 그에 안주하기만 할 때, 바야흐로 전통은 윤기 없는 잿빛 괴기함만을 지닌 괴물이 될지 모른다. 그럴 때 무형문화재 제도는 전통의 보존 · 계승 · 발전이라는 본래 취지와 달리 오히려 전통을 죽음으로 몰고 가게 된다. 또한 이런 지적에 대해 예술가로서 고민보다는 불쾌감만을 토로하거나 애써 무시하는 태도 역시 '전통+예술'의 구현보다는 권력 안주에 집착하는 태도일지도 모른다. 비판과 반성이 없이 진정한 예술의 사회성과 시대성은 구현되지 못할 것이기에 전통 역시 비판과 반성이 전제될 때 예술과 결합할 수 있는 자격을 얻게 될 것이다.

하지만 여기서 주의할 점은 맹목적 경건주의를 벗어나야 한다는 생각에서 '맹목적'으로 비롯된 '맹목적 배격주의'와 '맹목적 보편주의'도 위험하다는 사실이다. 흔히 전통의 권위주의를 벗어나야 한다는 생각에서 쉽게 빠지는 함정이 여기에 있다. 권위적이고 억압적인 틀에서 벗어나야 하는 것은 맞지만, 그렇다고 해서 건강하고 합리적인 비판을 넘어서서 전통을 맹목적으로 배격하거나 '세계적 보편성'을 강조하는 극단으로 치우쳐서는 안 된다. 전통을 비판하는 이유는 애정이 있기 때문이며, 전통을 맹목적으로 배격하는 태도는 전통에 대한 애정이 없을

71) 장은주, "전통의 도덕적 메타모퍼시스", 『인권의 철학』, 새물결, 2010, 63-92쪽.

72) 자신의 취향을 우아하고 아름답고 바람직한 것으로 상정하고 그에 부합하지 않은 것은 저급하고 부적절하며 수준 낮은 것으로 판단하는 경향을 말한다. 말하자면 자기존중감의 확인을 위한 타자 배제의 자세라고 할 수 있다.

때 나오게 되는 모습이다. 그리고 이런 배격주의는 곧바로 보편주의로 이어지게 된다. 전통이 권위적이고 억압적인 이유가 전통의 특수성에 기인한다는 생각을 갖고서 '보편적 합리성'이라는 그럴싸한 수사로 전통의 무의미성을 주장하는 것이다. 하지만 예술에 있어서 보편이란 존재하지 않으며, 특수성이 거세된 보편성은 그 자체로 무의미하다. 보편주의의 함정은 전통에 대한 맹목적 배격을 사회적으로 공인받기 위한 위험천만한 '구별 짓기'이다.

사실 경긴주의와 보편주의의 극복은 전통을 예술의 한 영역으로 이해하기 위한 궁여지책에 해당한다. 그러나 전통에 대한 진정성을 모색하기 위해서는 전통의 가장 어두운 면에 대한 자기반성 작업을 거쳐야만 한다. 그렇지 않은 전통은 국유화된 발명품으로서의 가치 이상이 되지 못한다.

(3) 식민성으로서의 근대성과 전통

이른바 전통이 발명되었다고 할 때, 그 발명은 식민지배와 서구 근대의 거울로서 발명됨을 의미한다. 전통과 근대는 상호 구성적 관계이며, 전통 없는 근대는 존재할 수 없고, 근대 없는 전통은 존재할 수 없다. 서구에서 근대는 중세와 대비되는 말이지만, 우리에게 근대는 전통과 대비된다. 서구인들에게 중세는 자신들의 역사이고 근대 역시 자신들이 구축한 역사이지만, 우리에게는 근대가 타자에 의해 구축된 역사이고 전통은 그에 따라 고안된 우리 자신에 대한 상상의 이미지이다. 진짜 우리의 모습이 아니라 상호구성적 관계에 의해 이미지화된 기획물인 것이다. 서구인들이 중세를 극복하려 한 것은 자신들의 역사를 극복한 것인 반면, 우리가 전통을 극복 · 해체하려는 것은 타자의 역사가 우리를 짓누르고 있는 이데올로기 지배의 산물이다.

식민지 상태에서 독립한 국가에서는 새로운 국가체제의 정당성과 민족적 목표에 의해 전통은 불가피하게 국가적 차원에서 발명되어 활용된다. 그리고 그것은 새로운 체제에서 의례화되고 제도화되면서 발명품으로서의 이미지를 제거하고 뿌리 깊은 유산으로 해석된다. 전통의 발명이 근대 국가체제의 산물이라는 말은, 단순히 과거로부터 내려온 것에 대한 신성함이 아니라 근대화된 시스템에서 필요로 하는 근대성의 가치에 의해 기획된 신성함을 부여받았다는 것을 의미한다. 이는 식민체제의 극복과 근대국가의 정통성이라는 두 측면에서 전통은 획득된 가치라는 것을 말해준다. 즉 전통은 식민성을 선험적으로 내포할 수밖에 없다는 것이다. 발명 혹은 획득이라는 것은 기존의 것이 풍성하지 않은 상태에서 가능한 개념이다. 기존의 방식이 현저하게 살아있는 곳에서 굳이 전통을 발명할 필요는 없기 때문이다. 그러므로 전통은 식민성과 근대성이라는 두 바퀴의 연결축과도 같다. 그러므로 서구종속의 역사와 식민지 경험이 없었다면 지금 우리가 생각하는 전통의 모습은 없었을 것이며, 전혀 다른 맥락의 경험과 방식들이 전통의 이름으로 자리 잡았을 것임을 의미하는 것이기도 하다. 근대성과 식민성에 의한 기획물로서 전통이 아닌 '다른 전통'은 어쩌면 지금처럼 사장된 것의 신성한 보호 차원의 전통이 아니라 여전히 살아있는 모습일 수 있으며, 적어도 지금처럼 권력화와 제도화된 모습은 아니었을 것이라고 짐작할 수 있다.

전통과 관련된 맥락으로서 근대성과 식민성은 어쩔 수 없는 동전의 앞뒷면이다. 근대성은 식민성과의 관계에 의해 설정되며, 근대성의 논리적 생산을 위해서는 식민성을 필요로 하기 때문에, 근대성은 식민성을 극복할 수 없다.[73] 근대성이 전통을 대체하는 것을 역사의 필수적 과정으로 여기는 것이 전형적인 유럽중심주의이며, 서구 근대의 진행 방향에 어긋나는 것들이 제거되는 과정을 통해 식민성은 이데올로기적 완결성을 갖추게 된다. 따라서 근대성 지향은 곧바로 전통의 말살과 해체를 정당화시켜주며, 그것은 곧 식민성의 표출에 해당한다.

태생적으로 식민성을 내포할 수밖에 없는 운명을 가진 전통은 자연스럽게 탈식민화의 지향에 내몰리게 된다. 전통과 식민성이 근대성이라는 지점에서 만날 때 필연적으로 등장하는 것이 바로 혼종성이다. 혼종성이라고 하면 근대와 전통 사이의 문화적 공존에 의한 현상으로 이해되지만, 실은 그것은 문화적 공존이라기보다 근대 지배의 과정에서 완전하게 '교화'되지 못한 전통의 잔영이다. 그런 공존은 평등이 아니라 '지배-피지배'의 계급적 구축이며, 시간이 흐를수록 근대의 영역은 더 커지고 전통의 영역은 더 적어질 수밖에 없다. 혼종화를 서구 지배의 근대성을 극복하는 민주적 방안으로 설정하기도 하지만,[74] 그것은 차이의 인정이라는 미명하에 이미 지배하고 있는 서구 근대의 지배적 양상과 그에 따른 문화적 위계화를 인정하는 것이 된다. 평등의 공존이 아닌 위계적 공존에 의한 혼종은 오히려 폐기되거나 부정되어야 한다. 그런 의미에서 탈식민의 대안을 혼종에서 찾으려는 시도는 부당하고 위험한 논리이다.

---

73) 월터 D. 미뇰로, 『라틴아메리카, 만들어진 대륙』, 김은중 옮김, 그린비, 2010, 50쪽.

74) 네스토르 가르시아 칸클리니, 『혼종문화, 근대성 넘나들기 전략』, 이성훈 옮김, 그린비, 2011, 457쪽.

탈식민은 윤리적 해방 지향이자 인간 회복의 당위와 같은 의미를 갖는다. 이를 위해서는 현대화나 '근대성 기획'이 아니라 해방의 기획, 공존의 기획이 중요하다. 'universal'이 아니라 '다름의 공존'을 기획해야 한다. 합리성이란 유럽 중심의 이념적 지향을 의미하는 것이 아니라 공존의 갈등과 마찰을 현명하게 소화하는 능력이어야 한다. 합리성은 논리가 아니어야 한다. 논리라는 틀을 갖고 차별을 정당화하고 위계화를 구축하는 것이 아니라, 인간성 자체를 존중하는 것이 되어야 하며, 그럴 때 문제해결의 핵심적인 능력을 발휘하게 된다.

탈식민은 식민성에 규정된 정체성과 지식, 주체성의 재설정에 그 핵심이 있다. 예를 들어 예술의 탈식민성은 곧 예술의 탈근대이며, 그를 위해서는 선험적이라고 여겼던 예술적 정체성과 지식체계와 주체성은 재설정되어야 한다. 이른바 전통의 근대화, 현대화, 세계화는 전형적인 식민성의 담론일 수밖에 없기에 그런 담론보다 탈식민의 과정에 대한 실천 작업이 더 중요한 것이다. 그러므로 전통의 탈식민화는 현대화 세계라는 단어에 있는 것이 아니라 인위적으로 부여된 정체성과 발명품적 지식, 국가주의적 주체성의 반성에 있다고 할 수 있다.

2) 국가주의 무형유산 정책의 현주소

무형유산 정책은 국유화된 유산의 관리시스템에 해당한다. 흔히 국가주의 무형유산이라고 하면 중국을 예로 들며 비판적 입장을 피력하곤 하며, 우리에 비해 중국의 정책이 폐쇄적이고 후진적일 것이라는 편견을 드러내기도 한다. 과연 우리의 무형유산 정책은 합리적이고 선진적일까? 우리 무형유산 정책의 현주소는 어떠한지를 파악하기 위해서는 우리의 법률에 대한 피상적 지식에 머물러서는 안 된다. 그보다는 오히려 우리가 편견을 갖고 비판해온 중국과의 비교를 통해 보다 잘 드러날 수 있다. 단순히 중국과 한국의 무형유산 정책을 평면적·도식적으로 비교하는 것은 무의미하다. 그보다는 양국의 무형유산 정책이 갖는 국가주의적 속성이 실제 무형유산 전승 현장에 어떻게 영향을 미치고 있는지가 중요하다. 특히 중국이라는 거울을 통해 한국의 현주소를 투영함으로써, 우리의 모순적 상황을 짚어보는 것이 핵심이 되어야 한다.

중국과 한국은 무형유산 분야에 있어서도 상호 '경쟁'과 '대응'의 관계에 서 있음은 부정할 수 없다. 2000년대 이후 중국의 무형유산 관련 정책 변화와 우리의 무형유산 정책 변화 과정은 상호 경쟁적·대응적 지점을 보이며 마치 톱니바퀴처럼 서로 물려있는 양상처럼 보이기도 한다. 그만큼 양국이 유사한 맥락에서 무형유산을 바라보고 관리해왔던 것이다. 중국은 비물질문화유산(무형유산) 정책에 있어 한국과 일본에 비해 후발주자였으나 발 빠른 정비와 보완을 거쳤고, 특히 2011년 〈중화인민공화국비물질문화유산법〉 공포 이후 국가적 관심과 지원이 더욱 증가하고 있는 상황이다. 한국은 2016년 〈무형문화재 보전 및 진흥에 관한 법률〉(시행 2016.3.28./제정 2015.3.27.)이 시행되면서 정책 변화를 가져왔으며, 이 법의 입안단계에서부터 많은 제언과 논의들이 있었다. 이런 상황에서 많은 논자들이 중국의 무형유산 정책을 정리하고 우리의 대응책을 제시하거나 한중 양국의 무형유산 관련 정책들을 비교하는 논설들을 펼쳤다. 여기에는 두 가지 편향이 존재하는데, 첫째는 중국의 정책을 소개하면서 그 문제점과 한계를 지적하거나 양국의 정책을 평면적으로 비교 검토하는 것이고, 둘째는 중국의 정책에 대한 우리의 대응을 주문하는 것이다. 첫째의 경우 중국의 비물질문화유산 정책을 소개함과 동시에 중국의 정책이 실제로는 중국의 국가적 · 중화주의적 정체성 강조의 과정이며 세계의 중심으로 다시 자리 잡고자 하는 중국의 야심이 반영된 것으로 파악하고 있다. 이 때문에 자연스럽게 주변국과 문화유산 소유권 관련 분쟁이 유발될 수 있다는 현실적 문제도 지적하고 있다. 이는 타당하면서도 의미 있는 지적이다. 둘째의 경우는 중국의 문화유산 정책이 실제로 한국과 갈등을 드러내고 있는 상황에서 우리의 대응을 주문하는 것인데, 우리의 것을 중국에 빼앗길 수 없다는 민족적, 방어적, 본능적 대응을 강조하고 있다.[75]

중국의 비물질문화유산 정책에 대한 소개나 그 정치적 맥락에 대한 지적들이 한국 무형유산 정책의 대응방안에 대한 논의로 이어지는 것은 표면적으로는 자연스러운 것처럼 보인다. 하지만 여기에는 착시현상이 존재한다. 그것은 두 가지 차원으로 나누어진다. 하나는 중국의 정책에 대한 이해를 과연 제대로 하고 있는지에 대한 것이며, 다른 하나는 중국의 공격적 정책과 한국의 방어적 전략이라는 대립적 차원으로 바라보는 시각에 관한 것이다. 전자의 경우, 정책에 대한 이해는 문서로 제시된 정책의 문구를 이해하는 것으로 끝날 수 없다. 즉, 정책이 과연 제대로 시행되고 있는지, 현장에서 정책이 어떻게 구현되고 있는지에 대한 고찰이 전제되어야 정책의 이해가 완결된다는 것이다. 정책은 문구로 끝나는 것이 아니라 현장의 목소리로 귀결되기 때문이다. 하

75) 다분히 감정적 대응의 성격이 없지 않다.

지만 여태까지의 연구들은 현장이 아니라 정책 그 자체(문서로 표기된)의 분석에 한정되어 있으며, 이 때문에 그 정치적 맥락만이 강조되어왔다. 물론 중국의 중화주의적·패권주의적 문화정책의 본질을 꿰뚫는 통찰은 중요하다. 하지만 그것이 현장에 적용되는 방식, 현장에 정책이 미치는 추진력 역시 간과할 수 없는 지점이다. 후자의 경우, 중국의 비물질문화유산 정책을 우리의 무형유산에 대한 적대적 정책으로만 바라보는 문제인데, 이 역시 전자의 문제와 연관된다. 정치적 맥락을 중심으로 정책을 바라보다 보니 역시 우리의 민족주의 정서와 대립되는 지점이 부각되어 드러나게 되는 것이다. 물론 정치적으로는 분명 대결적이고 대립적인 지점이 적지 않다. 하지만 현장의 목소리를 중심으로 사고하면 중국의 비물질문화유산 정책이 반드시 우리의 민족주의 정서적 반응으로 귀결되는 것은 아니다. 오히려 그보다는 중국의 정책을 통해 우리의 정책이 가진 근본적 오류와 강제된 선입견을 지적하고 반성하는 차원의 시각이 필요하다. 상대방의 정책을 통해서 상대방과 대결을 사고하는 자세만이 아니라 스스로의 결함을 인지하고 보완하는 자세가 보다 냉철하고 합리적인 태도가 될 것이다.

(1) 중국 비물질문화유산 정책의 맥락과 현장

중국의 비물질문화유산 정책과 관련하여 표면적으로 가장 두드러지는 점은 국가주의적 맥락과 '발명된 전통'의 모습이다. 중국은 문화대혁명 기간에 무형유산을 '미신'으로 치부되어 탄압했다가 1980년대 개혁개방 이후 '정신문명'의 중요성을 강조하기 시작했다. 2004년 8월

중국정부 유네스코 '무형문화유산 보호협약' 가입, 2006년 10월 '국가급 비물질문화유산 보호 및 관리 임시조치' 제정, 2011년 2월 〈중화인민공화국비물질문화유산법〉 공포 등의 과정에서, 기본적인 법제화 과정은 한국이나 일본보다 늦었지만 제도화 진행은 매우 빠르다.[76] 특히 2011년 〈중화인민공화국비물질문화유산법〉 공포 이후 무형유산에 대한 국가적 관심과 지원이 증가했는데, 국가급 무형문화유산을 '중화민족의 우수한 전통문화를 대표하고 중요한 역사, 문학, 예술, 과학적 가치를 갖는 무형문화유산이다'라고 규정했다. 또한 "비물질문화유산의 보호는 그 진정성, 총체성, 전승성을 중시해야 하며, 중화민족의 문화적 동질감 강화, 국가통일과 민족단결의 유지, 사회화합과 지속 가능한 발전의 촉진에 기여하여야 한다"[77]라고 규정하고 있는데, 여기서 명시적으로 국가주의적 속성을 드러내고 있다. 이는 궁극적으로 비물질문화유산을 국가적 · 중화주의적 정체성 강조의 과정에서 파악하는 것이며, 세계의 중심으로 자리 잡고자 하는 중국의 야심이 문화적 대내결속과 대외패권 양상으로 표출되는 것에 해당한다. 따라서 중국에서 비물질문화유산을 바라보는 태도는 순수한 '가치'의 차원이라기보다는 정치, 군사, 문화적 패권과 동반된 문화적 패권을 위한 사전정지작업의 성격이 강하다고 할 수 있다. 이는 자연스럽게 주변국과 문화유산 소유권 관련 분쟁을 유발시키게 되며, 문화유산을 현 정치권력이 지향하는 패권주의의 수단으로 활용할 때 이는 필연적으로 근대국가에서의 전형적인 '전통의 발명' 양상을 보여준다.

---

76) 이 과정에서 무형문화유산에 대한 중국의 시각은 국가 지배담론에 대한 비판적 관점에서의 민간문화유산과 거리가 먼 '위대한 중국문화'의 국가주의 담론으로 변화되었다.

77) 〈중화인민공화국비물질문화유산법〉 제4조.

이를 위해 2011년 무렵부터 '민간'을 '전통'으로 단어 교체를 진행했는데, 이전까지 '민간음악', '민간무용' 등으로 불리던 것을 모두 '전통음악', '전통무용' 등으로 바꾸었고, '전통'이라는 단어가 갖는 맥락을 국가주의적 · 이데올로기적으로 활용하는 양상을 보이고 있다. 또한 비물질문화유산으로 지정된 종목은 한족보다 소수민족의 것이 압도적으로 많은데 이 역시 정치적 활용의 맥락이 있다.[78)]

물론 현실적으로 중국 역시 한국과 마찬가지로 내부의 자체적 진단으로 제기된 비물질문화유산의 문제들을 토로하고 있다. 예컨대 선승자 지정 무원칙성, 시장성 없는 문화유산 위축 및 과도한 현대화에 의한 역사적 가치 소실, 정부 무관심 혹은 과도한 지원에 의한 자연적 발전 저해, 관련 법규의 낮은 사회적 인식 문제 등이 내부적으로 지적되고 있는 상황이다.

그런데 이처럼 중국의 비물질문화유산 정책이 정치적 맥락에 부속된 것이라 하더라도 2011년 〈비물질문화유산법〉이 제정되는 과정에서 중국이 보인 고민 중에는 대단히 주의 깊게 되짚어보아야 할 점들이 있다. 그것은 바로 '보호'라는 단어의 함의와 무형유산의 생태적 맥락에 대한 고민들이다. 중국에서 이 법이 제정될 때 핵심적 논의 중 하나가 바로 '보호'라는 말의 적합성에 관한 것이었다.[79)] 법안명에 '보호'라는 말을 넣을 것인가의 문제가 주된 논의의 대상이 되었던 이유는 비물

---

78) 중국의 무형문화유산 중 95% 이상은 소수민족과 관련된 항목들이라고 조사된 바 있다.(장국강, "무형문화유산에 대한 중국의 시각: 무속 관련 무형문화유산을 중심으로", 『남명학연구』 제45집, 경상대학교 남명학연구소, 2015, 179쪽.)

79) 정준호, "중국 무형문화유산제도의 형성과 정책관리체계 연구", 『한국자치행정학보』 제29권 1호, 한국자치행정학회, 2015, 423쪽.

질문화유산은 정태적이고 화석화된 것이 아니라 동태적인 것임에도 불구하고 보호라는 말을 붙이게 되면 본래적 동태성을 부정하는 양상이 될 수 있기 때문이었다. 즉 보호라는 말의 한계와 정책적 오류 문제가 심각하게 인지되고 있었으며, 이는 중국의 비물질문화유산 정책이 단순한 정치적 활용의 맥락만이 아니라 그 핵심적 속성을 어떻게 살리고 지속시킬 것인가에 대한 진지한 고뇌가 정책결정 과정에 있었음을 말해주는 것이다.

또한 이 법안에서는 비물질문화유산의 유기적 · 생태적 성격을 부각시키면서 '총체적 보호'와 '생산적 보호'라는 개념을 도입했다.[80] 소위 '총체성'은 비물질문화유산이 역사적 · 사회적 과정과 유기적으로 결합된 가치물일 수밖에 없으며 공간적 · 시간적 · 생태적 환경 속에서 보호되어야 한다는 생각에서 도입된 개념이다. 기예능 전승만이 유산 전승이 될 수 없으며, 때로는 역사적 과정이나 사회적 삶 자체가 이미 문화유산 전승의 중심적 맥락이 된다는 점을 인지한 것이다. 비물질문화유산의 생태성을 중시한 개념이라고 할 수 있다. 이를 구체화하기 위해서 '국가급문화생태보호 시범지구'가 지정되었고, 현재까지 18개 구역이 지정되었다.[81] 한편, '생산성'(생산적 보호)의 개념은 주로 예능보다는 기능분야에 초점이 맞추어진 것으로, 문화유산의 기능적 생산결과물을 적극적으로 보호하기 위한 것이다. 이에 '국가급비물질문화유산 생산적보호시범지구'가 지정되었다. 이 또한 기본적으로는 비물질

80) 김우석, "중국의 무형문화유산 보호사업에 관한 초보적 고찰", 『중국학보』 第68집, 한국중국학회, 2013, 99쪽.

81) "소수민족일 것, 특정구역으로 구획될 수 있을 것, 설사 민족이 다르더라도 생활양식과 풍습이 동일하면 지정할 것" 등 3가지를 지정기준으로 하고 있다.

문화유산에 관한 유기적 생태환경 조성을 염두에 둔 개념이라고 할 수 있다.

이처럼 '보호'라는 용어에 대한 고민, 무형유산에 관한 생태적 고민 등은 중국의 비물질문화유산 정책이 단순한 국가주의적 맥락에서 사유 없이 진행된 것이 아님을 보여준다. 한국에서 2015년 새로운 무형유산법에 대한 논의를 할 때 주로 보유자 심사 강화나 이수자 심사절차 등의 표면적이고 절차적인 지점에 대한 고민이 주를 이루었던 것과 대비되며, 오히려 중국은 보다 본질적 지점에 대한 고뇌가 보다 심화된 형태로 존재했음을 알 수 있다.

중국 비물질문화유산 정책에서 무엇보다도 눈여겨볼 점은 정책의 수사적 화려함이 아니라 정책이 구현되는 현장에 있다. 정책이 구호나 선언적 성격에 그치는지 아니면 현장밀착성을 갖고 구현 가능한 방식과 시스템이 작동하고 있는지가 보다 중요한 것이다. 중국의 비물질문화유산 보유자들을 접촉해보면, 그들 역시 전승 현장의 어려움과 관련해서 생활양식 변화, 산업화, 현대화 등으로 인한 어려움을 토로하는 것은 우리와 다르지 않다. '예술을 교육할 수 있는가'라는 원초적 문제에 대한 고민부터 고도의 예술적 자부심 역시 마찬가지다. 하지만 그들은 전승을 잘 할 것을 고민하는 데서 그치며, 우리의 전승자들처럼 생존을 위해 기획과 마케팅 역량을 고민하지는 않는다. 이는 무형유산 전승에 관한 국가의 책임과 관련이 있다. 예를 들어 국가가 전승에 관한 책임을 진다는 것은 전승자들이 자신들의 생계문제로 인해 전승의 심각한 어려움을 겪지 않을 것을 전제로 한다. 즉 전승자들에게 생계와 전승활동이 괴리되어서는 안 된다는 점이 기본이 되어야 하는 것이다. 보유자와 이수자 다수가 경제적 삶의 곤궁함에 직면할 때 그들은 전승에 전념하지 못하고 자기 삶의 물질적 조건에 전념해야 한다. 이런 상황은 국가가 책임을 방기하는 상태라고 할 수 있다. 이런 면에서 중국의 전승자들이 흔히 말하는 '나는 전승에만 전념할 뿐이다'라는 표현은 (설사 그것이 자기과시적 수사이거나 국가주의적 포장의 차원이 어느 정도 가미되어 있다 하더라도) 국가의 책임이 명확하게 작동되고 있음을 보여주는 것이라 할 수 있다.[82]

이 때문에 우리가 전승자 교육을 중시하는 것과 달리 중국에서는 전승자 교육에 대한 개념이 희박한 편이다. 전승자 교육으로 필요한 부분은 전승자로서 자기해석과 자기인식, 전승유산 기억 보존, 여기에 국가 정책 정도가 포함되게 되며, 기획이나 마케팅, 행정업무 등에 관한 내용이 전승자 교육에 필요한 상황은 아니다. 기획, 마케팅, 행정업무는 전승자들의 몫이 아니라 관리감독기관의 몫이다. 이를 보면 전승자가 전승에 보다 효율적으로 임할 수 있는 여건이 국가에 의해 상대적으로 잘 마련되고 있는 것처럼 보인다.[83]

---

82) 당연하게도 전승자는 유산 보호, 정신계승이 역할이며, 그들에게 자기 생존을 위해 기획, 마케팅의 능력을 요구하는 우리의 시스템은 온전한 전승시스템이 될 수 없다.

83) 중국 보유자 지정종목 선정은 '100년 이상 역사+3대 이상 전승'을 필수로 하고 있으며, 기본적으로 중국 무형유산의 경우 소멸위기 종목이 아니라 국가주의적 과시 · 홍보가 목적이기 때문에 화려하고 잘 조직된 종목을 지정한다. 아울러 유네스코 등재가 현실적인 목적으로 작용하고 있기도 하다. 이 점은 한국 역시 마찬가지다. 실제적으로 인멸위험이 주된 무형유산 선정목적이 아니라는 점은 부인할 수 없는 현실이다. 무형유산이 인멸과 가치의 관점이라면 전승자에게 기획, 홍보, 마케팅 등의 역량 강화를 하려고 할 수 없으며, 무형유산 선정종목은 어차피 생존을 국가가 100% 책임져야 하는 것이 정상이다. 국가적 홍보나 민족주의적 당위만이 아니라 실제적인 인멸위험과 가치전승의 기본취지에 부합하는 무형유산의 시각이 중국이나 한국 모두에 요구되고 있다. 중국의 국가주의적 시스템에서 전승자 교육은 전승자의 의무 차원이 아니라 국가의 전승자 보호 및 예우에 관한 임무 차원에서 사고된다. 따라서 국가가 중화주의 이념을 고취하기 위해 행정적 지시를 하고 행정기관이 따르는 형태로 진행되지만, 전승자에게 교육의 의무를 강제하는 것이 아니라 전승자를 위한 보호 · 지원방안을 모색하는 행정기관의 모습이 전면에 드러난다.

(2) 한국 무형유산 정책의 현실적 모순

대한민국 헌법 제9조 "국가는 전통문화의 계승 · 발전과 민족문화의 창달에 노력하여야 한다"는 조항은 전통문화에 관한 국가의 책임을 명기하고 있다. 〈무형문화재 보전 및 진흥에 관한 법률〉 역시 이런 헌법 조항에 근거한 것이다. 흔히 중국의 국가주의와 중화주의적 패권양태를 비판하지만, 적어도 무형유산과 관련한 시각은 한국 역시 강한 국가주의적 이념을 토대로 하고 있다. 내/개의 근대국가에서 국가수립의 정당성 확보와 공동체 의식 결속 및 소속감 강화를 위해 '전통 발명'이 이루어지며, 한국의 무형문화재 제도 역시 이런 맥락의 전형성을 보인다. 국가의 정통성을 전통문화에서 찾는 것은 소위 근대국가에서 보편적이거나 심지어 당연한 것이며, 그런 측면에서 우리의 헌법 제9조 조항은 중요한 상징성을 갖는다. 하지만 과연 무형유산에 관한 국가의 책임은 수행되고 있는가? 무형유산 관련 논의에서 가장 중요한 지점은 바로 이 지점이지, 보유자나 이수자 선정 과정이나 심의의 절차적 문제에 있지 않다. 이에 대한 논의는 자연스럽게 전승자 교육의 문제 및 전승의 진정성에 대한 논의로 이어지게 된다.

① '보호'와 '보장'

2016년 시행된 〈무형문화재 보전 및 진흥에 관한 법률〉에서 '보호'라는 단어는 39회, '지원'이라는 단어는 29회 등장한다. 표면적으로는 무형유산에 대한 국가의 보호와 지원을 강조하는 것처럼 보이고, 전통문화에 대한 국가의 책임과 의무를 다하고 있는 것처럼 보인다. 하지만 정책에 있어 보다 중요한 지점은 문구의 수사적 화려함이 아니라 현장에서의 구현양상에 있다. 국가는 보호하고 지원한다고 밝히고 있지만, 그것이 현장에서 어떻게 체감되는지에 대한 목소리를 간과한다면, 그것은 공염불에 불과하다.

여기에는 '보호'와 '지원'이라는 단어의 함정이 존재한다. 헌법 제9조에는 전통문화의 계승 · 발전과 민족문화의 창달을 언급하고 있지만, '계승 · 발전'이나 '창달'과 '보호'는 비슷해 보이지만 사실은 매우 다른 의미를 갖는다. 보호라는 것은 약자에 대한 현상유지 개념에 해당하며, 의미를 확대한다 해도 생명연장(연명) 정도의 의미에 그치는 것이다. '보호'에 초점을 맞추게 되면 현상유지를 위한 '지원'으로 책임방향을 잡게 되며, 그럴 때 '보호'와 '지원'은 의미상 긴밀한 연관성을 갖게 된다. 하지만 '계승 · 발전'과 '창달'은 보호보다 훨씬 적극적인 개념이다. 보호라는 소극적 방어개념이 아니라 능동적 행위개념인 것이다. 연명 개념의 '보호' 의미맥락에서는 최소한의 현상유지만 하면 책임을 다한 것처럼 오인된다. 하지만 '계승 · 발전'과 '창달'은 생명유지를 걱정하는 차원이 아니다. 생명유지는 가장 '기본 중의 기본'인 전제조건에 해당하지 그것 자체가 목적이 될 수 없다. 다시 말하면 '계승 · 발전'과 '창달'을 위해서 가장 먼저 확보되어야 하는 조건이 바로 '자기 삶의 연명에 대한 걱정을 하지 않을 것'이다. 그 조건이 확보된 상황에서 국가의 본격적 책임을 어떤 방식으로 수행할 것인지가 사고되어야 한다. 하지만 '보호'와 '지원'의 사고에 갇히게 되면 연명을 위한 산소호흡기 제공만으로 국가의 책임을 다했다고 여기게 된다. 본격적인 책임은커녕 최소한의 전제조건조차 확보하지 못한 상태에서 책임을 다했다고 여길 수 있게 되는 것이다. 하지만 분명히 따져야 한다. 헌법에서 '계승 · 발전'과 '창달'하라고 했지 '보호'하라고 한 적이 있던가?

그렇다면 무형유산 정책과 제도의 본질적 핵심에는 전승자 생존 문제라는 기초적 전제조건을 무시하고 간과한 채 '보호'와 '지원'으로 국가의 책임을 호도하는 문제가 존재한다. 국가는 '보호'의 명분과 연명을 위한 '지원'을 하면서 정작 전승자들의 생존에 대해서는 책임지지 않는다. 〈무형문화재 보전 및 진흥에 관한 법률〉(시행 2016.3.28.) 및 그 시행령 어디에도 전승자들의 생계에 관한 언급은 없다. 보유자에게 전승지원금이 나오긴 하지만 4인 가구 최저생계비에도 턱없이 못 미치는 금액이며, 그나마 생계지원이 아니라 전승지원이기 때문에 생계가 아닌 전승에 돈을 썼음을 증명할 것을 강요받는다. 무형유산의 기능이나 예능이 전승자들의 삶과 유리된 것이 아니라는 것은 초보적 상식임에도 불구하고 오직 기능과 예능 전승에만 쓰라는 강요는 전승자의 삶을 의심하고 그 생존의미를 폄하하는 발상이라고 할 수 있다. 또한 문화재를 '관리' 대상, '통제' 대상으로 보되 그 가치를 인정하지 않으려는 모순적 태도이기도 하다. 더 심각한 것은 이수자들의 삶이다. 그들은 이수자격이라는 국가적 타이틀 외에 어떤 생존장치도 지원받지 못한다. 많은 무형문화재 종목들에서 30대부터 40대 초반까지 전승자들의 부재를 호소하는데, 그것은 결혼과 육아와 경제적 삶의 영위라는 기본적인 사회적 조건을 그 세대 이수자들이 감당할 수 없기 때문이다. 이수자들로 하여금 종목전승을 할 수 있는 최소한의 경제적 조건을 만들어 주지 못함으로써 많은 이수자들이 생계를 위한 별도 직업을 갖거나 아예 전승자로서 삶을 포기하고 있다. 청년과 중년 전승자들을 위해 국가가 하는 일은 자격 부여에 그칠 뿐, 그것을 수행하기 위한 기본조건에 대해서는 방기하고 있다.

이를 역으로 환산해보면, 국가는 '보호'와 '지원'이라는 이름의 생색만 낼 뿐 책임은 방기하고 있으며, 기능과 예능을 보호할 뿐 전승자들의 삶은 전승자 개인의 책임으로 돌리고 있다고 지적할 수 있다. 삶과 기예능을 구분하는 이런 무모한 발상의 저변에는 우리를 강력하게 지배하는 신자유주의 질서가 존재한다.[84] 국가가 지정하고 국가를 위해 선전하고 활용하는 유산임에도 불구하고 실제적 연명은 개인에게 위탁하고 맡기는 것이 현실이다. 전승에 필수적인 생존활동의 절대치를 개인의 책임으로 돌리고 있는데, 중국과 한국의 무형유산 제도의 커다란 차이가 여기에 존재한다. 왜 국가의 책임을 개인의 책임으로 돌리는가? 이는 이익은 국가가 취하고 생존 자체는 개인이 책임지는 이기적 국가주의이자 신자유주의적 발상의 전형이다. 이때 국가는 '지원'과 '보호'를 전면에 내세우면서 헌법에 명시된 국가의 책임과 의무는 방기한다. 무형유산 전승자는 국가가 책임져야 할 중요한 자원이지 자본주의 정글 속에서 알아서 생존해야 하는 예술가가 아니다. 자본주의 시장 속에서 잘살 수 있는 종목이라면 애초에 굳이 문화재로 지정할 이유도 없다. 이런 모순에도 불구하고 우리를 둘러싼 모든 환경이 신자유주의 질서에 길들여져 있기 때문에 무형유산과 관련해서도 무의식적으로 신자유주의적 방식을 수용하고 정당화하게 된다. 말하자면 길들여진 탓에 그에 대한 모순의 인지조차 하지 못하고 있는 것이다. 최저생계비에 못미치는 자금 지원 외에 모든 것을 개인에게 맡기면서 국가의 책임과 부담을 더는 방식은 배격되어야 하며, 헌법정신에도 부합하지 않기 때

84) 물론 그 이전에 처음 무형문화재 제도를 일본으로부터 모방하던 단계에서부터 전승자 중심의 사고가 아니라 국가관리 편의주의적 시스템에 길들여진 점이 있다.

문에 무형유산에 대한 국가의 의무강화와 책임소재(헌법 제9조)를 명확히 지적해야 한다. 전승자는 공예품이나 공연상품의 기획자 · 생산자가 아니라 '기예와 정신'을 전승하는 사람이라는 가장 기본적 개념에 충실해야하며, 지금과 같은 왜곡된 시스템은 국가의 책임 · 의무가 아니라 '관리 · 계몽'의 모습(무형유산을 관리 대상으로만 보고 국가를 계몽자로 설정하고 통제하려는 모습)에 해당한다. 이는 국가의 우월적 입장에서 구축한 시스템일 뿐 '무형유산의 가치' 관점의 고민이 거세된 것이다. 생존할 수 있는 여건을 마련해주지 못하면서 전승 의무와 그에 따른 관리 · 통제만 하려는 발상은 상식적으로 용납되기 어렵다.

그렇다면 무형유산은 '보호'나 '지원'이 아니라 궁극적으로 '보장'의 관점으로 나아가야 한다. 현재는 국가유산을 개인위탁한 형태, 즉 '개인위탁+지원'의 형태지만 전승자들의 삶 자체를 '보장'하는 단계로 진화해야 한다. 〈'개인위탁+지원' → 보장〉으로의 진화 방향은 정책적 투쟁의 방향이 되어야 한다. 여기서 보장이란 최소한의 생존보장과 연관된다. 전승활동의 '직업성'을 인정하는 것은 가장 기본적 조건이다. 현실적으로 전승자들의 전승활동이 직업으로 인정되지 못하고 있다는 점을 심각하게 인지해야 한다. 전승자들은 최저생계비도 지원받지 못하고 있으며, 4대 보험도 보장받지 못한다. 이를 보장받기 위해서는 전승을 단념하거나 별도의 생계수단을 가져야 한다. 보유자에게 4인 가구 최저임금에도 한참 부족한 금액으로 전승하라는 말은 그만두고 다른 일 하라는 말이나 마찬가지이며, 이수자에게 이수 타이틀 외에 어떤 수당이나 보조금도 주지 않는 것은 전승 현장을 떠나라는 말이나 다름없다. 국가가 관리하고 인정하면서도 그것의 직업성은 인정하지 않는 것은 얼마나 어처구니없는 상황인가? 사회적 삶을 영위하기 위한 기본 조건은 국가가 마련해야 하는 것이 헌법에 명시된 국가의 책임 · 의무라고 판단된다.

좀 더 구체적이고 원론적으로 생각해보자. 직업성의 인정이란 무엇인가? 국가무형유산 전승 종목은 국가에 의해 규정되었다. 전승자들 역시 국가에 의해 선택된다. 여기에 경쟁의 원리도 내재해있다. 이 종목들은 애초부터 시장성이 없는 인멸위험의 종목들이며, 대개 예술성이 탁월하다고 인정되는 종목들이다. 이 종목의 전승자로 인정받기 위해서는 오랜 기간 수련을 통해 남다른 수월성은 확보해야 가능하다. 따라서 전승자들은 무형유산 전승을 전업으로 하는 이들일 수밖에 없으며, 이를 통해 국가에 이바지할 뿐만 아니라 자신의 사회적 삶을 영위할 권리를 갖는다. 그리고 이 무형유산은 국민통합과 국가 홍보와 민족적 자아정체성 확보와 국민적 자긍심 고취 등을 위해 이바지하게 된다. 그렇다면 국가는 명백히 국가적 이익을 위해 무형유산 전승 종목과 전승자들을 활용하고 있으며, 이때 활용은 현실적 의미의 '고용'이라고 볼 수 있다. 여기에는 국가가 전승자들에게 자격을 주고 국가를 위해 일하도록 하는 '계약'이 내포되어 있다고 볼 수 있는 것이다. 이런 '고용계약'은 '사용자로서 국가'와 '피고용자(노동자)로서 전승자' 사이에 이루어지는 것이다. 말하자면 보유자, 전수조교, 이수자 자격증은 계약서의 성격을 갖는다. 그런데 현실에서 국가는 무형유산에 대한 독점적 재량권을 행사하면서 모든 이익을 차지하되, 정작 그에 대한 대가는 일부분만 지불한다. 전승 의무를 규정하고 전승지원금과 함께 때로는 행사수당을 지불하기도 하지만 그것은 정당한 임금의 성격이 아니다. 어쩌면 '근로의 의무'만 부과하고 책임을 다하지 않고 있다고 볼 수 있다. 이는 독점적 지위를 남용한 행위처럼 보인다. 전승유산의 특수성을 고려한다 하더라도 지금부터 전승자들의 자기권리 찾기를 위한 운동이 시작되어야 한다.

② 전승자 교육과 관료적 계몽주의

이런 신자유주의적 문화재 정책과 결합된 '보호'와 '지원'의 명분은 전승자들의 전승활동과 생존을 돕겠다는 취지의 '전승자 교육'의 발상을 낳게 한다. 전승자들이 기능 · 예능만 아는 사람들이다보니 그들로 하여금 기획, 마케팅, 홍보, 행정실무 등의 능력을 키워서 자생적 활동이 가능하도록 재교육시키겠다는 것이다. 사실 이 발상 역시 사유의 왜곡이 빚어낸 것일 수밖에 없다. 상식적으로 전승자들로 하여금 자신의 종목 전승에 전념할 수 없게 하는 발상이고, 전승능력과 무관한 '생소한' 능력을 갖출 것을 강제하는 것이기 때문이다.

국립무형유산원 출범 이후 실시했던 전승자 교육은 프로그램 구성의 고민과 시행착오의 진정성이 존재하지만, 기본적으로 무형유산원의 존재이유와 가치를 전승자 교육에서 찾으려는 발상적 착오가 있는 것은 아닌지 묻고 싶다.[85] 다시 말하면 전승자 교육의 필요성과 이유가 전승활성화를 내세운 무형유산원 존재감 찾기가 적지 않은 부분을 차지했다는 점은 반성되어야 한다는 것이다. 따라서 전승자 교육과 관련하여 현 단계에서 보다 심각하게 고려되어야 할 문제는 '전승자에게 필

85) 법률 "문화재청과 그 소속기관 직제" 제33조의6 '직무' 항에 "국립무형유산원은 무형문화유산의 보존 · 전승 · 연구 · 조사 · 기록관리 · 보급 및 진흥에 관한 사무를 관장한다"고 규정되어 있다. 이를 위해 국립무형유산원에서 내부적으로 전승자 교육에 중요한 방점을 찍고 있으며, 설립 이후 지속적인 시행착오를 거치면서 전승자 교육시스템을 정착시키고 있는 상황이다.

요한 교육프로그램이 무엇일까'에 관한 것보다 '무엇을 위한 전승자 교육인가?' 혹은 '전승자 교육이란 무엇인가?'에 관한 것이다. 전승자에게 전승활동에 전념할 수 있는 환경 조성을 위한 정책이 아니라 전승자들의 생존은 전승자 알아서 하라는 입장에서 국가가 도움을 주겠다('지원')는 자세는 위에서 언급했든 헌법 위배이자 모순적 사고이기 때문이다. 전승자 교육의 본질적 개념은 전승 자체에 목적을 두어야 하며, 전승자로 하여금 전승 자체에 전념할 수 있는 사회적, 정치적, 경제적 환경 조성을 위한 역할이 앞서 확보될 것이 전제되어야 한다. 이것이 안 된 상태에서 전승자 교육은 허상이다. 전승자 교육 목적은 전승활동을 위한 전승자 자기강화(자기해석, 자기인식, 정신계승 등)가 되어야지, 축제기획이나 홍보마케팅, 행정실무 같은 전승과 무관한 능력 강화가 되어서는 안 된다. 인문학과 정책과 법률에 관한 교육은 필요하겠지만, 기획, 홍보, 마케팅 등은 전승자에게 그 능력을 키울 것을 강요하는 것이 아니라 국가기관(무형유산원)이 담당하고 책임져야 할 문제이다.

여기까지 이해한다면 국가기관이 전승자에게 전승 외적 요소에 대한 교육을 기획하는 이유를 파악할 수 있다. 그것은 바로 전승자를 지도하고 계몽해야 하는 대상으로 간주하는 관료주의 문제에 해당한다. 무형유산원이라는 국가기관을 전승자의 전승활동을 '책임'지고 '보장'하는 역할로 이해하는 것이 아니라 스스로 우월적 지위를 갖고 전승자들을 '관리'하는 주체로 생각하는 관료적 사고와 그에 따른 계몽주의적 사고가 아니면 이런 식의 발상을 할 수 없다고 본다. 하지만 역으로 생각하면, 진정 교육이 필요한 대상은 전승자가 아니라 전승유산을 '관리 대상'으로 파악하려는 무형유산원이 되어야 하며, 교육주체는 무형유산원이 아니라 오히려 전승자일수도 있다. 왜 무형유산원은 가르치려고만 들고 스스로 배우려고는 하지 않은가? 배우지 않아도 될 정도의 전문성을 확보하고 있다고 스스로 판단하는 것일까? 전승자 교육에서 '교육' 개념은 수직적 개념이 아니라 수평적 개념이어야 한다. 무형유산원을 교육주체로 생각하고 국가가 갖는 교육권만 사고할 뿐 학습자가 갖는 천부인권으로서 학습권 개념은 고려하지 않는 태도는 교육학의 기본을 무시한 것이다. 전승자들은 자신들을 위한 교육을 요구하고 질 좋은 교육을 받을 권리가 있고, 무형유산원은 자신들이 생각하는 교육프로그램을 강요하는 것이 아니라 (즉, 기획, 홍보, 마케팅 능력을 키울 것을 전승자들에게 강요하는 것이 아니라) 전승자들로 하여금 전승에 전념할 수 있는 사회적 조건을 마련하고 그 위에서 전승활동의 내적 강화를 위한 프로그램을 수용해야 한다. 국가 역시 때로는 스스로 학습 대상자임을 각인하고 학습권 차원의 자기인식이 필요한 것이다.

전승자 역량 강화는 전승자에게 전승 외적인 요소를 교육시킴으로써 확보되는 것이 아니며 국가가 전승자를 위해 기획, 마케팅, 기타 생계를 책임지는 시스템이 될 때 자연스럽게 전승자 역량은 강화된다. 적어도 전승자들에게 최저생계비와 4대 보험만 적용시켜도 지금보다 훨씬 활성화된 전승 상황이 될 것이다. 무형유산이 갖는 인멸위험과 생태적 가치의 관점에서 본다면 전승자에게 기획, 홍보, 마케팅, 행정업무 등의 역량을 강화하기 위해 전승자를 교육하겠다는 발상을 할 수 없다. 인멸이란 생존위기인데 무형유산으로 지정해놓고서 전승자 스스로 전승 외적 영역의 역량을 강화해서 생존하라고 가는 것은 무형유산 취지에도 맞지 않다. 원론적으로 볼 때 무형유산은 어차피 생존을 국가가 책임져야 하는 것이 정상이다. 인멸위험과 가치전승의 기본취지가 망각되고 있는 것은, 그만큼 신자유주의적 무의식이 우리를 강하게 지배하고 있는 것이 현실이다. 전승활성화는 국가의 몫이지 전승자의 몫이 아니다.

③ 전승 진정성과 생태성

기예능과 전승자 삶을 분리하여 '관리'하는 지금의 시스템은 폐기되어야 한다. 기예능과 전승자 삶은 분리될 수 없으며, 이는 또한 역사적 과정, 주변환경, 공동체 집단무의식 등과 유기적으로 연관되어 있다. 따라서 무형유산 전승과 관련하여 무형유산의 '생태성'을 인지하는 것은 중요하다. 중국의 소위 '생태적 보호'라는 개념 역시 보다 건설적으로 이해하고 수용할 필요가 있다. 기예능은 국가가 관리하고 전승자는 알아서 생존하라는 현실이 신자유주의에 의한 왜곡된 정책임을 이해할 때, 무형유산의 생태적 관점은 무형유산에 대한 시각의 초점을 전승자 교육이 아니라 정책철학에 맞출 것을 요구한다.

사실 시민들의 무형유산의 중요성에 대한 인식은 충분히 높은 편이다. 당위로 보면 시민들의 의식에는 거의 문제가 없다. 다만 현실적으로 무형유산에 대한 접근성이 낮고 시민의 생활환경에서 무형유산에 대한 절실함이 없다는 점이 문제다. 그렇다면 시민 중심 속에서 생태적으로 재생산되고 전승될 수 있는 방안 마련이 중요하지, 전승자 교육체계에 집착하는 것은 적절하지 않아 보인다. 인위적 전승자 교육이 아니라 생태학적 접근이 필요한 것은 이 때문이다. 위에서 언급했듯 무형유산에 있어 '보호'라는 개념은 적절하지 않으며, 보장의 관점을 구현하기 위해 무형유산 생태환경 조성의 개념이 필요하다. 시민 중심이 아니라 전공자 중심으로 사고하는 편향은 극복해야 하며, 마케팅을 활성화하거나 스타 예술가 발굴을 통해 활성화하겠다는 발상은 그 출발점부터 잘못 설계된 것일 수 있다. 그것 자체가 필요없다는 것이 아니라, 그것이 정책의 핵심이 되어서는 안 된다는 것이다.

이런 맥락에서 무형유산 활성화를 위해서는 민족문화적 당위성 역설에만 머물 것이 아니라 사람들의 삶 속에서 환경과의 상호작용을 통한 자연스러운 생산발전의 시스템을 갖추도록 할 것이 제안되기도 했다.[86] 이는 말하자면 생태적 차원에서 접근할 필요성을 제기한 것인데, 궁극적으로 문화유산 전승의 주체는 전공자를 넘어서 전체 시민들이어야 하기 때문이다. 생태학적 관점에 입각한 무형문화유산 개념은 "'살아있는 유산'으로서의 관점, 무형유산과 관련된 도구, 물품, 공예품, 공간까지 개념에 포함하는 관점, 생명성, 총체성, 상호관계성, 순환성, 다양성, 균형, 진화발전 등을 특성으로 보는 관점" 등을 포함한다.[87] 이 개념을 정책으로 구현하기 위해서는 보다 구체적인 실행방안을 도출하기 위한 별도의 과정이 필요하며, 중국처럼 문화유산 생태지구 시범사업을 추진하는 방안이 도입될 필요도 있다.

어떤 식으로든 문제의 핵심은 기예능과 삶을 분리하여 관리하는 몽매한 관점을 넘어서는 것이다. 삶을 책임지지 않는 정책은 기예능을 관리할 자격만 누리고 책임을 방기하는 것이다. 무형유산 활성화는 전승자 교육이라는 헛된 '삽질'에 의해서가 아니라 전승자로 하여금 전통문화 자긍심과 애착을 갖고 전승에 전념할 수 있게 할 수 있는 여건 조

86) 오정심, "무형문화유산 활성화를 위한 수요자 인식에 관한 실증적 분석", 『한국콘텐츠학회논문지』 제15권 9호, 한국콘텐츠학회, 2015, 29-36쪽.

87) 오정심, "생태학적관점에 입각한 무형문화유산의 창조적 전승", 한국외국어대학교 박사학위논문, 2015.

성에 의해 가능하며, 여기에 생태적 관점의 환경 조성을 위해 학교교육 강화와 및 미디어 역할이 동반되어야 한다. 사회적 변화노력이 동반되어야 가능한 것이다.

④ 박물관학 욕망을 넘어

중국과 한국 모두 무형유산을 국유화하며 국가주의 관점에서 활용하고 이데올로기적으로 사고하고 있다. 하지만 전승 현장에서는 양국의 커다란 차이가 존재한다. 그것은 바로 무형유산 전승의 책임을 국가가 완결시키고 있는지 아닌지의 차이다. 한국의 정책은 기예능은 국가가 관리 · 통제하고 전승자들의 삶은 개인의 책임으로 돌리는 방식을 보이고 있으며, 이는 신자유주의적 환경에 의해 무형유산이 지배받고 억압되고 있다는 점을 말해준다. 전승자들의 삶을 책임지지 않은 선에서 '지원'을 말할 때 국가는 무형유산에 대해 문화콘텐츠로 활용하거나 기획력을 강화해서 '각자 알아서 살아라'는 태도에 머물게 된다. 이러한 정책의 폐기를 위해 힘을 모아야 할 때이다.

사실 국가적 차원의 무형유산 제도화 과정은 박물관 전시물 선정 작업과 다름없다. 그것은 현장과 삶의 맥락이 거세된 작업이며, 기본적으로 학술과 과학(합리성)의 이름을 내세운 정치적 작업이다. 말하자면 무형유산을 바라보는 국가의 시각은 서구 박물관학 욕망에 해당하는 것이다.[88] 전시기준이라고 하는 학술기준부터 이미 서구적 체계에 맞

88) 정수진, "무형문화재의 향방: 한일 양국의 제도 비교로부터", 『동아연구』 제31권 1호, 서강대학교 동아연구소, 2012, 265-296쪽.

춰진 기준이며, 근대·과학 등의 언술을 독점한 지식권력에 의해 줄 세우기 된 것이 무형문화재의 모습이다. 그것은 지식과 정치권력의 입장에서 타자의 것들을 자신들의 욕망에 맞추도록 손을 보고 그 규격에 맞출 것을 강제하고, 그것을 대외에 과시하는 욕망이다. 국가에 의한 '발명' 작업의 전위부대가 지식권력이며, 타자의 것에 대해 국가가 소유권을 행사하고 그것을 많이 전시할수록 그 권위가 높아지는 전형적인 박물관학 욕망이다. 약탈품이 많을수록 박물관의 가치가 높아지듯 타자(민초, 예술가)의 것을 많이 자신의 이름으로 과시할수록 위상이 높아지는 현상이 바로 국가 관리 시스템의 무형유산이다. 그럴 때 국가는 기예능을 전시품으로 관리하고 소유권을 주장할 뿐, 전승자의 삶과 생활공간 현장의 맥락에는 관심이 없다. 무형유산에 관한 우리의 자의식은 박물관학 욕망을 넘어서 삶과 기예능을 결합을 놓치지 않기 위한 본능적 욕망이기도 하다.

3) 예술의 생태주의적 윤리와 무형유산

무형유산 혹은 전통예술의 전승이란 무엇인가? 예능적 기량을 잘 유지시키는 것이 전승인가? 기예능적 전승을 무형유산 전승으로 치환시키는 사고관습은 흔히 빠지게 되는 오류 중 하나다. 무형유산에서 기능적 숙련이 차지하는 비중을 경시할 수는 없지만, 감동과 경이로움의 생명력이 예능적 성취의 탁월함에만 의거한다고 규정지을 수 없다. 이와 관련하여, 전통예술이나 무형유산 단체종목의 미학과 가치에 관한 논의 · 토론에서 빠지지 않고 등장하는 구절 중 하나가 공동체에 관한 것이다. 공동체의식, 공동체성, 마을공동체, 축제성, 신명과 화합, 대동단결 등의 여러 표현에서 공동체는 중요한 가치를 담은 기표로 작용한다.

예를 들어, 풍물놀이 교육을 통해 공동체의식을 함양하고 공동체의 삶을 지향하는 교육적 의의를 논설하거나 굿의 역사성과 지역성을 조명하되 공동체적 특성을 중점으로 분석하는 논의, 풍물굿이 우주적 조화와 통일을 함의하고 있다는 전제 위에 민중적 염원과 사회진보의 지향성을 담고 있다는 주장, 농악이 인간과 우주의 조화, 다양한 계층의 공동체적 통합, 민족적 대동단결 혹은 공동체 의식의 화합, 민중의 삶 등에 대한 상징적 가치를 지닌다는 주장과 함께 이에 기반한 전통예술 교육의 가치를 논하는 입론, 농악은 공동체성의 발현이며 문화적 고유성을 담고 있는 것이기에 이에 관련된 문화유산에 대한 전승활로를 모색해야 한다는 논리 등은 논자들의 문제의식과 접근방향은 조금씩 다르지만 우리의 전통이 갖고 있는 공동체적 가치를 논설의 선험적 토대로 삼고 있다는 점은 동일하다. 그런데 과연 공동체란 무엇인가? 과연 공동체적 가치라는 것이 무엇이며, 아무런 의심 없이 공동체라는 이름은 가치지향적일 수 있는 것인가?

사실 공동체라는 말이 담고 있는 핵심적 가치는 인간으로서의 존엄과 가치 구현이라는 데 맞추어져야 한다. 엄정한 계급적 위계질서가 지배하는 공동체, 약자의 억압과 희생이 일방적으로 미화되는 공동체, 타자에 대한 적대적 차별화와 폐쇄적 이기심으로 뭉쳐진 공동체, 당대성이 결여된 전원주의적 · 과거지향적 향수에서 벗어나지 못한 채 퇴영적으로 이미지화된 공동체 등은 오히려 배격되어야 한다. 공동체는 그 자체만으로 존중되고 지향될 수 없으며, 그것이 어떠한 가치를 갖고 있는지에 따라 가치평가의 관점은 달라진다.

그렇다면 전통에 관한 논의에서 공동체는 의심 없이 끌어 쓸 수 있는 것이 되지 못한다. 공동체성이 어떠한 것인지에 대한 가치지향적 논의가 전제되지 않는다면 그것은 건강한 논의가 아니라 막연한 집단주의와 순진한 전통주의의 함정에 빠질 수 있다. 그런데 인간의 존엄과 가치는 (자연과 환경의 논의가 배제된 채) 순수한 인간의 영역만으로, 오로지 개별 공동체만의 힘으로 구현될 수 있는 것인가? 특정한 소수만이 아니라 모든 구성원이 소외되지 않는 평등하고 유기적이며 역동적이고 지속가능한 공동체는 예술의 이름으로 논의될 수 있는 것인가? 예술의 이데올로기성과 계급성을 비판함과 동시에 공동체에 대한 논의를 생태성과 생태주의의 관점에서 접근할 때, 무형유산의 기능주의적 관점과 자기미화적 공동체론의 차원을 넘어서 보다 진전된 논의가 가능해질 것이다.

(1) 예술의 생태주의적 이해

① 근대 예술의 이데올로기성

당연하게도, 많은 예술가들은 자신이 '예술'을 한다고 생각한다. 대개의 경우 그들이 실제로 하는 것은 작품을 생산하는 일이다. 예술이 곧 작품을 의미한다고 여기는 사고는 근거도 없고 논리적 설득력도 부족하다. 단지 그렇게 생각하도록 교육과 관습에 의해 강요받았을 뿐이다. 아울러, 많은 이들이 예술의 숭고함에 대해 의심하지 않는다. 그 이유는 무엇인가? 무엇 때문에 예술은 숭고함의 대접을 받아야 하는가? 작품의 기능적 정교함이 곧 예술의 숭고함으로 연결된다고 해석되어도 좋은가? 많은 이들이 예술은 아름답다고 여긴다. 과연 예술은 아름다운 것, 혹은 미적 성취인가? 아름다움은 예술가들에 의해 '성취'되는 것이 아니라 당대인들의 삶과 시대적 맥락에 의해 '해석'되는 것 아닌가? 이런 회의(懷疑)는 우리가 예술을 아름답고 숭고하게 여기도록 거대한 '사유의 억압과 통제'에 의해 길들여져 있다는 의심을 가능하게 한다. 예술의 거짓된 이데올로기적 조종에 의해 우리의 세계관과 가치관이 움직이고 있다는 것은 예술을 둘러싼 인간중심주의, 진화론과 자율성, 작품중심주의 등을 살펴보면 자명해진다.

서구 근대 이전 인간의 여러 예술적 활동은 기원과 숭배를 포괄하는 '모방(mimesis, 재현)' 차원의 것이었다. 이는 기본적으로 자연적 존재로서 인간의 나약함의 인식과 초월적 존재에 대한 경외가 내포된 것이었다. 예술이 미메시스가 아닌 '표현(expression)'의 차원으로 전환한 것은 서구 근대, 특히 18세기 이후이며, 이는 신과 자연이 아닌 인간이 세계의 주인이라고 여기게 된 세계관과 관련된다.[89] 데카르트의 코기토 이후 인간은 자연을 지배하고 세상을 움직이는 주체로 간주되었으며, 그와 함께 예술 영역에 이성과 합리성의 인간중심 사상은 부정될 수 없는 가치로 자리 잡았다. 인간중심주의는 예술이 인간의 자연지배를 정당화하고 과학의 힘으로 우주를 지배하는 위대함의 상징으로 인간을 위치지우는 역할을 수행함을 의미한다. 인간중심주의는 진보, 계몽의 이념과 궤를 같이하며, 인간 이외의 모든 것은 정복과 착취의 정당한 대

89) 민주식, "에콜로지의 관점에서 본 예술", 『미술예술학연구』 제18권, 2003, 231-252쪽.

상으로 간주한다. 인간중심 세계해석의 이기성과 자의성은 인간 이외의 모든 것을 타자화하고 인간을 위해 존재하는 부속물로서 식민화하는 발상을 낳는다.

나아가, 이런 인간중심주의는 지배와 착취를 진보와 성취로 여김으로써 타 인종, 타 지역, 타 문화에 대한 지배와 착취를 정당화하며, 인간사회의 내적 위계화와 계급질서에 의한 억압과 차별을 당연시한다. 그리하여 인간의 존재 안에서 '근대의 성취'와 '전근대의 야만'이 구분되고, 진화론적 관점에서 성취한 자는 야만의 땅을 '계몽'시켜야 한다는 신념을 낳게 한다. 그리하여 제국주의 침략과 착취는 '근대'와 '계몽'의 이름으로 미화된다. 그러한 폭력적 인간중심주의의 한복판에 예술이 자리 잡아 왔으며, 서구 근대 이후 양식화된 예술장르는 인간의 성취와 미의 성취와 이성 · 합리성의 성취와 문명의 성취를 보여주는 것으로 미화되었고, 그 밖의 모든 예술장르는 근대를 성취하지 못한 야만과 미성숙과 결핍(결여)과 불구(미완성)의 차원으로 격하되어 계몽의 대상으로 간주되었다.[90] 예술 역시 진보의 관점에 서게 되면 서구 근대의 산물은 진화의 최정점에 있는 것으로 미화되고 그 밖의 다른 모든 것들은 서구 근대 예술의 양식을 지향하고 추구해야 하는 '진화되지 않은' 예술로 격하된다. 지금도 도처에서 예술의 위계화는 당연시되며, 서구의 예술 지배는 문화산업 차원만이 아니라 담론 점령과 해석적 권위 독점 차원에서 견고하다.

이는 서구적 가치관과 생활양식이 지배하는 모든 곳에서 보편화

---

90) 전통음악 역시 마찬가지다. 전통악기는 의심 없이 개량과 과학화의 대상으로 여겨지고, 전통음악은 현대화의 대상으로 간주되며, 보편성과 시대성이 결여된 존재로 인식된다.

되어 있으며, 우리 역시 마찬가지다. 국가와 지배계급에 의해 선택되고 미화된 양식은 '예술'(나아가 '고급예술')의 칭호를 획득하고 제도교육을 통해 그 '숭고함'이 강제적으로 주입되며, 그렇지 않은 양식은 '예술'이 되지 못한 채 차별되고 폄하된다. '예술'의 칭호를 얻은 장르는 예술이라는 본래적 가치와 존재 이유에 부합하는 역할을 하느냐와 상관없이 해당 장르의 기능적 우수함만으로 '위대함'을 인정받으며, 그 전공자 역시 예술적 역할과 가치와 무관하게 작품 생산만으로 '예술가' 칭호를 얻는다. 근대 이후 기본적으로 예술은 계급화되어 있으며, 지배계급의 취향을 대변하고 강요하는 상징폭력의 수행자였다.

이런 현상의 원류에는 서구 근대의 인간중심주의가 자리 잡고 있다. 인간중심주의의 폭력성과 억압성에 의해 예술이 규정될 때, 그것은 예술이 아니라 인간 폭력의 정당화 이데올로기에 불과하다. 그런데 이때 폭력의 근본 주체는 '인간 전체'가 아니라 자본가와 국가권력으로 대표되는 지배집단이다. 폭력을 통해 이익을 얻는 것은 결국 지배집단이지 인간 전체가 아니다. 그런 의미에서 근대의 예술은 인간중심 예술이 아니라 지배담론으로서 허상에 불과하다고 할 수 있다. 인간의 절대시는 실제로는 인간 전체가 아니라 자본과 권력의 이익을 보장하고 극대화하기 위한 이데올로기적 선언인 것이다. 이를 감추고 호도하기 위해 등장한 것이 예술의 자율성이나 절대성 담론들이다. 예술의 숭고함을 천명하게 되면 지배담론으로서 예술의 억압적 면모는 감추어지거나 정당화된다. 이를 위해 인간과 사회의 해석 활동이 아니라 특정한 양식의 작품만을 예술로 간주하게 한다. 그리고 이때 작품은 '인간을 위한, 인간에 의한 행위'로 설명됨으로써 인간중심 예술을 규정하고, 신성불가침의 영역인 것처럼 포장함으로써 예술의 이데올로기성에 대한 도전을 거세시킨다. 그런 차원에서 예술은 자본주의 지탱을 위한 상징폭력의 선도자였다. 자본과 권력의 폭력을 감추고 그 책임을 인간 전체로 환원시킴으로써 면죄부를 주는 역할을 주도하는 것이 예술이었던 것이다. 이야말로 근대 예술의 '가증스러운' 얼굴이다.

예술의 순수성, 자율성 등은 모두 근대의 산물이며, 예술이 스스로 다른 것(현실세계 또는 신의 경외 등)과 구별되는 별개의 영역이라고 신비화하고 절대화한 결과, 마침내 스스로를 고립적 · 폐쇄적 영역에 두고 신성시함으로써 자폐적 · 지기도취적 성취에 안주하는 결과를 낳았다. 이를 정당화하기 위해 예술을 작품과 동일시하고 작품 제작을 예술의 이름으로 절대화했다. 그리하여 예술가들은 예술이 왜 존재하는지에 대한 물음에 답하기보다 '그것을 하고 있다'는 자기만족감을 전면에 내세우고, 예술을 한다는 것이 무엇인지에 답하기보다 '그것을 하고 있으니 나는 예술가이고, 나는 일반인과 구별되는 존재이며 그 자체로 존중받아야 한다'는 당위가 전면화되어왔다. 질문에 답을 하지 않은 채 상황 설명에 의한 자기만족으로 예술을 설명하는 관습을 정당화하기 위해 예술이 '미'의 추구라는 근거 없는 망상을 강요했다. 이로 인해 예술이 미를 위한 '작품' 활동이라는 편견이 만들어졌다. 하지만 예술은 미와 작품이 아니라 세계에 대한 상징적 해석이자 설명임이 우선시되어야 한다. 예술을 미, 작품의 구속으로부터 탈출시키지 않으면 예술은 지배담론의 첨병 역할에서 벗어나지 못한다.

그러므로 오늘날 예술에 필요한 것은 신성시와 절대시가 아니라 그러한 선입견의 견고한 장벽으로부터 '해방'시키는 것이다. 예술의 해방은 곧 근대의 망상과 편집증을 극복하는 것이다. 예술은 미화의 '대상'이 아니라 해석의 '과정'이어야 하며, '예술의 자율성', '예술을 위한 예술', '예술은 아름다워야 한다'. '고급예술의 숭고함' 등은 모두 계급지배를 위해 날조된 수사들이다. 나아가 예술을 작품과 동일시하는 작품중심주의와 예술의 절대화는 근대 자본주의 시각의 한계를 표출하는 것이다. 표면적으로 예술의 자율성과 신성함을 말함으로써 예술가들의 삶에 대한 국가의 책임은 방기하며 실제로는 예술가의 임금노동자화를 강제하기 때문이다. 그 과정에서 극소수 예술가만이 시장경제체제에서 존중받고 생존하는 환경이 조성되고, 국가와 권력은 그의 이름을 팔아서 자신의 권위를 홍보하고 공동체 구성원들의 자발적 복종을 의도한다.

이러한 예술의 이데올로기성과 지배담론적 속성을 상징적으로 보여주는 것이 '공연장'의 존재이다. 예술이 현실세계의 다양한 지점 및 자연 · 인문적 환경과 유리된 채 '작품'으로 제시되도록 강제하는 공간, 그 속에서 관객은 작품이라는 상품의 구매자로, 예술가는 작품 생산자로, 내부 공간의 아우라(Aura)는 예술의 자율성으로, 화려한 건물 외관은 당대 사회의 물질적 · 문화적 풍요의 홍보자로 역할을 하며, 이 모든 것이 결합되어 지배체제의 긍정적 평가와 권력집단의 이념적 정당화는 힘을 얻게 된다.[91] 공연장은 매우 세련된 '이데올로기적 국가장치' 중 하나라고 할 수 있다.

이와 같은 진화론적 예술론의 기만과 근대주의적 광기, '미적 관점'의 예술론과 예술의 자율성 함정은 예술을 일상으로부터 분리시켜 신비화하고 전문화하며 계급주의적 취향의 구분을 정당화하는 모습과

91) 그러므로 '공연장'이 갖는 폐쇄성으로부터 예술을 해방시키는 작업은 작품중심주의로부터의 탈피, 예술의 자율성으로부터의 탈피를 위한 것이다.

연결된다. 이런 서구지향의 근대주의 극복 및 자본주의적 상품화 지양은 예술이라는 기표(signifiant)의 이데올로기적 허상을 치유하고 예술의 기의(signifié)를 우리 삶의 일상 속으로 되돌리는 운동을 요구한다. 바야흐로 예술은 삶의 변화와 세상의 변화를 지향하는 하나의 운동으로 '기획'되어야 하며, 이를 위해서는 이른바 생태주의 예술론에 주의를 기울일 필요가 있다.

② 생태주의적 예술론

예술의 생태주의적 기획은 근대 예술이 갖고 있는 계급성, 억압성, 이데올로기성, 초월적 신비화, 탈인간적·자기만족적 미화 등의 혐의를 벗고, 평등과 상생, 유기적 생명성, 지속가능성 등을 향한 가치지향적 움직임이어야 한다. 예를 들어 풍물굿의 공동체성이라는 것이 생태성이 전제되지 않으면 맹목적 선언에 불과할 수 있기 때문에, 생태주의에 대한 점검은 예술의 진정성과 생명력을 위한 긴요한 과제라고 할 수 있다. 생태주의는 생태성을 지향하는 가치이며, 이는 생태성에 대한 기계적 이해와 현실안주를 넘어서 억압에 대한 저항성을 담고 있는 사유이다. 생태성은 인간중심의 이기적 사고가 아니라 환경과의 관계성을, 개별존재의 독자성이 아니라 모든 존재의 유기적 총합성을 지향한다. 이것은 인간사회의 지배와 착취를 거부하고 평등한 존엄과 상생을 지향하는 윤리성으로 이어지며, 이를 위한 가치지향적 사유로서 생태주의가 요구되는 것이다. 그럴 때 예술은 삶이 되고 삶은 예술이 될 수 있다.

㉠ 관계성과 총합성

생태는 크게 네 가지 의미를 갖는다.[92] 첫째는 '세계'로서 생태이고, 이는 여러 존재들의 관계성과 상호의존성이 살아있는 세계이다. 둘째는 '가치'로서 생태이며, 인간중심, 자본중심이 아니라 유기적 관계성 회복의 지향으로서 의미를 갖는다. 셋째는 '환경'으로서 생태이며, 생활세계와 자연세계를 구분하지 않고 존재의 요람으로서 환경을 사고하는 것이다. 넷째는 '이념'으로서 생태이며, 이는 존재의 생명성을 존중하는 차원에서 지배와 소외의 관계를 배척하는 가치관이다. 이는 윤리성과 연결된다. 한마디로 생태는 세계이자 가치이자 이념이자 윤리라고 할 수 있다. 인간중심, 권력자중심, 자본중심, 남성중심 등의 편향을 반대하고, 생태계의 통합구조 속에서 위계와 서열을 부정하는 인식이 생태성 이해의 출발이다. 생태성은 '전체성', '관련성', '통합성'을 주요한 개념으로 이해할 수 있으며,[93] 그럴 때 존재 사이의 차별과 억압과 배제가 아니라 상호관련, 상호의존을 통한 지속가능성을 이야기할 수 있다. 이는 공존 · 평등 · 소통 등의 가치 지향으로 이어진다.

그렇다면 예술의 생태성, 혹은 예술적 에콜로지는 예술에서 행해지는 인간의 자연지배[94]를 부정하고 (일상을 도외시한) 전문가 영역의 작품

---

92) 박만준, "녹색가치를 지향하는 생태적 문화예술교육 모색", 『철학논총』 제50권 4호, 새한철학회, 2007, 137-139쪽.

93) 민주식, "에콜로지의 관점에서 본 예술", 247쪽.

94) 예술에 있어 인간의 자연지배란 예컨대 음들의 간격을 인위적으로 균등하게 만든 평균율 시스템과 그에 의거하여 인위적으로 음들의 위계질서를 구축한 조성음악 양식과 같은 경우를 의미한다. 진화론적 관점에서 평균율 체제를 인간의 음악적 진화의 한 지점으로 설정하여 비서구권의 모든 음악들이 평균율 체계를 '갖추지 못했다'고 설정하여 문명화되지 않은 음악으로 간주하는 것이 대표적인 예술의 진화론의 편견이자 서구 근대가 낳은 인간중심주의 산물이라고 할 수 있다.

생산을 예술로 간주하는 관습을 거부할 수밖에 없다. 예술은 인간, 자연과 더불어 상호연관, 상호의존, 상호통합을 통한 종합적 생태성을 지향하는 가치체계가 되어야 한다. 작품의 이름으로 인간을 소외시키고(작품 속에서 삶의 일상이 거세되고), 돈과 권력에 의해 접근가능성이 차별화되는 '예술의 계급성'을 미화하는 행태[95]는 이성과 합리성과 문명의 이름으로 인간을 차별하는 것과 다름없다. 그러므로 예술의 생태성 지향은 자연적 · 관습적 · 이데올로기적 환경을 긍정적으로 변화시키고 그 속에서 삶을 가꾸고 예술을 가꾸는 운동이 될 수밖에 없다.

㉡ 윤리성

인간중심이 아닌 자연과 환경과의 관계성과 총합성을 지향하는 생태성의 기획으로서 생태주의는 다양성과 공생의 지향, 그리고 지배와 착취의 거부를 위한 운동일 수밖에 없다. 그러므로 생태주의적 저항성은 윤리성과 불가분의 관계에 있다. 계급모순, 민족모순, 젠더와 종교문제 등은 기본적으로 '생태의 위기'에 해당한다. 이것은 결국 윤리의 위기이고 인간의 위기로 해석된다. 계급과 차별과 억압이야말로 생태주의 저항의 핵심 지점인 것이다. 이에 대한 거시적 문제의식이 없이 예술을 논하고 공동체성을 논하는 것은 현실의 차별과 억압을 은폐하는 이데올로기적 역할을 수행하게 된다. 위기의 현실을 말하지 않는 것은 그 자체로 억압적 현실을 '용인'하는 데 일조하게 되기 때문이다.

예술이 전문가의 작품에 한정되고, 전문가가 세계에 대한 성찰보

95) '고급예술'이라는 '저급한' 용어가 대표적이다. 고급예술이란 지배계급의 취향에 해당하며, 계급주의적 차별을 예술의 이름으로 미화한다는 차원에서 '저급'하다.

다 합리성과 이성의 자기과시를 통한 사회적 인정투쟁에 몰두할 때, 그러한 예술은 윤리적 차원에서 무의미하며 지배질서를 묵인하고 동조하는 이념적 장치에 불과한 것이 된다. 계급지배와 인간의 억압과 착취를 거부하는 생태주의는 예술의 본질 · 진정성 혹은 존재 이유와 맞닿아 있다. 차이와 다양성을 본질로서 이해하는 것, 획일화하거나 서열화하지 않는 것이 생태성의 주요 관점이듯이 계급주의적 위계질서나 기능주의적 편의성이 아니라 체계적으로 조직된 공생의 관계를 회복하는 것이 예술적 에콜로지 지향이라고 할 수 있다. 그러므로 생태주의적 예술은 윤리적 차원에서 예술을 사고하는 것이며, 윤리는 삶과 예술의 괴리 극복, 상품으로서 예술관념 폐기 등의 가치지향을 포괄한다. 나아가 예술의 자율성이라는 이름으로 방기되어온 '표현의 자유' 역시 새롭게 이해되어야 한다. 표현의 '자유'보다 더 중요한 것이 표현의 '윤리'이기 때문이다. 윤리는 곧 생태성과 관계성이며, 예술의 자율이라는 이름으로 '고급예술'이라는 계급적 · 이데올로기적 범주를 합리화하고 예술을 삶으로부터 유리시키는 관습을 윤리의 이름으로 거부해야 한다. 인간으로서 살고자하는, 인간으로서 표현하고자 하는 내적 필연성이 바로 예술의 요람이기에, 모든 인간이 자기 삶의 주체가 될 수 있어야 한다는 당위에 의해 예술은 윤리의 문제로 연결되는 것이다.

㉢ 삶으로서 예술, 예술로서 삶

예술적 에콜로지 기획이 예술이 전문가 영역으로부터, 작품중심 사고로부터, 자본과 권력으로부터의 해방을 지향한다고 할 때, 그것은 곧 '예술의 살아있음'의 사유를 요구한다. 작품으로서 예술은 '죽은 예술'이다. 작품 생산자로서 예술가(작가)란 세계를 자신의 관점과 시각에서 바라보고 서술하는 존재이며, 그것은 근대에 '개인'이 발견된 이후에 생성된 허상이다. 예술가 · 작가란 서구 근대의 산물인 것이다. 작가의 현실인식과 상징적 수사는 가상의 세계이며, 자신의 작품을 상품으로 판매하고 그를 통해 사회적 인정을 획득해야 하는 존재는 명백한 근대적 자본주의의 산물이다. 구조적 완성물로서 근대적 예술작품은 실은 순수한 창조의 결과가 아니라 존재하는 수많은 양식적 요소의 조합과 인용으로 만들어지는 것이다. 작품에 대한 평판과 해석과 가치는 작가에 의해서가 아니라 청중, 관객, 독자 등과 같은 사회적 존재들(수요자)에 의해 이루어지며, 그런 의미에서 작가는 작품을 완성시키는 존재가 되지 못한다. 작품의 완성은 수요자에 의해 이루어지며, 작가의 죽음을 통해서 비로소 작품이 완성된다는 수사적 주장[96]은 수사적 차원을 넘어 '실재'의 묘사라고 할 수 있다. 이런 체제에서 예술작품의 생산과 소비는 열린 일상의 공간이 아닌, 공연장, 미술관, 도서관과 같은 폐쇄적 아우라가 지배하는 특수 공간에서 이루어진다. 그곳은 일종의 전시공간이며, 돈을 지불하고 입장해서 박물관적 전시물을 접하는 것과 같은 시스템을 갖는다. 그곳에서 작가는 자신 이외의 모든 이들과 분리되며, 작가의 신체와 작품 역시 분리되며, 작가에 의해 양식적으로 구축된 결과물(작품)은 돈을 제공한 소비자에게 찰나의 경험을 남긴 채 박제화된다.

'예술의 살아있음' 관점은 당대 예술의 박제화와 '죽어있음'에 대한 반성 위에 서게 된다. 예술과 삶의 경계와 괴리에 대한 반성, 사업과 상표로서가 아니라 관계성과 총합성의 활동으로서 예술의 지향은 예

96) 롤랑 바르트의 "저자의 죽음".

술이 전문가의 전유물이 아님을 선언하게 한다. 그럴 때 우리는 예술에 대한 전혀 새로운 사유를 하게 된다. 예술은 전문가만이 아니라 모든 인간의 것이라는 말은 모든 인간이 창작자들이라는 말이다. 예술을 작품의 양식적 성취만이 아니라 일상의 욕망과 생존과정의 표현활동이라고 생각할 때, (비약하자면) 인생 자체가 곧 예술이며, 삶의 과정 자체가 예술적 창작행위에 해당한다. 매 삶의 순간마다 새로운 시간과 맞닥뜨리는 인간의 자연스러운 숙명이 바로 예술이며, 이는 상품을 전제로 한 자본주의적 사이비 예술, 지배담론으로서 근대 예술과 근본적으로 다른 관점에 해당한다. 이것이 바로 생태주의적 예술론의 주요 지점에 해당한다. 그러므로 "모든 사람은 예술가다"라는 말은 "모든 사람은 예술가이어야 한다"라는 말과 동의어이며, "예술은 모든 인간의 것이다"(전문가의 작품만이 예술이 아니다)는 말과 동일한 의미를 갖는다.

이런 가치관에서는 예술의 숭고함이나 자율성 같은 구절은 전혀 의미가 없다. 예술가가 존경받아야 한다고 여기는 사고방식 자체가 비예술적이며, 세속적 인정투쟁의 모습이다. 나아가 성찰이 아니라 계급적 우월단계에 진입하고자 하는 욕망의 표출이기도 하다. 생태주의적 예술관에서는 기능적 탁월함이나 구조적 정교함에서 예술적 성취를 모색하지 않는다. 예술의 본질은 양식에 있지 않고, 인간의 삶의 과정에 있기 때문이다. 기능적 학습은 일종의 수공업적 학습이며, 그 학습이 중요하지 않은 것은 아니나, 그것을 통해 다른 이들과 구별되는 자아의 독립적인 표현 자체를 학습할 수는 없다. 그런 측면에서 예술의 제도교육적 학습은 애초부터 성립되지도 않는다.

(2) 무형유산의 생태성을 위한 과제

① 생태성 논의의 오류 점검

대개 서구 근대 예술의 과도한 전문화와 경직성을 비판할 때면 자연스럽게 '그래서 전통이 좋다'는 주장이 이어진다. 바야흐로 '예술의 종말'을 논하는 시대에 근대 예술의 역기능을 언급하면 '그래서 전통예술의 대동단결이 훌륭하다', '풍물굿의 민중적 특성이 위대하다'는 주장으로 논의가 귀결되기도 한다. 하지만 이는 인과관계가 성립하지 않는다. 한쪽의 문제를 지적한다고 해서 다른 쪽이 무비판적으로 추인되는 것은 아니기 때문이다. 생태성 논의의 오류 역시 이와 유사한 맥락에 있다. 대개 세 가지 오류의 경향이 발견되는데, 그것은 합리성이 결여된 추상화, 전원주의적 과거회귀화, 그리고 전통의 무조건적 미화이다. 이런 오류들은 생태성 논의에서 발견되는 오류들이지만 전통문화의 논의공간에서 흔히 발견되기도 한다. '영적 공동체성이나 영성의 만개함, 나와 공동체의 분별이 사라짐' 등의 과잉해석이 대표적인데, 논의가 구체적 지점을 벗어난 채 추상화되면 현실적 삶의 현장에 대한 성찰을 벗어나 설득력을 상실하게 한다. 이는 특정 양식에 대한 무조건적 미화의 욕망과 무관하지 않다. 공동체라는 것이 조선시대 공동체와 오늘날 공동체가 세계관, 가치지향, 구성방식, 생존방향 등이 전혀 다름에도 불구하고 공동체성이라는 이름으로 무형유산 단체종목을 미화하는 것은 합리적 설득이 되지 못한다.

이와 관련된 것 중 하나가 일종의 과거 회귀주의라고 부를 만한 것이다. 전통예술이 인간적이고 공동체적이고 자연친화적이므로 그 자체로 당대와 미래 예술의 이상적 지점인 것으로 간주된다고 보는 것인데, 이 역시 논리적 연결이 되지 않는다. 우리는 과거로의 회귀를 지향하기 위해 생태성을 사유하고 예술의 가치를 이야기하는 것이 아니기 때문이다. 당연하게도, 향토 내지 민속으로의 회귀와 생태주의 예술론은 무관하다. 역사적으로 향토나 민속은 일제강점기의 개발용어이며, 그 본질적 진정성을 이해한다 하더라도 생태의 이름으로 과거로 회귀할 수는 없다. 도시와 산업과 자본이라는 현실적 상황 속에서 생태성과 지속가능성을 구축하는 것이 중요하지 현실도피와 과거지향으로 문제를 해결할 수 없다. 현대사회의 세계관과 가치관과 생활양식을 무시한 채 탈현실적 전통시대 지향으로 회귀할 수 없듯이, 생태성은 당대 주어진 환경에서 구축하는 것이다. 그것은 현재의 억압과 어둠을 긍정적으로 변화시키는 데 의미가 있는 것이지 전원적 향수의 중요성을 강조하는 것이 될 수 없다.

이와 같은 과도한 추상화와 향토적 삶에 대한 미화는 고전을 끌어들이는 데서 정점을 이룬다. 공자, 노자, 장자의 가르침을 언급하면서 생태성을 논설하는 경향 역시 쉽게 볼 수 있는데, 생태성 이념의 결말로 고전의 영역을 끌어들여 추상화하는 것은 전형적인 논리적 정합성 회피의 방식에 해당한다. 고전은 하나의 지혜는 될 수 있지만 그것이 당대 모순의 해석 · 해결의 최종적 대안이 될 수는 없으며, 되어서도 안 된다. 당대 문제를 고전으로 해결하려는 방식이야말로 시대성이 결여된 논의이며, 나아가 우리의 무형유산과 전통예술이 이러한 고전의 가르침과 세계관을 담고 있다는 해석으로 이어지면서 전통에 대한 맹목적 숭배와 신비화에 이르는 모습도 문제다. 전통이 왜 이데올로기적 홍위병 역할을 수행하는지, 우리의 정체성이면서도 동시에 근대국가 발명품으로서 왜 때로는 예술적 비판정신과 건강한 시대정신을 저해하는 담론으로 작용하는지에 대한 통찰과 반성이 없다면, 전통은 그 자체로 신비화되고 자기찬양화되어서는 안 된다.

이렇듯 합리성이 결여된 추상화, 전원주의적 향수, 전통의 맹목적 숭배 경향은 전통예술의 생태성 논의의 주요한 걸림돌이 되어왔으며, 논의의 추상화와 회피가 아니라 구체적 지점에서의 생태주의 실천의 모색이 요구되는 시점이라고 할 수 있다.

② 예술교육의 폐기

근대 예술의 비예술성과 이데올로기성을 제도화시키고 강제적으로 신념화시키는 역할을 수행한 것이 제도교육 체제의 예술교과이다. 교과서에 실린 내용들은 기본적으로 국가에 의해 채택된 장르 · 양식들이다. 당연하게도 체제와 권력의 관점에서 지배질서 유지를 위해 긍정적 역할을 수행할 수 있는 내용들로 채워진다. 그리하여 교과서는 '위대한' 작품들로 채워진다. 이때 '위대함'의 판단은 누가 하는가? 서구 근대의 이념, 그리고 그 이념에 충실한 근대국가, 그리고 그 국가를 실질적으로 지배하는 권력과 이데올로기에 의해 '위대함'은 판단된다. 우리가 아는 위대한 작품은 애초부터 위대한 것이 아니라 지배질서와 이데올로기에 의해 위대함의 평가를 '부여받은' 것이다. 제도교육은 이들이 위대하다고 믿도록 학습자들을 강제적으로 길들이며, 교육의 고등화가 이루어질수록 예술은 국가주의와 지배담론의 앞잡이 역할을 충실하게 수행하게 된다. 삶을 성찰하는 인간의 행위로서, 표현의 윤리를 학습하고 표현의 자유를 훈련하는 과정으로서 예술은 제도교육 속에서 존재한 적이 없다고 해도 과언이 아니다. 지역과 개인의 차이가 무시된 전국 단위의 획일적 교과 내용으로 예술교육을 한다는 발상 자체부터 오류다. 교육은 예술의 이데올로기성을 적나라하게 드러내며, 그 속에서 학습자는 억압된다. 국가가 제시하는 내용을 더 충실하게 익힐수록 개인의 표현의 욕망과 자유가 윤리적 차원에서 훈련되지 못한 채 기존 담론에 순응하는 인간형이 생성된다.[97)]

학습자보다 국가주의가 강조될 때 그것은 올바른 교육이 되지 못하며, 지배체제 유지의 수단으로 전락하게 된다. 예술교육이 이러한 모습을 보이는 것을 배격하고 타파해야 하는 것은 시대적 과제이자 생태주의적 저항성이기도 하다. 예술교육의 획일적 교과내용과 전국 규모 교과서 배포가 과연 올바른 것인가에 대한 반성과 지적조차 되고 있지 못한 것이 현실이지만, 지역 · 환경 · 공동체의 생태성에 기반한 통합적 예술교육이 되지 못하면 그것은 작품중심주의와 지배체제 유지 은폐 수단이 될 수밖에 없다. 역으로, 이런 이유로 오히려 국가주도의 예술교육이 제도교육에서 이루어지고 있는 것이며, 예술의 진정성을 위해서는 오히려 제도교육에서 이루어지는 사이비 예술교육에 대한 반대와 저항이 표면화될 수밖에 없다.

이것은 물론 예술교육만의 문제가 아니라 거의 대부분 교과교육의 문제이기도 하다. 교육현장을 지배하는 자본과 경쟁의 논리, 억압과 배제의 학습, 순종 미화의 훈련 등의 문제에도 불구하고, 이러한 어둠을 재생산하는 기성 교육체제의 근원적 반성이 아니라 교실에서 이루

97) 전지영, “예술민주주의와 전통예술교육의 새로운 좌표”, 『국악교육』 제40집, 한국국악교육학회, 2015, 143-163쪽.; 전지영, “국악교육의 본질과 한계에 관한 성찰”, 『교육문화연구』제21-3호, 인하대학교 교육연구소, 2015, 103-128쪽.

어질 수 있는 기술적 지점이나 평가적 차원의 논의가 주를 이룰 때, 그것은 교육의 본질적 역할에 대한 논의가 되지 못한다.[98] 예컨대 음악적 이해 · 표현의 기술적 측면에서만 음악교육이 논의될 때, 그것은 오히려 사회의 구조적 문제를 은폐하는 역할을 하게 된다. 음악교육이 지배질서 재생산과 이데올로기적 순응형 인간 양성의 역할을 담당하고 있다는 점은 이러한 미시적 논의에서 드러나지 않기 때문이다. 교실 내에서의 기술적 처방 차원 논의가 예술교육으로서의 음악교육에 관한 논의로 이어지지는 못하는 것이다.

작품교육, 평가 차원 교육이 사회적 모순구조의 재생산 체제라면, 생태주의는 그러한 현실에 대한 저항성과 가치지향성의 관점을 요한다. 생태주의가 윤리성과 연관된다고 언급했듯이, 교육의 이름으로 예술을 특정한 기준에 의거하여 서열화 · 위계화하는 것은 부적절하다. 어쩌면 평가가 동반되는 예술교육은 이미 예술교육이 되지 못한다고 할 수 있다. 예술을 성취의 대상으로 보고 평가의 대상으로 보는 것이야말로 근대 예술의 편집증이 낳은 작품중심주의 논리이며, 그 기준을 제시한 지배권력의 사회적 통제 이데올로기에 해당한다.

하지만 예술의 생태성을 주장하면서도, 예술의 교육적 차원의 긍정적 가능성을 강조하면서 기존 제도교육에서 예술교육을 무조건 강화해야 한다는 모순된 논리가 존재하기도 한다. 이를 위해 평가시스템을 강화하고 내신에 포함시켜야 한다는 주장도 있다.[99] 하지만 예술의 생태적 이념에 대해 설명해놓고 예술교육에서 평가영역을 강화하는 방향

98) 이재형, "생태주의적 문학교육을 위한 지향: 국어교육과의 관계적 관점에서", 『비평문학』 46, 한국비평문학회, 2012, 333-358쪽.

99) 박만준, "녹색가치를 지향하는 생태적 문화예술교육 모색", 146쪽.

으로 가자는 설명은 생태성에 대한 오해의 소치이다. 평가라는 것이 획일적 기준에 의할 수밖에 없고 그 기준은 권력에 의해 규정된다는 가장 평범한 사실을 망각한 것이며, 무조건 제도화된 예술교육을 강화해야 한다는 당위는 억압적 지배체제의 추종이나 다름없다. 예술의 중요함을 강조하다 보니 제도교육의 모순을 간과한 채 강박적 당위로 문제를 해결하려는 조급함이야말로 경계해야 할 태도이다.

학습자의 개인적 · 사회적 · 지리적 환경, 특성, 요구 등을 자연상태로 인정하고 존중하는 것이야말로 생태주의 예술교육의 출발점이다. 개인과 환경과 세상을 주체적으로 해석하고 표현하는 능력은 획일적 평가시스템에 의해 점수화될 수 있는 것이 아니다. 전국단위의 교과과정과 평가체제는 생태성을 억압하는 국가주도의 제도이며, 이런 이데올로기성과 억압적 체제를 인식하고 저항하는 것이 예술과 교육의 생태계에 대한 성찰과 긍정적 전망을 가능하게 할 것이다. 어떤 예술도 객관적이고 중립적일 수 없기에, 예술에 개입한 여러 제도 · 담론 · 이데올로기적 요인들에 대한 비판적 인식이야말로 예술교육의 존재 이유에 해당한다. 학습자에게 자신의 생태계에 대한 인식을 가능하게 하는 것이 곧 예술의 생태주의적 관점이라고 할 수 있다.

③ 자기조직화의 가능성

특히 전통예술에서 중요한 것은 작품의 기예능적 전승이나 물리적 환경(건축물과 전승공간 등)이나 제도적 장치(무형문화재 전승지원 등)가 아니라 생태성에 대한 문제의식과 전망과 실천이다.[100] 여기서 중요한 개념이 '자기조직화(self-organization)'이다. 이는 '지속불가능성'의 근대 예술을 극복하고, 지속가능성을 고민하면서 대두된 개념이다.

획일적 질서와 계급적 차별과 권력의 중앙집중으로 대표되는 효율성 추구의 시대는 생태보다 질서를, 인간보다 자본을, 자연과 공존보다 인간의 이기적 만족을 우선시하는 시대다. 하지만 생명과 생태를 고민할 때 효율성보다 복잡성, 획일성보다 다양성, 중앙집중보다 분권을, 제도화된 질서보다 평등과 조화를, 자본보다 생명을 우선적 가치로 삼게 된다. 그렇게 본다면 문화다양성, 인류의 행복, 생물다양성은 분리될 수 없는 가치이기도 하다.[101] 다양성을 유지하기 위해 살아있는 존재는 자기조직화를 하게 된다. 자기 존재가 환경, 대상 등과 구분되는 것이 아니라 그것들의 한 부분으로 존재하도록 자기 스스로를 조직화하고, 이를 통해 그것들과 연결되고 유기적으로 결합되어 새로운 것의 생성을 가능하도록 하는 것이다. 이는 항상성이 흐트러지지 않고 생태계가 유지될 수 있는 기본적인 힘이다. 즉, 항상성 유지 원리로서 자기조직화는 변화하는 환경에 적응하는 개채의 개별적 능력이며, 이는 환경과 개체가 서로 유리되지 않고 하나로 결합되어 있다는 것을 전제로 한다.

---

100) 생태마을에 대한 토론에서 공통적인 것은 물리적 구조라기보다는 가치 체계였다.(김정희, "생태문화로서의 예술 이해", 『통일인문학』 제51권, 건국대학교 인문과학연구소, 2011, 180쪽.)

101) 카간은 '지속가능성' 개념을 시스템 사고와 복잡계 이론에서의 중요한 측면으로서 다양성에 초점을 둔, '생물다양성, 문화적 다양성, 그리고 인류의 복지'라는 삼위일체의 개념으로 부를 것을 제안한다.(유현주, "생태미학에서의 '지속가능성(Sustainability)' 개념 연구: Sacha Kagan의 '지속가능성' 개념을 바탕으로", 『미학예술학연구』 제37권, 한국미학예술학회, 2013, 100쪽.)

생태예술의 이념에서 중요한 것이 바로 자기조직화의 개념과 그 실천적 가능성에 대한 모색이다. 마치 생물이 변화하는 환경에 적응하며 세포를 자기조직화하여 항상성을 유지시키듯이, 예술은 개별 장르와 종목의 자기조직화를 통해 지속가능성을 지향할 수 있다. 이를 위해 예술의 생태적 자기조직화는 '상호의존성'과 '회복탄력성'을 중요한 개념으로 상정한다.[102] 인간, 사회, 자연의 상호의존성이 빚어내는 다양성(생물다양성, 문화다양성)은 윤리의 차원에서 불가역의 가치로 각인되며, 예술은 존재하는 모든 억압과 착취와 불합리와 모순으로부터의 해방을 지향하게 된다. 지속가능성은 다양성을 전제로 할 수밖에 없으며, 다양성의 인정은 효율성과 획일성을 강제하는 시스템의 저항성으로 이어진다. 통일, 규칙, 비례, 정확 등의 가치는 근대 예술의 가치였으며, 이것이 당대 공동체성의 미학으로 해석되어서는 안 된다. 생태주의는 이러한 고전주의 미학을 부정하고 다양, 관계, 과정, 변화 등의 가치를 존중한다. 공동체라는 이름의 일사분란함과 통일성의 훈련과 집단주의 숭배를 부정하며, 존재의 가치가 다양성과 항상성에 있음을 인정하는 것이다. 이를 위한 자기조직화를 어떻게 실천할 것인지의 기획이 이 시대의 시대정신이 되어야 한다. 그렇지 않은 채 언제까지 '전통의 숭고함'의 당위적 선언에 안주할 것이며, 언제까지 추상적 공동체성의 미화만을 반복할 것인가?

---

102) 유현주, "생태미학은 가능한가?: '자기조직화'를 바탕으로 한 생태예술의 체계화 1", 『미학예술학연구』 제46권, 한국미학예술학회, 2016, 151-179쪽.

4) 무형유산의 새로운 이해

(1) 도식화의 함정

우리는 무형유산의 특징에 대해 설명할 때 어떻게 하는가? 예를 들어 치배 구성이 어떻고 복식과 가락이 어떻고 굿의 종류와 순서가 어떻고 하는 식의 설명은 과연 해당 풍물굿의 본질을 잘 드러내는가? 외형적 특징이 이런 것이고 현재 형태와 달리 원래는 이러이러한 것이 원형이라는 식의 설명은 과연 사실에 의거한 것인가? 우리가 아는 전통예술과 무형유산의 실체는 모두 기예능 차원의 설명에 그치고 있다. 그 설명마저도 사실의 설명이라기보다는 '해석된' 설명에 해당한다. 학술적 차원의 설명은 대개 1960년대 이후 무형문화재 제도와 지식권력에 의해 설정된 틀거리에 '구겨 넣어진' 채 타의적으로 '발명'된 것이며, 원래는 이러이러한 것이 맞는 것인데 지금은 이러이러한 형태로 변형되어있다는 식의 원형론 역시 지식권력이 설정해놓은 검증되지 않은 가상의 원형틀에 현재를 '구겨 넣어' 재단하는 모습에 해당한다. 그것은 사실이 아니라 가상의 뷰파인더에 현장을 비추어 '해석'한 것이다. 설사 그러한 설정이 사실이라 하더라도 원형이 신성불가침일 이유도 없고, 그러한 원형 또한 그 이전의 또 다른 원형이 변화되어 생성된 것이므로 진정한 원형이 되지 못한다. 애초에 원형이란 설정 불가능한 것이며, 원형을 따지기 시작하면 한반도의 모든 예술의 원형은 반구대암각화로 귀결될 것이므로, 이런 설명은 무의미하다.

그러므로 지금까지 우리는 단 한 번도 전승 무형유산의 실체에 대해 설명해본 적이 없다. 기예능이 아니라 '구성된 유기체'로서 무형유산의 리얼리티는 늘 피안에 있는 것이었다. 우리는 제도과 관습에 의해 그 설명을 기예능적 특성으로 하도록 훈련받아왔다. 그리고 그러한 '특성'마저도 역사적으로 '구성된 현장'의 관점이 아니라 (무형문화재 조사보고서와 같은 제도화된 지면을 통해) 지식권력에 의해 자의적 · 도식적으로 설정된 틀의 관점에 의한 것이었다. 무형유산을 기예능 차원에서만 설명하는 관습에서 생태성은 오히려 더 시급한 지향점이 될 수밖에 없다. 무형유산의 리얼리티는 무형유산의 생태성에 있으며, 유기성, 상호관련성, 지속가능성, 총체성, 평등성 등의 가치들이 총합적으로 그에 내재해있다. 무형유산 전승이란 기예능 전승이 아니라 생태적 · 총체적 전승이 되어야 하는 이유가 여기에 있다. 전통예술을 설명하는 개론서의 내용부터 우리는 새롭게 작성해야 할지 모른다. 가락이나 동작, 선율과 리듬의 특징을 설명하는 것이 개론 내용의 핵심이 되지 않기 때문이다. 그렇다면 과연 개론서 내용을 어떠한 내용과 체제로 채워야 할지에 대한 논의부터 하는 것이 당장의 시급한 전술적 과제가 될 것이다.

(2) 기획으로서 무형유산

전통을 잘 지키는 것이 미덕이라는 생각은 버려야 한다. 그것을 왜 지켜야 하는지, 그것을 대하는 오늘의 의미와 정신이 무엇인지, 그 존재의 긍정적 역할이 무엇인지에 대한 합리적 논설이 전제되지 않은 채 무조건 전통은 소중하고 지켜야 한다는 것은 강압적 국가주의 · 민족주의의 폭력이자 이데올로기적 억압에 해당한다. 전통을 대하는 태도는 맹목성과 무조건적 순응성이 아니라 '변화를 위한 기획'을 중요하게 요구한다. 어떠한 가치관과 지향으로, 어떠한 긍정적 역할을 향해, 어떠한 방식으로 무형유산을 '가꾸어'갈 것인가에 대한 비전과 목적의식을 갖출 것이 전제되어야 하는 것이다. 어떤 유산도 보존과 전승 자체가 미덕이 되지 못하며, '가꾸어감'이라는 시대적 당위를 어떻게 실천할 것인가에 대한 철학을 토대로 한 가치지향적 실천기획이 장기적 차원에서 마련되어야 한다. 이 기획에서 유의할 점은 추상화된 공동체성에 대한 비합리적 미화,[103] 당대 활동성의 방향을 당대 모순구조 극복을 위한 적극적 투쟁이 아니라 과거의 향수나 전통문화 회귀에서 모색하는 태도,[104] 냉철한 자기반성과 자기조직화를 통한 생태적 공동체성 기획이 아니라 기예능 전승 위주의 활성화 차원에 머무는 인식적 한계 등이다. 고령화와 인구절벽 및 다문화 양상, 지역공동체 붕괴와 자본주의 모순 심화 등의 환경변화 앞에서 선도적으로 대응하지 않은 채 강박적으로 설파되는 '옛날에는 이러이러했다'는 식의 계몽은 무모하다. 시대적 모순 앞에 어떠한 전략적 구체성을 갖고 접근할 것인가의 위기의식에 아무리 민감해도 지나치지 않다. 이 전략의 핵심은 '가꾸기'에 있으며, 사람을 가꾸는 것과 지역을 가꾸는 것이 포괄된다. 생태주의는 지역과 환경에서 유리되지 않은 예술, 자연과 괴리되지 않는 인간을 지향하기에, 예술이 지역적 텃밭 가꾸기와 전승인력 자발적 재생산 시스템을 갖추지 않을 때 그 지속가능성을 장담할 수는 없을 것이다. 표면적인 예능적 탁월함과 수요층의 열광은 생태성 차원의 '가꾸기' 성과가

103) 공동체성에 대한 시대적 의미가 성찰되지 않은 채 선험적으로 강제된 공동체성에 대한 미화
104) 과거 이러이러했고 그것이 원형이니 원형을 지키자는 식의 태도

뒷받침되고 있기 때문에 발화되는 현상이라고 해석할 수 있다.

우리는 왜 전통예술을 전승하려고 하는가? 사실 특정 무형유산 종목이 건강성을 상실한 채 사회의 긍정적 역할을 하지 못한 채 자폐적 · 부정적 사건들만 생산해낸다면, 그 종목은 전승되지 않아도 된다. 특히 기능주의적 차원에서 형해화된 채 전승되고 있는 종목이라면 더더욱 그렇다. 그럼에도 불구하고 우리는 모든 전승유산들이 빠짐없이 온전히 전승되어야 한다는 강박관념을 갖고 있다. 이러한 사고가 최소한의 생산적 의미를 갖기 위해서는 존재의미에 대한 점검과 반성이 동반되어야 하며, 이때 각 유산들의 생명성을 최소한이나마 지속시키기 위한 논의의 출발점으로서 생태주의는 진지하게 고려되어야 한다. 무형유산에 있어 생태적 관점과 총체적 보호의 관점이 중요하다는 점은 이미 역설된 바 있지만, 이제는 주장을 넘어 실천과 모색의 단계로 나아가야 한다.

5) 무형유산 전승의 이데올로기적 측면과 사회적 조건

현실적으로 무형유산과 무형문화재는 거의 같은 범주를 지칭하는 개념으로 사용되고 있지만, 원칙적으로 양자가 가리키는 바는 조금 다르다. 무형문화재는 국가에 의해 규정된 특정 종목 전승에 관한 제도지만, 무형유산은 특정 제도만이 아니라 말 그대로 전승된 무형의 유산 전체를 지칭한다. 다시 말하면 무형유산의 국유화 관리체제 중 하나가 무형문화재 제도이다. 무형문화재는 인멸위험이나 탁월한 예술성과 같은 조건에 의해 지정되지만, 무형유산은 꼭 그럴 필요는 없으며, 역사성과 고유성을 중심으로 사고하기 때문에 지금 우리가 사용하는 언어와 음식부터가 이에 포괄된다. 그러므로 엄밀하게는 무형유산 전승과 무형문화재 정책은 다른 맥락을 가리키는 것이라고 할 수 있다. 그렇다보니 유네스코 무형문화유산 등재종목 역시도 이제는 탁월한 걸작 개념이 아니라 예술성이나 인멸위험과 직접 상관되지 않는 음식문화나 특정 민족의 보편적 음악언어(아리랑 같은 경우)가 등재된다. 그런 측면에서 무형문화재 전승은 제도의 규정에 의하기에 그 전승주체는 전공자들이지만, 무형유산 전승의 주체는 당대 시민사회라고 할 수 있다. 그런데 현실적으로 무형문화재 제도를 담당하는 기구는 문화재청이고 무형유산을 담당하는 기구인 국립무형유산원은 문화재청 하위기구로 존재한다. 그렇다보니 무형유산과 무형문화재가 혼재되어 사고되고 있는 상황이다. 실제로 무형문화재 종목들은 대부분 무형유산에 해당하기 때문에 무형유산에 관한 논의와 무형문화재에 관한 논의는 큰 차이가 설정되지 않게 된다.

무형문화재는 권력화된 유산에 해당하며, 이 때문에 이 제도에는 다양한 이들의 첨예한 이해관계가 맞물려있다. 그동안 수많은 이들의 논쟁과 토론이 있었고, 문제점과 해결방안에 대한 저마다의 주장이 있었으나 어떤 제도적 보완으로도 보편적인 만족감을 충족시키지 못한다. 기능종목과 무대종목, 개인종목과 단체종목, 대학에서 교수(敎授)되고 있는 종목과 그렇지 않은 종목, 보유자의 카리스마가 강한 종목과 그렇지 않은 종목, 인기종목과 비인기종목 등 해당 종목이 처한 상황에 따라 전승담당자들 사이에서도 저마다 이해관계에 따른 의견이 다르다. 어차피 모두를 만족시키는 제도는 존재할 수 없다. 현장의 전승자들마다 이해관계가 다르기 때문에 어떤 정책을 제시해도 여러 지점에서 불만과 반대가 터져 나올 수밖에 없는 상황이다. 그런데 관련 기관은 제도를 실행하는 독립된 주체인 듯하지만, 실제로 기관과 일체감을 갖고 전승자들을 대하는 집단이 있으며, 그것이 학계와 비평계이다. 다시 말하면 기관과 학계와 비평가 집단은 기본적으로 동일한 관점을 갖고 있으며, 이 '삼위일체' 그룹과 현장의 전승자 사이에는 대립적 역학관계가 존재한다. 이들 그룹은 고등교육을 받은 지식인 집단이자 오피니언 리더 그룹이고 제도가 부여한 권력을 갖고 있으며, 이에 반하는 전승자 그룹은 연로한 보유자로 대표되는 실기인들이다. 여기서 전승자란 무형문화재를 전승하는 이들을 가리키는 말로 보유자, 전수조교, 이수자를 포괄한다.

뿌리 깊은 관존민비와 문치주의 사고의 영향은 고등교육 집단을 우월적 지위를 갖는 '문명인'으로 자족적 설정을 하며, 실기인은 말도 안 통하고 고집불통이며 합리성과 논리성이 결여된 '전근대인'처럼 설정한다. 학계와 기관과 비평가 그룹이 우리의 민속예능과 전승유산에 대해 보이는 무의식적 태도는 위의 언술에서 조금도 차이를 보이지 않는다. 문명인인 자신이 몽매한 전근대인을 대하는 계몽하는 태도는 은연중에 만연해있다. 그들은 전승자들이 전승과 관련하여 돈을 밝히고 권력을 밝힌다고 비판한다. 비판은 매우 광범위하게 퍼져있다. 하지만, '오늘날 한국사회는 과연 전승자들에게 예술적 정신과 예능적 성취에 몰두할 수 있는 사회적 조건을 충족시켜주고 있는가'에 대해 먼저 질문과 자성을 하지 않은 상황에서 전승자들의 삶에 대해 이런저런 언급을 하는 것은 불손한 태도에 해당한다. 전승자들이 늘 직면하고 있는 생존의 어려움, 가혹한 경제적 환경이 획기적으로 개선되지 않을 때, 전승자들이 갖는 불만과 불안은 강박적으로 표출될 수밖에 없다. 국가기관이 최소한의 지원금을 무기로 전승자들의 삶을 통제 · 관리하는 상황에 전승자들은 타율적으로 길들여져 있다. 무형유산에 대한 국가와 사회의 책임 수준에 대한 논의를 합리적으로 하지 않은 상태에서 문제를 무형문화재 전승자 개개인의 태도로 귀결시키는 것은 단순한 무책임에 해당한다.

전승자들로 하여금 '지원금을 달라'가 아니라 '나는 예술에 매진할 뿐이다'는 말을 자신 있게 할 수 있게 하는 사회적 조건을 만든 다음에 전승을 논해야 한다. 조건을 만들어주지 않은 상태에서 계몽적 당위를 표출하는 것은 부적절하다. 그러므로 무형유산과 관련하여 가장 근본적인 문제해결 출발점은 '관리제도'의 개선이 아니라 전승의 사회적 조건을 변화시키는 것에 있다. 사회적 · 경제적 조건을 합당하게 조성시키지 않은 상태에서 아무리 제도의 절차적 · 세부적 문제들을 보완한다고 해도 결코 문제는 해결되지 않는다. 사회적 조건은 무형문화재 제도만의 문제가 아니라 당대 문화예술정책, 교육과 미디어 정책, 나아가 '전통문화 계승 · 발전'을 명시하고 있는 헌법정신의 구현과 맞물린 총체적 조건이다.

헌법 제9조에서 말하는 전통과 민족문화의 '계승 · 발전' 및 '창달'은 전통의 기예능적 '전승'이 아니라 그 시대적 · 사회적 역할에 핵심적 의미를 두는 것이다. 이 때문에 우리는 일본과 달리 전통을 예능이 아니라 예술로 간주한다. 예능은 기능적 전승과 보존 차원의 의미지만 예술은 끊임없는 창조와 재발견 속에서 시대적 · 사회적 의미 창출을 본질로 한다. 따라서 우리는 자연스럽게 '전통예술'이라는 용어를 사용하며, 전통을 예술로 간주한다는 것은 기예능의 복제와 전승을 넘어서 창조적 해석과 탁월한 통찰을 담을 수 있음을 의미한다. 이는 헌법적 차원만이 아니라 역사적으로 생성된 의미이기도 하다. 역사적으로 우리는 스승에게 배운 기예를 있는 그대로 전승하는 것에 높은 평가를 하지 않았으며, 여러 스승에게 각각의 장점을 배우고 그것을 자신의 창의성 위에 결합 · 재창조하여 새로운 '자신의 예술'을 생성시키는 것을 미덕으로 삼았다. 이는 틀림없는 예술창조 행위이며, 단순한 기예능 전승이나 보존 차원의 맥락과는 거리가 멀다. 우리 전통의 역사적 맥락이나 헌법 조항이나 모두 전통은 '예술'임을 이야기하고 있다는 것은 상식에 속한다.

문제는 우리가 일본의 문화재 제도를 수용하는 과정에서 '예술'로서 전통의 맥락에 철저하지 않은 채 '기예능 전승'이라는 일본의 특징적 양상을 그대로 모방했다는 점이다. 보유자나 이수자라는 말은 철저한 기예능 중심적 사고에서 생성된 용어다. 예술창조의 의미는 이 용어에서 거세되어 있다. 예능을 보유하고 예능을 이수한다는 말은, 예컨대 '사진소리'를 배격하고 '더늠'을 중시했던 우리 전통예술의 본질과 거리가 멀다. 나아가 기예능을 보유 · 이수한다는 사고방식은 국가관리체제의 관점에서 나올 수 있는 것이다. 본질적으로 예술은 국가가 관리할 수 있는 것이 아니다. 비판과 성찰을 국가가 관리한다는 것은 논리적으로 성립될 수 없다. 하지만 기예능은 국가가 제도를 통해 관리할 수 있다. 예술은 예술가의 사회적 삶과 시대적 배경과 창조적 활동에서 배태되지만, 기예능은 국가 관리체제의 목록에 편제되어 제도화된다. 보유, 이수 등의 전승 용어는 전통예술의 창의성과 역사성을 거세시킨 채 국유화한 것에 해당하며, 예술가들을 비판과 성찰보다 통제와 관리에 길들이는 용어라고 할 수 있다. 전승자라는 말 역시 창조적 활동과 삶의 성찰을 하는 존재라기보다는 기예능을 충실하게 복제 · 재생산하는 존재에 가깝다. 이와 같이 전통예술의 역사성과 생명성과 시대적 맥락을 사장시킨 불순하고 해괴한 용어들에 의해 우리의 전통은 길들여져 있으며, 이러한 용어들이 일본 제도의 영향에 의해 조성된 문화종속적 성격의 수입품임을 인식한다면 이 용어들은 과감히 버려져야 한다. 그렇다면 문화재청은 기예능 관리가 아니라 전통의 예술성을 보장하기 위한 기관이 되어야 하며, 전승과 보존이 아니라 '발진'과 '창달'을 모색함으로써 전통의 시대적 맥락을 창조적으로 구현하기 위한 정책을 수립하는 곳이 되어야 한다.

여기서, 우리는 그동안 인지하지 못했던 사실을 깨닫게 된다. 문화재청이 왜 관료들에 의해 움직이는 기관이어야 하는가? 그것은 전통을 예술이 아니라 기예능 차원으로 폄하하여 전승 관리 · 통제를 가능하게 하기 위한 의도와 관련이 있다. 전통예술을 관료조직에 의해 통제되도록 하여야만 국가에 의한 예술가의 통제와 관리가 용이하며, 국가의 필요에 따라 예술가들을 쉽게 조종하고 '사용'할 수 있으며, 그들의 비판과 성찰을 거세함으로써 '순응'하는 집단으로 보수화시킬 수 있다. 그러므로 전통을 기예능 차원으로 의미를 축소하는 것은 단순한 제도적 실책이나 과오가 아니라 예술통제를 위한 국가의 통치전략 중 하나인 것이며, 그런 측면에서 오늘날 무형문화재 제도는 '보호'를 빙자한 정치적 통제의 지배전략에 해당하는 것이다. 애초에 무형문화재 제도가 만들어질 때부터 이런 의도를 갖고 있었다고 보기는 어렵지만, 적어도 현실적으로 기능 중심의 관리체제가 이런 통치전략적 기능을 수행하고 있음은 지적할 수 있다. 말하자면 현재의 무형문화재 시스템은 일종의 예술가 길들이기 프로젝트이거나 예술의 보수화를 위한 기획 차원에서 효용성을 인정받고 있는 것이다. 그렇다면 이때 무형문화재는 통치기술 차원의 이데올로기적 장치에 해당한다고 할 수 있다. 나아가 무형문화재가 무형유산과 혼동되고 동일시되는 언어적 모호함이 여기에 더해지면 무형유산 전승의 당위 자체가 기성 지배질서 순응 프로젝트로 작동되고 있음을 지적할 수 있다.

이 제도가 만일 순수한 차원의 전통예술을 위해 마련된 것이라면, 관료들(관료와 동류에 해당하는 지식인 그룹 포함)에 의해 현장의 예술가들이 관리되는 체제로 제도화될 이유가 없다. 예를 들어, 전국 초 · 중 · 고 · 대학의 핵심 운영은 교사와 교수들이 맡으며 행정관료는 그를 보조하는 역할만을 맡는다. 말하자면, 전문성이 보장되어야 하는 조직은 전문가들이 조직을 맡는 것이 상식이며, 관료조직은 그 전문가 집단을 행정적으로 보조하는 역할을 맡는 것이 상식이다. 그런데 왜 무형문화재는 관료들이 중심에 있으면서 현장의 예술가들을 그들이 통제하는 형태인가? 그것은 첫 번째로 국가의 기예능 관리를 통한 예술가 통제 관점 때문이고 둘째는 전통예술 전문가 집단을 폄하하기 때문이다.

무형유산 내지 무형문화재 제도의 모든 문제의 근원은 여기에 있다고 본다. 현장의 전문가들이 자신들의 입장에서 제도화한 것이 아니라는 사실, 여전히 현장의 인력은 제도로부터 '타자'로 설정되어 있다는 사실, 제도의 주체는 국가와 관료라는 사실, 예술창조가 아니라 기예능 관리 · 통제의 관점에 모두가 길들어있다는 사실, 이렇게 오랫동안 관습화되어 있어서 우리가 미처 깨닫지 못했던 사실들로부터 모든 문제가 파생된다. 전통의 영역을 관료체제로부터 환수하는 것이야말로 무형문화재 제도개선 논의의 핵심이 되어야 한다. 관료는 전통예술 현장의 이해와 요구를 보조하는 역할을 해야 하며, 관료가 우월적 지위를 갖는 현재의 체제는 통제를 통치의 기본으로 사고하던 권위주의 시대에나 부합하는 체제이므로 시대착오적이다. 왜 학교는 전문가인 선생님들이 운영의 중심이 되면서 무형문화재 관련 기구는 그렇지 않나 생각해보면, 선생님들은 지식인이고 고등교육을 받은 이들이지만 무형문화재 전승자들은 그렇지 않다는 차이가 있다. 결국 여기에도 지식인 중심의 관존민비와 문치주의 잔영이 남아있다고 볼 수밖에 없는 것이다.

나아가 법을 개정하고 제도를 개정할 때 너무나 당연한 듯이 관료와 정치인과 지식권력들이 주체가 되는 관습 역시 타개되어야 한다. 현장의 예술가들은 법과 제도에 대해 자신의 주장을 관철시키기 위해 목소리를 키우는 존재로, 마치 이익단체처럼 인식되었지만, 무형문화재법을 개정하는데 왜 현장의 전문가가 직접 개정에 참여하지 못하는 것이 당연시되는가? 역으로, 어떻게 당사자들이 직접 참여하지 못한 채 타자에 의해 법 개정이 되는 관습이 있을 수 있는가? 이 역시 현장의 예술가들을 단순한 관리 대상으로만 여기는 모습에 해당하며, 주체적 · 능동적 예술가가 아니라 관리하고 길들여서 피동적으로 순응시켜야 하는 존재로 인식하는 사고방식이기도 하다. 전통예술 현장인력은 주체적 시민권을 행사하면 안 되는 것인가? 어쩌면 제도개선이나 법 개정은 세부조항이 문제가 아니라 인간에 대한 기본적인 관점부터 바로잡는 데서 비롯되는 것이라 할 수 있다.

좀 더 논의를 확대하자면, 무형유산 정책과 무형문화재 정책은 구분되어야 한다. 무형문화재 정책은 전승을 담당하는 예술가들 중심으로 재고되고 재편되어야 하는 반면, 무형유산 정책은 시민사회를 전승주체로 분명히 인식하는 틀 위에서 재구축되어야 한다. 이는 당연히 기예능 전승과 차원을 달리하게 된다. 우리의 말과 음식을 기예능 차원에서 관리한다는 것은 우스꽝스러운 설정일 수밖에 없다. 그렇다면 시민을 중심으로 한 무형유산의 생태성을 주된 관점으로 정책을 설정할 수밖에 없다. 생태성의 당위는 전체 무형유산 정책에 관한 총체적이고도 핵심적인 키워드인 것이다. 그렇다면 무형유산은 전승의 차원에서 바라보는 것 자체가 모순일 수 있다. 그것은 전승의 시각이 아니라 향유하고 가꾸고 새롭게 창조적으로 꾸미는 것이 정상이지 여태까지 물려받은 것을 고정실체화해서 있는 그대로 전승한다는 개념은 부합하지 않기 때문이다. 인멸위험이 있는 것들은 무형문화재로 지정되어 있고 그 영역은 위에서 말한 전승의 사회적 조건을 중심으로 한 제도적 진정성 차원으로 바라보아야 하며, 그보다 포괄적 차원의 무형유산 일반은 생태성 증진을 통한 문화적 윤기 확보, 그리고 그를 통한 시민 삶의 질 제고의 차원에서 되어야 한다. 말하자면 무형유산 정책의 핵심은 전공자 관리나 기예능 관리 차원이 아니라 시민의 삶의 조건을 개선하고 당대 사회적 존재들의 인간적 존엄 차원에서 구축되고 기획되어야 한다는 것이다. 그럴 때 통치 기술적 효용성과 지배질서 유지 담론으로서 무형유산 전승 개념의 오해를 딛고 시민 중심의 무형유산 개념이 확보될 수 있을 것이다. 결국 무형유산 역시 그 정의와 윤리의 지점이 삼엄한 비평적 화살의 과녁이라고 할 수 있다.

4.
전통, 그리고 젠더

1) 이데올로기장치로서 무대, 전통, 그리고 젠더

무대는 공연예술이 연행되는 공간이다. 서구식 프로시니엄 무대만이 아니라 관객과 연행자가 마주하는 다양한 형태의 무대에서 예술작품은 유통되고 소통된다. 조명과 음향과 객석이 있는 공간은 언제나 긴장된 공간이며, 그곳을 지배하는 일정한 예의범절과 규율이 존재한다. 슬리퍼에 트레이닝복을 입고 공연장을 찾을 수 없으며, 연행자 역시 일상적 복장이 아닌 특별한 규율적 복장을 착용하게 된다.

그런데 우리는 여기서 질문을 해야 한다. 왜 예술이 이런 규율적이고 긴장된 공간에서 펼쳐져야 하는가? 긴장과 규율이란 지배적 질서에서 배태된 것들이다. 왜 이런 서구근대가 낳은 억압적 공간에서 예술이 연행되어야 하는가? 무대는 권위에 의해 지배되고 자본이 거래되는 공간이고 나아가 예술가의 몸이 디스플레이 되는 공간이다. 숨 막히고 경직되며 억압적인 공간에서 예술의 자율성과 창의성이 검증받게 되는 이해할 수 없는 현상은 무엇을 의미하는가? 어쩌면 지배적 권력과 자본주의적 질서가 공고화되는 공간이 무대이므로, 이러한 무대의 긴장과 억압에 순응하고 길들여지는 것을 당연시하는 것이 바로 권력의 예술지배 형태일지도 모른다. 예술을 길들이고 순응하는 장치가 바로 무대일지 모르며, 위계질서가 정당화되고 자신의 몸이 시험되고 타자의 관음증에 적응되어야 비로소 예술가로 인정되는 질서가 강제되는 공간이 무대라고 할 수 있는 것이다.

그러한 질서를 규정하고 통제하는 주체는 권력이라고 할 수 있으므로, 무대라는 폐쇄적이고 억압적 공간의 실체(특히 프로시니엄 무대)는 지배질서를 상징하는 것이 될 수밖에 없다. 예술가가 무대에 적응한다는 것은 지배질서에 적응한다는 것이다. 관객과 분리된 공간, 관객에게 '보여지는'[105](보임을 당하는, 혹은 보여주어야 하는) 관음(觀淫, voyeuristic)적 공간, 자신이 통째로 묘사되는 긴장된 공간, 이는 곧 지배자에 의해 예술가의 몸이 노출되고 제어되는 공간이다. 이때 지배자는 주로 지배질서를 형성하는 '남성+권력'이다. 이러한 무대 전면에서 행해지는 '관람' 또한 권력행위이자 계급적 · 이데올로기적 행위가 될 개연성이 크다.

105) 여기서는 '보이는'의 의미와 다르다. '보이는' 것은 중립적, 객관적 개념이지만 '보여지는'은 어떤 의도나 관점에 의한 시각에 노출됨을 의미한다.

(1) 무대와 젠더

① 몸의 통제와 무대

근대국가에서 개인의 몸은 통제되고 길들여진다. 권력에 의해 몸은 규율에 종속되며, 그러하도록 훈련되어야 한다. 그 훈련과정은 교육의 이름으로 정당화된다. 이렇게 될 때 개인의 몸이 배치되는 일상의 공간까지 권력의 통제와 관리는 침투하게 된다. 오늘날 사회적 존재로서 인간의 몸은 개별 인간 스스로의 것이 되지 못한다. '몸은 사회적으로 구성되는 것이다'라고 정의하는 이유는 몸은 기성 질서 정당화와 유지를 위해 타자에 의해 동원될 수 있는 것이기 때문이다.[106] 몸은 불평등한 사회의 반영이자 재현이며, 사회적 억압과 몸의 불평등은 연결된다. 이는 전쟁과 같은 거대한 사회적 광풍만이 아니라 삶의 미시적 현장에서도 드러난다.

예술가들은 무대에 서기 위해 어릴 때부터 훈련을 받는다. 대개의 훈련과정은 전문가 양성 제도교육이 마련한 억압적 위계질서 속에서 이루어진다. 음악가나 무용수들이 성장하는 과정은 위계질서의 폭력과 위압에 순응되고 자기성찰이 거세되는 과정이기도 하다. 무대는 언제나 긴장되고 위압적인 공간이다. 이는 장인으로서 소비자를 대하는 예술정신과 자기책임의식의 발로인 듯하지만, 실제로는 공간을 지배하는 질서의 억압성 때문이다. 예술가가 무대에서 긴장과 억압을 경험하는

---

106) 임인숙, "사회적으로 재구성되는 여성의 몸", 『성평등연구』 제9권, 가톨릭대학교 성평등연구소, 2005.

이유는 그곳이 타자의 질서에 의해 구축된 공간이기 때문이다. 타자는 지배자로서 권력과 자본을 의미한다. 예술가에게 무대는 사회적 인정을 획득하기 위한 공간이고, 인정의 과정에는 상품적 가능성, 기성 위계질서 내에서의 지위 상승, 그 속에서 사회적 생존가능성까지 포괄된다. 이 과정에는 자기 사회적 삶의 모든 것이 담겨있기 때문에 긴장과 억압이 존재할 수밖에 없다. 무대가 예술가들의 자유로운 예술적 가능성과 삶의 성찰을 표현하고 소통하는 공간이라면 긴장과 억압이 존재할 이유가 없다.

무대에 선 예술가는 관객 · 청중과 마주한다. 관객 · 청중은 소비자들이며, 예술가와 그들 사이에는 금전적 계약이 성립된다. 예술의 금전적 물화는 사회적 '노동'으로서 예술을 의미한다. 자신의 능력을 팔고 그에 상응하는 사회적 삶을 얻는 '노동'의 개념은 이윤의 개념과 분리할 수 없다. 공연이라는 사회적 행위를 통해서 얻게 되는 경제적 이윤만이 아니라 그 과정에서 증가하는 예술가의 사회적 인정 가능성 역시 공연이 창출한 이윤에 해당한다. 이윤을 위한 공간은 자기성찰 과정으로서 예술이기보다는 기성 질서에 의해 지배되는 공간이기 때문에 긴장과 억압이 지배하는 것이다.

이런 무대공연의 양식은 서구 근대의 산물이다. 지배자를 위한 예능적 종속이든 상품화 맥락이든 상관없이 물화된 예술은 긴장과 억압의 화신일 수밖에 없다. 그렇기에 이런 공간에 가기 위해서는 특별한 복장이 요구된다. 공연자는 '무대복'이라는 어떤 특정한 '제복'을 입어야 하며, 관중 · 청중 역시 최소한 '차려입고' 찾아야만 하는 공간인 것이다. 이때 무대에 서는 예술가는 자신의 예술이 제시된다고 생각하지만, 실제로 그 제시를 지배하는 것은 권력과 자본이 강제한 관습이며,

이 관습에 의해 무대에서 디스플레이 되는 것은 예술 자체가 아니라 통제되고 있는 예술가의 몸이다.

몸의 통제란 무대 퍼포먼스와 의상만이 아니라 배우, 연주자, 작곡가의 손에 대한 통제까지 포함한다. 몸은 창작과정까지 포괄하는 개념일 수밖에 없다. 창작의 주체는 개인이 아니라 사회이거나 타자이다. 그 무대를 그러한 모습으로 규정하고 그 작품을 그러한 양식으로 규정한 것은 개인이 아니라 사회이며, 개인은 그러한 규정 내에서 허용된 제한된 활동만을 취할 수 있다. 그러한 무대 퍼포먼스와 무대의상에 기초한 공연은 제도화된 순응주의적 의례에 해당한다. 공연은 지배자에게 바치는 인신공양적 제의 차원에서 이루어지는, 예술가들의 통과의례적 할례의식이다. 사회적 인정을 획득하기 위해 자신의 몸을 타자화하는 의례이며, 이러한 제의적 할례의 관음증적 정당화가 공연관람이라고 할 수 있다. 예술가 몸에 대한 길들이기 검증 차원의 자본주의적 공연관람은 곧 관음증의 공적 합리화이다. 역사적으로 무대는 계급적 지배자들이 계급적 하층신분의 연행자들을 감상하던 공간이었고, 이후 자본이 지배하는 공간으로 변화되었으며, 예능적 노동자들의 퍼포먼스를 감상하는 공간으로의 성격이 강화되어왔다. 이런 속성은 지금도 지속되고 있다.

여기서 놓치지 말아야 할 점은 바로 '본다'는 행위이다. 공연장을 찾는 사람들은 무대를 '본다.' 하지만 '본다'는 것은 객관적 행위가 아니라 권력행위에 해당한다. '듣는다'는 것 역시 권력행위이며, 음악을 듣고 미술작품을 보는 것은 모두 권력행위이다. 어떻게 보고 어떻게 듣는가에 따라 해석은 달라지기 때문이다.[107] 본다는 것은 의도와 관점과 태도가 결부되어 있다. '보인다'와 달리 본다는 것은 중립적 개념이 되지 못하기 때문에, 공연을 본다는 것은 무대가 보인다는 것과 전혀 다르다. 의도와 관점과 태도에 의해 '보는 것'은 달라지기에, 사회의 지배질서가 구축해놓은 어떤 평가지침이라고 할 만한 시각에 의해 대중들은 감전된다. 어떤 것을 보고 좋다고 느끼는 것은 그러한 양식에 대해 익숙하거나 길들었거나 혹은 그렇게 느끼도록 암묵적으로 학습받았기 때문이다. 이는 이른바 '규율적(지배적) 감상' 혹은 '규율적(지배적) 관람'이라고 할 수 있으며, 이런 감상이나 관람이나 청취는 권력적 예술의 비호나 추종에 해당하다. 그러므로 우리가 공연장에서 '보는' 것은 우리가 주체가 되는 행위가 아니라 사회가 주체가 되어 권력과 기성 질서를 내면화한 시각으로 보는 것에 해당한다. 한국사회에서 권력과 기성질서는 남성중심적 질서이며, 그런 측면에서 공연문화의 맥락에서 이루어지는 '권력적 보기'와 '남성중심적 보기'는 모두 일상화된 폭력의 내면화에 해당한다. 그렇게 되면 무대의 긴장과 억압의 주체는 남성중심적 위계질서와 자본주의적 질서로 규정지을 수 있다. 그럴 때 무대에서는 여성 예술가들과 남성 예술가들의 몸짓과 퍼포먼스는 매우 달라진다. 의상의 차이는 말할 것도 없다. 여성 음악가들이 입는 몸매가 드러나는 무대복장, 전통음악 연주할 때 입는 한복과 쪽진 머리는 자연스럽게 생겨난 것이 아니라 이런 위계적 질서에 의해 구성된 것이다. 이

107) "'보는 방식'이 젠더연구에서 중요한 이유는 보는 방식에 의거한 이미지 조작과정 속에서 계급, 식민화 그리고 젠더 관계가 약호화한다고 제시하는 점 때문이다."(이수안, "여성 몸 이미지의 전형과 내면화 과정의 시각 체계적 상호작용", 『여성학논집』 제26권 1호, 2009, 82쪽.)

렇게 보는 방식에 따라 여성의 몸을 대상화하고 남성 지배구조의 관점을 정당화하게 되는 무대공간은 시선의 불평등성 혹은 기만성을 상징하는 이데올로기 공간이다.

공연은 기본적으로 자본주의적 행위이며, 그곳을 찾는 이들은 대개 상류취향이자 권력취향을 갖고 있다. 관람료가 비쌀수록 지배취향이 강조되고, 저렴할수록 상품지배의 논리가 강조된다. 지배취향은 가부장적 남성중심의 시각이 강하고, 상품지배의 논리 역시 남성중심의 지배적 시선을 갖는다. 상품은 구매사 취향을 반영하는 것이고, 한국사회 구매자는 경제적 주도권을 가진 남성중심의 시각이 강할 수밖에 없다. 주된 구매층이 여성이라 하더라도 그 여성이 갖는 구매경향은 '남성 시선에 맞춘 여성'에 맞춰지기 때문이다. 또한 여성관객 중 상류취향은 남성과의 결혼자본에 의해 획득되는 경우가 적지 않다. 무대는 자연스럽게 남성중심의 지배자를 위한 공간으로서 성격을 갖게 되며, 이는 이른바 전위적 예술이나 대중지향적 예술이나 마찬가지다.

② 여성, 무대, 이데올로기

이데올로기 공간으로서 무대의 모습은 여성 공연자의 무대에서 잘 드러난다. 여성의 무대는 천차만별이지만, 남성의 무대와는 다른 장면을 담는다. 실내공간임에도 걸쳐야 하는 두루마기나 연미복으로 대표되는 권위적 복장, 혹은 타악 공연자들이 행하는 마초적 퍼포먼스가 남성 무대를 상징한다면, 여성 무대는 몸매가 드러나는 드레스, 곱상한 매무새의 다소곳한 자세, 혹은 짧은 기장의 원피스 등으로 대표된다. 무대는 이러한 여성과 남성의 젠더 디스플레이가 확연하게 드러나는 공간이며, 남성이 권위를 체화한 몸을 전면화하는 반면 여성은 신체 실루엣과 함께 순응적이고 관능적인 몸을 전면화한다. 이런 여성의 몸은 남성중심의 시각에 맞추어진 것이다. 그러므로 무대에 서는 여성은 '보여지는 몸'에 대한 강박을 표출하며, '보여지는' 것은 남성적 시선에 의해 자신의 몸이 대상화됨을 의미한다. 왜 예술을 연행하는 전문가가 무대에 서기 위해 자기 몸을 대상화하여 남성적 시각에 맞추어 '보기 좋게' '구성'되어야 하는가? 이러한 '보여짐'과 함께 무대를 지배하는 긴장과 규율은 여성예술가를 더욱 강렬하게 억압한다.

여성, 특히 젊은 여성이 갖는 '보여지는 몸'에 대한 강박은 여성이 주체가 된 것이 아니라 사회가 강요한 것이다.[108] 이때 '보여지는 몸'은 남성중심의 사회적 시선을 대상으로 하며, 여기에는 미디어, 정치, 경제 등 여러 환경적 요인이 작용한다. 이때 여성의 몸은 여성의 것이 아니라 사회의 것이고, 이는 곧 지배자의 것, 권력과 자본의 것을 의미한다. 그리고 여성은 그에 길들여지도록 강요받는다. 규율에 길들여진 여성은 미혼이고 낮은 연령일수록 몸에 대한 강박이 강한데, 이는 자기 몸에 대한 불만족의 표출이기도 하다. 여성이 자기 몸에 불만족하는 이유는 사회적으로 선망되고 표준화된 신체에 꼭 들어맞지 않는 자신의 신체 때문이다. 그러므로 불만족이란 사회가 만들어내는 것이며, 이는 기본적으로 여성의 몸에 대한 푸코의 원형감시망 존재를 의미하는 것이다.[109] 여성의 육체를 관리하는 것은 사회와 권력이지 여성 자신이

108) 황유지 · 이상훈, "육체관리 행위와 여성정체성: 스포츠센터 여성 이용자에 대한 참여관찰을 중심으로", 『언론과학연구』 제7권 3호, 한국지역언론학회, 2007, 404-433쪽.

109) 황유지 · 이상훈, "육체관리 행위와 여성정체성: 스포츠센터 여성 이용자에 대한 참여관찰을 중심으로", 425쪽.

아닌 것이다.

이때 몸은 여성에 있어 자본으로 기능하게 된다. 자신의 몸을 관리하여 생존가능성을 높여야 하는 사회에서 여성의 몸은 사유재산이자 생존경쟁에서 승리하기 위한 자본으로 간주된다.[110] 사회적 인정과 생존을 위한 자본으로서 몸은 필연적으로 남성 시선에 대한 순응과 체화 과정을 거치게 된다. 여성의 육체관리는 이런 '상징자본'을 획득하고 강화하기 위한 "이율배반적 실천"[111]이라고 할 수 있다.

여성의 몸 가꾸기가 여성의 자발적 의지가 아니라 사회적 강제인 이유는 여성의 몸은 남성에 비해 차등적 시각으로 대상화되기 때문이며, 이런 사회적 강제에 적응한다는 것은 곧 기성 지배질서에 복무함을 의미한다. 기성 질서는 '자본주의 질서+남근중심적 질서'에 해당한다. 제도에 의한 여성의 몸 지배는 여성이 남성 시각에 순응해야 하는 의존적인 존재라는 지배적 무의식을 표출시키며, 남성은 그러한 여성의 몸을 탐닉하는 외설적 존재로 격하된다. 이는 곧 비판과 사유를 거세시키는 지배담론 양상을 보여주는 것이기도 하다. 그러므로 몸의 지배는 곧 이데올로기 지배에 해당한다. 억압과 불평등을 내면화한 존재들에게 강제되는 순응의 이데올로기인 것이다. 이러한 몸이 지배질서 유지를 위해 동원되는 장이 바로 공연장이라고 할 수 있다. 그리고 결론적으로 공연이란 이런 지배이데올로기의 표상이 될 수밖에 없다. 권력이나 자본은 무대를 통해 예술가의 몸을 통제하는 것이다.

---

110) 박정희, "한국 현대 여성들의 욕망과 몸 주체성 상실에 대한 철학적 담론", 『철학논총』 제81권 3호, 새한철학회, 2015, 89-103쪽.

111) 황유지 · 이상훈, "육체관리 행위와 여성정체성: 스포츠센터 여성 이용자에 대한 참여관찰을 중심으로", 428쪽.

(2) 전통의 젠더적 해석

'전통'의 이름이 호출된 무대는 남성중심적 질서의 내면화가 특히 심하다. 위에서 언급했듯 무대에서 남성의 복장은 엄격하게 갖추어진 한복이거나 마초적 성향을 발산하는 복장이다. 여성의 경우 역시 엄격한 여성용 한복이거나 이른바 '여성미'가 강조되는 복장이다. '엄격한 한복'이란 곧 전통의 권위를 상징하는 것일 뿐만 아니라 남성과 여성의 위계적 구분을 상징하는 것이기도 하다. 무대에서 여성의 한복이란 다소곳함, 순응함, 유순함, 소극성 등의 이미지가 강조되는 복장으로, 예술가로서 존재가 아니라 '여성으로서 존재'가 강조되는 복장이다. 이는 유교적 이데올로기에 의해 정형화된 여성상이며, 오늘날 무대에서 전통의 호출은 이런 유교적 이데올로기의 호출과 다르지 않다. 자신의 예술적 역량과 지향을 표출하기 위한 무대에서 여성은 유교적 여성상에 부합하는 복장을 입고 그 이미지에 부합하는 역할행동을 강요받는다. 그러므로 이때 무대는 예술공간의 차원을 넘어서 남성중심 가부장적 질서가 지배하는 공간이 된다. 현실적으로 오늘날 무대를 지배하는 힘은 자본과 권력의 질서이다. 그러므로 이 무대에서 전통의 호출은 곧 자본의 호출이자 권력의 호출이며, 이 지배질서에 순응하고 적응하는 이들만이 예술가로 인정받게 된다. 이런 순응의 강제가 내면화될 때 예술가들 사이의 내적 위계질서 역시 엄격하게 설정되며, 개인의 예술적 상상력보다 '조직사회'의 계급적 질서가 우선시된다. 그것은 전통의 호명을 통해 정당화되고 심지어 미화된다.

복장만이 아니라 무대에서의 자세와 퍼포먼스 역시 마찬가지다. 전통예술 장르별로 무대에서 정해진 자세와 정해진 퍼포먼스가 있으며, 잡가, 통속민요, 민속춤, 여창가곡 등과 같이 여성이 주로 무대에서는 장르에서 자세와 퍼포먼스는 남성중심적 좌상객과 권력자의 시선에 맞추어져있다. 음악이든 춤이든 그 예술적 내용의 차원만이 아니라 복장과 자세와 몸짓까지 통제되는 무대는 예술적 공감과 성취보다 '통제된 몸'의 지배와 종속 구조가 전면에 드러난다. 전통은 이러한 통제를 수행하는 남성적 시선을 미화하고, 이 시선은 가부장적 질서를 정당화하며, 이를 통해 기성 질서에 순응하는 존재만 살아남는 과정을 구축한다. 이 과정에 의해 최종적으로 노달하는 지점은 기성 권력과 자본의 지배에 순응하는 시스템의 강화이다.

순응의 인간형은 무대에 서기 위해 팸플릿에 사승관계와 학습계보, 경연대회 수상이력, 권위 있는 교수나 비평가의 소개말 등을 담게 되는데, 자신의 예술무대에서 소속집단 질서와 타자의 권위를 표출하는 이런 모습은 위계구도 내면화와 가부장적 질서 제도화를 직접적으로 드러낸다. 공연의 내용 역시 기성 질서가 허용한 한도 내에서 구성될 수 있으며, 순응의 예술가는 피라미드 구조 내의 자기 위치에서 역할수행을 자발적으로 하게 된다.

그러므로 이러한 통제와 순응의 질서는 남성중심적 권위주의 산물이자 발명품이며, 그 안에서 전통이 호명됨으로써 위계질서와 억압구조는 정당화 · 미화된다. 결과적으로 전통이 호출되는 무대는 예술가의 몸이 디스플레이 되는 공간에서 전통의 상징폭력이 실천되는 공간이 된다. 그 과정에서 특히 여성의 몸에 대한 남성 시선의 지배는 전면화되어 있으면서도 암묵적 추인과 장려가 조장된다. 전통의 이름으로 이런 억압적 공연양식과 비예술적 차원의 자본주의적 거래가 묵인되고 그에 대한 비판이 회피되는 현상은, 무대 공간에서 전통이 자본주의 이데올로기 홍보와 가부장적 질서의 첨병으로 작동하고 있음을 보여준다. 그렇게 되면 여성 예술가의 관능적 퍼포먼스와 선정적 의상들이 오히려 전통의 이름으로 미화되는 모순적 지점에 이르게 되는데, 마치 전통의 현대적 해석과 예술적 도전인 것처럼 호도되는 것이다. 여성의 몸에 대한 전통의 억압과 통제는 이처럼 남성중심 시각에서 비합리적 해석을 낳게 하며, 결국 무대와 전통의 두 기표가 상승작용을 일으켜서 지배질서를 위한 통제와 순응을 강화하게 됨을 다시금 확인할 수 있다.

2) 여성연주단체와 몸의 정치학

공연 및 전통과 관련한 이데올로기적 속성을 보다 직접적으로 드러내는 것이 전통의 이름을 호명하는 여성연주단체의 활동이다. 개별적 차원의 '여성 예술가'가 아니라 '여성단체'의 차원에서 몸의 통제와 지배는 더 적나라하게 드러난다.

여성타악그룹 내지 여성국악그룹 등의 이름으로 활동하는 연주단체는 최근 들어 급격히 많아지고 있다. 이들 대부분은 주로 행사성 단체라고 할 수 있으며, 블로그나 유튜브 등을 통해 자신들의 활동을 홍보한다. 그런데 이들의 활동에는 몇 가지 공통점이 있다. 이들의 공연에는 국악기가 포함되고 전통예술 무대로 분류되는 공간에서 연주를 하지만, 연주악곡은 전통음악 레퍼토리와 다소 거리가 있으며 단조로운 대중적 코드에 맞추어진 음악을 선보인다. 이들의 무대 퍼포먼스는 대중음악 걸그룹을 표방하는 것처럼 보이며, 음악연주보다 관능적 쇼에 중점을 두는 모습이 강하다. 복장 역시 짧은 치마와 몸매가 드러나는 타이트한 형태가 주를 이루며, 신체 움직임에서의 섹시미가 강조된다. 그리고 대부분은 음악적 문제의식으로 결성한 단체이기보다는 기획사 시스템에 의해 움직인다. 자발적 연주단체 결성이 아닌 까닭에 주로 행사장 위주로 활동하며, 주류 언론이나 비평계에서 주목하는 연주공간에서 예술성과 실험성으로 승부하지 않는다. 그런 까닭에 이들은 예술계의 주류 무대로부터 소외되어 있고 비평가나 권위적 무대의 시선에서 비껴있다. 인터넷 검색에서 이와 같은 다양한 연주단체들이 다양한 공간에서 활동하고 있음을 쉽게 확인할 수 있고, 그 수치도 갈수록 증가하고 있다. 이들은 당연히 대학에서 '전통'을 전공한 이들로 구성되며, 일부의 경우 공적지원금 수령을 통해 존재감을 확인하기도 한다. 이들은 얼핏 보면 전통예술계의 변두리에서 생존경쟁을 하는 이들처럼 보이며, 주류 무대의 권위가 아니라 대중을 상대로 자신의 존재를 인정받고자 하는 것처럼 보인다. 하지만 이미 이들의 활동은 양적으로 소수의 변두리적인 활동 수준을 넘었으며, 이들이 공통으로 보이는 음악적 단조로움, 선정적 퍼포먼스, 악기 음색을 통한 국적 과시 등의 모습을 변방의 저급함 정도로 치부할 수 있는 상황이 아니다. 이들은 어떤 식으로든 전통예술 전공자의 생존경쟁을 보여줄 뿐만 아니라 한국사회의 예술적 암울함을 온몸으로 드러내는 존재들이기 때문이다.

(1) 보여지는 몸, 노동, 젠더

① 몸의 타자화

여성단체에서 보이는 성적 이미지 강화는 경쟁사회에서 생존 가능성을 높이고 사회적 인정의 획득 가능성을 높이기 위한 장치이다. 이때 여성의 몸은 남성적 시선에 의해 대상화되며, 무대는 여성의 통제된 몸이 제시되는 공간이 된다. 특히 여성의 몸은 사회적으로 표준화된 강제적 규율에 맞추어지며, 대상화된 몸은 강제적 제어에 의해 조정되어야만 인정을 획득할 수 있다.

TV드라마를 통해 젊고 아름다운 여성은 자본주의적 '신체자본'[112]의 수행을 보여주며,[113] 사회적으로 여성의 몸에는 규격화된 아름다움이 강제된다. 44-55-66의 표준적 기성복 사이즈 체계가 '옳은 몸'인 것처럼 인식 된다.[114] 이에 부합하지 않는 몸은 통제의 대상이며, 여성의 몸은 사회적 '표준'과 '규율'에 맞추어져야 한다. 사회적으로 강제된 아름다움이 '옳음'으로 규정되는 현상은 개인의 욕망을 사회의 '윤리' 차원에서 규정하는 폭력이기도 하다. 의료기술과 신자유주의 이데올로기의 결합은 미용성형을 통한 '사회적 표준화'의 강제를 더욱 강력하게

---

112) 부르디외는 신체 역시 문화자본의 관점에서 개념화했다.(김남옥, "몸의 사회학적 연구 현황과 새로운 과제", 『사회와 이론』 제21권 1호, 한국이론사회학회, 2012, 289-326쪽.)

113) 홍지아, "TV드라마를 통해 재현된 여성의 몸 담론", 『한국언론정보학보』 제49권 1호, 한국언론정보학회, 2010, 122-143쪽.

114) 이민, "내밀한 표준화: 한국 성인 여성들의 비만 경험을 통해 본 몸과 섹슈얼리티", 서울대학교 인류학과 석사학위논문, 2016.

실행시키고 있다.[115] 이런 상황에서 '젊고 아름다운 여성'은 '권력행위의 대상으로서 여성'이며, 젊은 여성의 몸은 지배이데올로기가 투사되는 지점이다. 여성에게 외모 강박증을 조장하는 것은 가부장적 소비자본주의이며, 이에 의해 여성의 몸은 대상화된 채 '표준화'된 외모의 집착이 하나의 문화적 상징처럼 자리 잡게 된다.[116] 자발성에 의한 것처럼 보이는 외모집착은 결국 '순종하는 몸'의 통제가 남성중심의 쾌락과 권력을 강화하는 장치임을 말해준다.

여성의 몸에 대한 이런 강제는 예술작품에서의 강제와 다르지 않다. 강제를 통해서 여성의 강박증과 불안심리를 자극함으로써 더욱 지배력을 강화하는 갖는 측면 또한 마찬가지다. 예술 역시 특정 아름다움의 표준화, 특정 장르 숭배를 통해 예술가들을 지배하고 통제한다. 남에게 뒤처지면 도태되어야 하는 신자유주의적 강제가 결합되어 사유와 성찰이 거세된 맹목적 경쟁으로 예술가들은 내몰린다. 이와 같은 '경쟁' 유도와 '표준화' 강제가 자본주의 예술 지배와 젠더 지배의 핵심에 해당한다.

'보여지는 몸'의 강박증을 강제하는 사회적 압력이 지배질서 공고화의 이데올로기로 작동하는 것은 사회적 강제를 개인적 책임으로 돌리는 형태에서 잘 드러난다. 지배이데올로기의 교묘함은 기성 질서의 강제성을 감춘 채 개인의 책임으로 모든 것을 귀납시키는 데에 있다. 여성의 몸을 타자(남성)를 위해 가꾸는 것이 여성적 가치를 위한 문화자본인 것처럼 호도되지만, 멋지고 주체적인 여성상의 왜곡을 강제하는

115) 태희원, "신자유주의적 통치성과 자기계발로서의 미용성형 소비", 『페미니즘연구』 제12권 1호, 한국여성연구소, 2012, 157-191쪽.

116) 우경자, "여성의 외모주의와 성형의료산업", 연세대학교 사회학과 박사학위논문, 2002.

사회적 압력의 이면에는, 그러한 '표준화'된 몸에 적응해야만 '성공'할 수 있다는 강박증을 정당화함으로써 개인의 몸을 통제하고, 그에 따라 기성 질서에 순응하는 인간형을 조장하는 교묘한 의도가 존재한다.[117] 그에 적응하려는 노력에 실패할 때 그것은 개인의 노력 부족과 성취의욕 결핍으로 매도된다. 그리하여 순응하는 이들이 미화되고 사회의 건강한 비판과 저항성은 거세된다. 이런 현상이 심화되면 '여성'이란 소비적 관점에서 '여성의 몸'과 동일시되고, 결과적으로 남성 중심의 관점이 낳은 성적 대상으로 인식된다. 몸과 외모가 곧 인격이 되면서 소비·자유 등의 이름으로 여성의 성적 대상화는 정당화된다. 그러므로 여성의 몸은 헤게모니 질서를 위한 수단으로 존재하게 되는 것이다.

공연장이라는 헤게모니 질서구축의 공간에서 여성의 몸은 매체 속 여성의 몸과 기본적으로 같은 성격을 갖는다. 시청각적 자극 경쟁을 통한 상품시장의 맥락에서 여성의 몸은 소비된다. 이때 소비는 '보여짐'의 차원이다. 보여짐은 그 자체가 목적이 아니라 시선집중을 통한 '성공'의 수단에 해당한다.

성적 이미지는 무대의 예술적 고민이나 연주자들의 성찰적 메시지가 아니라 제도화된 쾌락으로 관객의 관심을 유도한다. 그렇게 함으로써 보는 이의 욕망을 통제하고, 이를 통해 자본질서 강화와 기성 질서 순응은 더욱 노골적으로 조장된다. 여기서 쾌락은 자기주체적 쾌락이 아니라 소비적 가치로 이미지화된, 자본이 조장하고 조작한 마케팅 수단이다.[118] 이 강박증적 쾌락의 수용자는 자본의 논리에 의해 에로스

117) 이영자, "신자유주의적 지구화와 페미니즘", 『성평등연구』 제6권, 가톨릭대학교 성평등연구소, 2002.

118) 이영주, "매체가 욕망하는 여성의 몸과 성, 여성의 몸과 성이 욕망하는 매체", 『젠더리뷰』

적 욕망이 획일화되고 표준화되며, 이런 점에서 매체가 생산하는 섹슈얼리티는 폭력적이고 착취적이다.[119] 섹시미를 강조하는 많은 여성 공연자의 모습은 시각적 자극에 강박적으로 몰두함으로써, 남성중심적 시선이 지배하는 공간의 상품으로 과시된다. 이때 여성의 몸은 자본 이윤을 위한 착취대상일 수밖에 없다. 문화산업이나 세계화 등의 이름으로 무대에서의 섹슈얼리티를 강조하는 행위는 자본의 논리이자 지배의 논리인 것이다.

따라서, 여성 몸의 타자화는 지배담론과 무관하지 않음을 다시금 강조할 수 있다. 외모주의와 자본의 결탁에 의해 여성의 몸은 자본에 순응하도록 길들여진다. 그리고 자본의 논리와 순응형 인간을 요구하는 권력의 담합으로 인해 외모주의는 조장되며 갈수록 심화된다. 여성의 몸이 권력과 자본에 의해 다루어지는 것은 곧 몸의 타자화이며, 몸의 주체는 여성 자신이 아니라 권력이다. 이런 담합은 여성의 몸을 더 자극적인 방식으로 표준화하고 그렇게 하여 여성 스스로 자신의 외모에 대해 더 큰 불만족스러움을 느끼게 한다. 여성의 비교대상이 대중문화적 스크린에 서 있는 여성들에 맞추어질 때, 스크린과 무대 위의 여성은 더 자극적이고 외설적인 방식으로 디스플레이된다. 이는 이른바 여성연주단체의 공연맥락으로 연결된다. 일본의 누드 연주단체까지는 아니더라도, 무대라는 남성중심의 관음적 공간에서 여성 예술가는 지배이데올로기 표상으로서 기능을 수행하게 되는 것이다.

제17권 제17호, 2010, 68쪽.

119) 이영주, "매체가 욕망하는 여성의 몸과 성, 여성의 몸과 성이 욕망하는 매체", 69-70쪽.

② 기획사와 여성노동

다수의 여성연주단체는 기획사 시스템에 의해 움직인다. 멤버들은 페미니즘이나 젠더적 인식보다 상품화를 위한 자기 홍보에 몰두한다. 이는 기획사의 무의식적 강제이며, 기획사는 여성을 하급노동자화하여 상품적 이윤을 추구한다. 이를 위해 자극적 퍼포먼스는 강화된다. 기획사에 소속되지 않은 연주단체는 이러한 무대 퍼포먼스를 보이지 않거나, 보인다 하더라도 강도가 상대적으로 덜하다.

기획사는 자본의 논리에 의해 움직인다. 자본의 논리란 이윤극대화의 논리이며, 기획사 소속의 예인들은 대부분 이윤추구를 위한 소모품으로 다루어진다. 그들은 계약에 의해 활동하는 노동자들이며, 그들을 무대에 세운 이들은 예술을 추구하는 이들이 아니라 이윤을 추구하는 이들이다. 그중에는 수입이 더 많은 부류도 있고 좀 더 열악한 환경에서 무대에 서는 부류도 있다. 하지만 문제는 수입의 많고 적음에 있지 않다. 인기가 있다고 더 나은 예술이 되고 인기가 없다고 더 저급한 예술이 되는 것이 아니기 때문이다.[120] 인기나 수입을 중심으로 가치를 판단하려는 태도는 대표적인 사이비 논리이자 저급한 자본 중심 논리이다. 수입과 무관하게 기획사 시스템에 의해 무대에 서는 예인들은 노동자라는 동질의 조건을 갖고 있으며, 상대적으로 환경이 나은 일부의 모습을 가지고 예술노동을 호도하고 희망적 담론으로 연결시키는 것은 자본에 의해 조종되고 길들여진 언어도단에 해당한다.

120) 박성모, "자본주의 사회에서 나타나는 아이돌 그룹의 소외", 『사회과학연구』 제31권 1호, 경성대학교 사회과학연구소, 2015, 275-301쪽.

여성연주단체는 전공자들에게 대중음악 걸그룹과 같은 '포장된 우상'[121]의 환상을 은연중에 심어준다. 여기에는 한국사회 아이돌 현상이 갖는 모순구조도 도사리고 있다. 극소수의 성공적 예능인만이 존재감을 갖는 시스템은 경쟁과 성공의 환상을 대중에게 심어주고 성공신화만을 강조한다. 소모품으로 버려지는 이들에 대한 무관심은 곧 모든 실패와 억압적 상황을 개인의 문제로 환원시킨다. 이렇게 되면 신자유주의적 무한경쟁이 강제한 개인들의 가혹한 생존환경은 감추어지고, 모든 것은 개인의 노력과 능력의 문제로 간주된다. 사회적 모순은 감추어지고 심지어 강화된다. 성공신화로서 아이돌 현상은 이런 측면에서 신자유주의 지배질서와 국가통치 차원의 유용한 이데올로기적 장치로 작동하게 된다.[122] 아이돌의 섹시댄스 뒤에 숨은 교묘한 자본의 질서는 대중음악만의 문제가 아니라 다른 여러 공연예술 분야의 문제로 확대된다. 전통을 호명한 여성연주단체의 무대 역시 이런 아이돌 현상 속에서 감추어진 수많은 '소모품'의 억압적 현실이 담겨있다. 가혹한 생존환경, 억압된 자아, 거세된 사유, 화려함의 환상, 대상화된 신체, 불안정한 저임금 여성노동 등의 맥락이 적나라하게 드러나는 공간이 여성연주단체의 무대들이다. 정부의 문화예술정책이 산업화를 지향하고 대학에서는 상위 1% 테크니션 양성 중심의 교육에 집중할 때 필연적으로 이런 기형적이고 왜곡된 무대가 대량으로 양산될 수밖에 없으며, 예술의 진정성, 예술가의 인권과 존엄성 등에 대한 기초적인 철학과 점검이 없는 정책과 교육의 희생자들은 오늘도 대상화된 신체를 디스플레

121) 박성모, "자본주의 사회에서 나타나는 아이돌 그룹의 소외", 275-301쪽.

122) 원용진 · 김지만, "사회적 장치로서의 아이돌 현상", 『대중서사연구』 제18권 2호, 2012, 319-361쪽.

이하는 강제적 공간에 서게 된다.

기획사 무대에 서는 것 역시 전공자의 자발적 의지라고 항변하기도 하지만, 그것은 사회적 인정을 획득하기 어려운 이들이 생존을 위해 어쩔 수 없이 선택하게 된 것이다. 그렇기에 기획사 무대에 서는 예인들은 계급적 · 신체적으로 취약성을 가질 수밖에 없으며, 이를 이용해서 자본에 의한 하급노동자화가 이루어지게 된다. 한편, 기획사는 '대중'을 언급하며 이런 현상을 정당화하려 한다. 무대는 대중과 소통하는 방식이자 수단이어야 한다는 것이다. 하지만 이는 자기변호의 구호일 뿐이며, 논리적으로도 타당하지 않다. 대중과 소통한다는 것은 추상적 지점에서의 정당성일 뿐이며, 중요한 것은 대중이 아니라 현실과 소통해야 한다는 것이다.[123] 대중이라는 기표를 언급할 때는 대중의 상품적 속성에 영합하는 것이 아니라 그 맥락에 감추어진 현실 속 인간의 억압과 구속을 통찰해야 한다. 대중이라는 말은 너무나 쉽게, 그리고 너무나 자주 저급한 자본논리를 대변하기 위한 기표로 전용되어왔다. 현실의 억압을 눈감은 채 대중과 소통하는 것은 억압의 영속성을 위한 사이비 논리이다.

자본주의사회의 가장 취약한 지점인 여성노동 착취의 현장이 '화려한' 무대 위에서 펼쳐지고 있음에도 불구하고 그 남근 중심의 폭력적 시각과 예술노동의 기만적 포장에 눈감은 사회는, 예술가의 생존에 무관심하고 예술의 비인간화를 묵인하는 오염된 시각이 지배하는 공간이다.

---

123) 나수진, "몸의 확장성과 섹슈얼리티 이미지 연구", 『무용예술학연구』 제35권 35호, 2012, 59-81쪽.

③ 젠더 디스플레이와 거래

위에서 언급했듯, 여성연주단체의 선정적인 복장과 퍼포먼스는 남성 시선을 전제로 하는 것이다. 몸매를 드러내는 타이트한 의상과 관능적 퍼포먼스는 대중음악 걸그룹이 표방하는 선정성 표출과 맥락적으로 다르지 않다. 남성연주단체가 성적 암시와 선정적 퍼포먼스를 보이는 경우는 많지 않다는 점에서, 여성연주단체의 이런 모습은 사회에 의해 설계된 젠더 디스플레이를 보여준다.[124] 또한 예술적 능력보다 몸의 제시가 중요해졌다고도 볼 수 있는 이런 무대에서 무대의 주체는 자본이지 무대에 실제로 서는 연행자가 아니다. 예술노동자들은 이윤을 위해 존재하는 수단으로 작동되며, 이윤과 결부되어 있는 보이지 않는 장치가 바로 순응과 통제의 이데올로기이다. 이때 무대에서 제시되는 여성의 몸은 상품을 위한 일종의 소비재에 해당하며, 대중의 소구력을 높이기 위한 섹슈얼리티 강조의 이미지 장치이다.[125]

그렇다면 갈수록 선정성이 강화되고 있는 여성연주단체의 퍼포먼스에서 이윤을 위해 거래되는 것은 무엇인가? 그것은 예술적 개념으로서의 음악이나 무용이나 기타 퍼포먼스가 아니다. 그것은 여성의 몸이며, 이때 여성은 젊은 혹은 어린 여성에 한정된다. 여기서 음악이든 무용이든 예술장르는 거래의 한 축을 담당하는 남성지배자 시선의 허위의식을 자극하는 장치에 해당한다. 그러므로 자본의 시선과 남성지배

124) 이수안, "대중문화 공연에 재현되는 양극화된 젠더 디스플레이와 몸 이미지의 성애화 방식", 『한국여성학』 제30권 4호, 2014, 233-268쪽.

125) 이수안, "대중문화에서 기호가치로서 몸 이미지의 소비양식: 아이돌 그룹을 중심으로", 『문화와 사회』 제11권 1호, 한국문화사회학회, 2011, 193-234쪽.

자의 시선이 서로의 시각적 동질성을 확인하고 그 위선과 허위의식을 공유함으로써 거래성사의 가능성을 높이는 공간이 무대인 것이다. 무대는 여성의 몸이 매개하여 예술을 연행하는 공간이 아니라 예술의 이름으로 여성의 몸이 디스플레이 되는 공간이다. 그러므로 무대의 주체는 자본이자 남성이며, 여성은 자본과 남성간의 은밀하고 위선적인 거래에 필요한 수단이기에, 이윤을 위한 수단으로서 여성의 몸은 물화된 거래대상으로 전락하게 된다.

(2) 전통의 호명과 몸의 정치학

전통을 호명하는 무대에서 여성의 몸이 이런 거래대상으로 유용하다고 판단하는 남성주체의 심리적 근거는 무엇인가? 이는 남성지배자의 시선을 통해 투사되는, 오늘날 한국사회의 무의식과도 연관된다. 여기에는 여성예술가에게 뒤집어씌워진 왜곡된 기생 이미지의 잔향, 고급으로 간주되는 장르를 소비한다는 대중적 허위의식, 상업적 민족주의, 오리엔탈리즘과 이국적 취향 등이 결부되어 있다.

한국사회 공연문화에서 왜곡된 기생 이미지는 여전히 강한 영향력을 발휘한다. 예술가로서, 자기 삶의 주체로서 여성의 목소리가 거세된 곳에 남성중심적 지배자 욕망을 투사시킨 예능적 종속체로서 기생 이미지를 배치시킨 것은 식민지와 권위주의 시대 산물이다. 여성예술가에 대한 이런 이미지 투사는 남성중심적 질서의 자기만족적 판타지에 해당하며, 가부장적 지배질서의 환각이 지어낸 기형적 산물이기도 하다. 공연장이라는 지배질서 구축의 이데올로기 공간에서 객석에 앉은 이들은 무대의 여성예술가에 대한 지배자적 환상을 이러한 환각적 이미지로 충족시키고자 하며, 이를 저급한 시각적 자극으로 유도하여 상업적 이윤을 추구하려는 자본의 욕망이 포착할 때, 성적 이미지화된 여성의 몸은 상품적 거래대상이 된다. 예술의 소통이 예능적 지배 · 종속 구조로 치환되어 물화되는 공간에서 식민지 기억과 권위주의 질서의 시대착오적 영향력은 강화된다.

현대 한국사회에서 전통예술은 지배자적 상징이며, 특별하고도 가치 있는 문화양식으로 간주된다. 이런 추상적 상징을 상업적으로 활용하여 대중의 허위의식을 자극하려는 속성 역시 자본주의적 상품시장이 놓치지 않는 부분이다. 단조로운 양식과 대중적 이목에 영합하는 퍼포먼스로 무대를 채우면서도 그 무대를 보는 것이 가치 있고 특별한 소비행위인 것으로 최면 걸기 위한 장치로서 전통의 이미지가 활용되는 것이다. 이때 전통의 이미지와 기생 이미지 잔향으로서 왜곡된 여성상은 남성중심적 시선의 문화적 허위의식을 자극하는 데 최선의 효과를 발휘할 수 있다. 여성의 몸이 거래되는 관음증의 공간에 있으면서도 객석에서는 고급의 특별한 문화적 취향을 소비하고 있다는 자기만족적 의식에 젖게 된다. 이때 관객은 허위의식이라는 마약성 진통제를 처방받은 관음증 환자로 전락하며, 관객과 무대의 예술가 모두 지배질서에 의해 기만당하게 된다. 여기에는 또한 일종의 상업적 민족주의라고 부를 만한 맹목적 가치선전과 오리엔탈리즘 자극도 결부된다. 민족주의 정서를 자극하고 강제하면서 여성의 몸이 전시되는 무대는 문화적 정체성이 현대화된 공간으로서 자족적으로 이미지화되며, 미국 대중문화의 시각에 젖은 이들에게는 전통예술의 이름이 민족주의와 결합된 중층적 오리엔탈리즘의 환상을 부추기는 약재로 활용된다.

이처럼 여성의 몸이 물화되어 지배담론 구축의 맥락에서 디스플레이되는 데는 지난 시대 기생 이미지의 왜곡된 기억, 소비적 허위의식, 민족주의와 오리엔탈리즘 자극 등이 결부되어 있으며, 이 모든 것들은 결국 계급지배의 질서와 무관하지 않다. 무대의 여성 집단 퍼포먼스가 여성성의 이름으로 남성지배자의 시선에 갇히게 될 때, 여성의 몸은 권력과 지배의 담론적 질서를 충실하게 수행하는 이데올로기적 장치로 기능하게 된다. 이 지점에서 전통은 남성중심적 지배질서를 보장하기 위한 규율적 역할을 수행한다. 그리고 젠더지배와 계급지배가 결합된 공간으로서 무대는 권력과 자본의 상징지배 현장이 된다. 이와 같은 젠더 디스플레이와 몸의 정치학이 지배하는 공간은 전통과 여성이 호출되는 무대만이 아니라 한국사회 소비시장 전반에 걸쳐있다. 미시적 삶의 공간에 뿌리 깊게 존재하는 이런 젠더질서와 이데올로기적 장치의 만연은 예술의 가치와 시민의식의 건강성을 헤치는 병리적 현상이다. 이런 측면에서 여성연주단체의 무대현상은 당대 한국사회 소비시장의 거울로서 이해할 수 있다.

발문

비평이 때로는 손쉽게 남의 노획물을 빼앗으러 다니는 하이에나처럼 느껴지기도 한다. 늘 배고픈 상태에서 주변을 어슬렁거리며 혹시라도 있을지 모르는 먹을 것을 찾아 이곳저곳 쓰레기통을 뒤지는 허기진 길고양이처럼 느껴질 때도 있다. 당장 눈앞에서 벌어지고 있는 '요깃거리' 하나에 취한 채, 인간에 대한 애정, 더불어 사는 세상에 대한 열망, 더 나은 사회를 위한 소망 등으로 표현될 법한, 예술을 바라보는 가장 기본적인 자격요건을 잊고 지내는 낡고 헐한 영혼이 되지 않기 위해, 몹시도 무덥고 축축한 두려움에 젖어있는 시간이 부쩍 많아졌다. 세속에서의 깨끗함은 거짓이거나 자아도취일 수밖에 없다는 것을 인정하면서도 너무나 소심하여 타인의 질타의 대상이 될까 봐 숨죽이는 자신을 발견할 때마다 누추한 자아의 위선적 이기심이 성냥불처럼 짧게 타오르기도 한다. 그러나 요즘처럼 면피(面皮)의 층이 10겹을 넘는 이들이 출세하는 흉흉한 세상에서 가장 큰 두려움은, 비정상적 푸닥거리들이 판을 치는 엄혹한 현실의 실제상황과 더 이상 격투하기 싫어지는 나약함, 혹은 함께 이전투구(泥田鬪狗)하지 못하고 한발 물러서서 근엄한

척 훈수나 두면서 살고 싶어지는 도피성 자기합리화 같은 것들이다.

바야흐로 기능이 예술이 되고 기능인이 예술가가 되는 시대, 공신력이 없어도 값싼 전단지에 현란한 문구들을 새겨 넣으면 스스로의 '주가조작'이 가능해진 시대, 기능적 테크닉의 눈속임과 귀속임마저도 가능해진 화려한 '세탁'의 시대에, 미천한 하이에나와 배고픈 길고양이가 사는 방식이 '주가조작'과 '실력세탁'을 위해 때 빼고 광 내주는 '파출부' 역할을 자처하는 것이어야 한다면, 차라리 기꺼이 제정신을 불살라 고독한 광인이 되는 편이 낫다. 옛날에는 창랑지수(滄浪之水)에 발 씻는 것이 올바른 처신이라고 배웠지만 그보다는 차라리 기꺼이 정신병동의 창살 안에 수감되어 '황홀한 실종'을 즐기는 것이 더 나음을 알게 되었다. 굴원(屈原) 이후 지금까지 '모두가 취해있을 때 홀로 제정신인 사람'은 항상 쫓겨나거나 비웃음거리가 되어왔지만, 나는 여전히 기꺼운 미치광이가 되어 백수광부의 노래를 부를 수 있기 위해 스스로를 다그치고 있다. 90년 전 루쉰[魯迅]이 묘사했던 광인일기(狂人日記)는 오늘도 계속해서 작성될 필요가 있다. 예나 지금이나 미치지 않고서는 똑바로 말하기 어려운 것이 세상이다.

언제부터인지 예술현장은 현란한 말과 글이 난무하지만 내용은 공허한 공간이 되었다. 기교는 있지만 '예술'이 사라지고 인간의 모습이 희미해지면서 흉흉한 폐가(廢家)의 기운마저 감돌고 있다. 말잔치만 있고 예술과 인간에 대한 치열하고 처절한 갈망이 없으니, 이것이야말로 주인 없는 집에서 귀신소리가 거미줄을 울리는 폐가와 같지 아니한가! 그러므로 예술가들이 예술로 승부하지 않고 돈과 말과 외부적 권위로 주가상승의 무임승차를 꾀한다면 주인 없는 집안에서 귀신 곡하는 소리가 난무해지는 상황이 되지 않겠는가!

그러므로 감히 오늘 예술을 고뇌하고 전통을 이야기하는 이들은 루쉰의 광인이 되어야 한다. 사람들이 망상증에 사로잡힌 미치광이라고 손가락질을 해도 실은 그는 낡은 관습을 타파하고 역사의 진보를 향하는 새로운 자각을 상징하는 인물이었듯이, 예술에 덧붙여진 낡은 '예술이 아닌' 설명서를 버리고 전통에 덧붙여진 거짓 이념을 버린 채 모두 각자의 광인일기를 써야 한다.

참고문헌

1. 단행본

김명인 외, 『주례사 비평을 넘어서』, 한국출판마케팅연구소, 2002.

남근우, 『조선민속학과 식민주의』, 동국대학교 출판부, 2008.

______, 『한국민속학 재고』, 민속원, 2014.

네스토르 가르시아 칸클리니, 『혼종문화, 근대성 넘나들기 전략』, 이성훈 옮김, 그린비, 2011.

노엘 캐럴, 『비평철학』, 북코리아, 2015.

루돌프 아른하임, 『엔트로피와 예술』, 오용록 옮김, 전파과학사, 2004.

루이 알튀세르, 『재생산에 대하여』, 김웅권 옮김, 동문선, 2007.

막스 호르크하이머, 『도구적 이성 비판』, 박구용 옮김, 문예출판사, 2006.

미셸 푸코, 『생명관리정치의 탄생: 콜레주드프랑스 강의 1978~79년』, 심세광 · 전혜리 · 조성은 옮김, 난장, 2012.

성경린, 『관재 성경린 선생 구순기념 관재논문집』, 국악고등학교 동창회, 2000.

송방송, 『증보 한국음악통사』, 민속원, 2007.

______, 『한국음악학의 방향』, 예솔, 1998.

아비샤이 마갈릿, 『품위 있는 사회』, 신성림 옮김, 동녘, 2008.

안재성, 『박헌영 평전』, 실천문학사, 2009.

야나기 무네요시, 『조선과 그 예술』, 이길진 옮김, 신구문화사, 2006.

에릭 홉스봄 외, 『만들어진 전통』, 박지향 · 장문석 옮김, 휴머니스트, 2010.

월터 D. 미뇰로, 『라틴아메리카, 만들어진 대륙』, 김은중 옮김, 그린비, 2010.

웨인 C. 부우드 외, 『비평이란 무엇인가』, 포올 헤르나디 엮음, 최상규 옮김, 정음사, 1984.

이건용, 『한국음악의 논리와 윤리』, 세광음악출판사, 1988.

이혜구, 『만당문채록』, 서울대학교 출판부, 1970.

장 자크 루소, 『인간 불평등 기원론』, 주경복 · 고봉만 옮김, 책세상, 2008.

장은주, 『생존에서 존엄으로』, 나님, 2007.

______, 『인권의 철학』, 새물결, 2010.

______, 『정치의 이동』, 상상너머, 2012.

장 끌로드 삐게 엮음, 『20세기 음악의 위기』, 서우석 · 이건우 옮김, 홍익사, 1982.

정수복, 『한국인의 문화적 문법, 당연의 세계 낯설게 보기』, 생각의 나무, 2007.

정수진, 『무형문화재의 탄생』, 역사비평사, 2008.

정일성, 『야나기 무네요시의 두 얼굴』, 지식산업사, 2007.

조르조 아감벤, 『호모사케르』, 박진우 옮김, 새물결, 2008.

찰스 귀논, 『진정성에 대하여』, 강혜원 옮김, 동문선, 2005.

찰스 테일러, 『불안한 현대사회, 자기중심적인 현대문화의 곤경과 이상』, 송영배 옮김, 이학사, 2001.

한국문화예술진흥원, 『문예연감』(2012-2016), 한국문화예술위원회.

2. 논문

강선주, "성찰적 비판과 복합 정체성으로서 역사교육", 『역사교육』 138, 역사교육연구회, 2016, 131-163쪽.

공정배 · 이정원 · 김용범, "〈가야금산조〉의 유네스코 세계무형문화유산 목록 등재와 관련된 한중 문화갈등의 배경과 대응 방안", 『한국사상과 문화』 65, 한국사상문화학회, 2012, 355-388쪽.

권혁희, "내셔널리즘과 전통의 발명", 『비교문화연구』 20-2, 서울대학교 비교문화연구소, 2014, 95-138쪽.

김기봉, "삶의 비평으로서 역사", 『동방학지』 152, 연세대학교 국학연구원, 2010, 385-410쪽.

김남국, "문화적 권리와 보편적 인권: 세계 인권 선언에서 문화다양성 협약까지", 『국제정치논총』 50-1, 한국국제정치학회, 2010, 261-284쪽.

김남옥, "몸의 사회학적 연구 현황과 새로운 과제", 『사회와 이론』 21-1, 한국이론사회학회, 2012, 289-326쪽.

김성우, "푸코와 권력의 문제", 『시대와 철학』 23-1, 2012.

김영환, "문화적 다양성의 합헌성", 『세계헌법연구』 16-3, 국제헌법학회 한국학회, 2010, 133-158쪽.

김용신, "다문화사회의 시민형성 논리: 문화민주주의 접근", 『비교민주주의연구』 4-2, 비교민주주의연구센터, 2008, 31-57쪽.

김우석, "중국의 무형문화유산 보호사업에 관한 초보적 고찰", 『중국학보』 68, 한국중국학회, 2013, 95-112쪽.

김은경, "한국전쟁 후 재건윤리로서의 '전통론'과 여성", 『아시아여성연구』 45-2, 2006, 7-48쪽.

김은영, "한국 '전통' 음악의 형성과 근대성 연구", 동아대학교 박사학위논문, 2009.

김정희, "생태문화로서의 예술 이해", 『통일인문학』 5-1, 건국대학교 인문학연구원, 2011, 173-203쪽.

김진숙, "사회문화적 측면에서 본 호남풍물굿에 관한 연구: 공동체 의식을 중심으로", 이화여자대학교 석사학위논문, 2001.

김창경, "중국 무형문화유산과 국가적 정체성 고찰", 『동북아문화연구』 42, 동북아시아문화학회, 2015, 185-204쪽.

김철, "특집: 과시하는 한국 사회; 신자유주의 시대 경쟁과 과시", 『사회이론』 41, 한국사회이론학회, 2012, 69-102쪽.

나수진, "몸의 확장성과 섹슈얼리티 이미지 연구", 『무용예술학연구』 35-2, 59-81쪽.

남근우, "유네스코 무형문화유산 체제와 동아시아 민속학", 『민속학연구』 37, 2015, 96-

115쪽.

노동은, “음악, 한반도에서 그 갈등의 언어성(Ⅲ)”, 『한국음악사학보』 10-1, 한국음악사학회, 1993, 157-188쪽.

노영근, “중국의 무형문화유산 정책에 대한 실증적 검토”, 『비교민속학』 56, 비교민속학회, 2015, 31-53쪽.

민주식, “근대 예술학의 정초”, 『미학예술학연구』 26, 한국미학예술학회, 2007, 347-376쪽.

______, “에콜로지의 관점에서 본 예술”, 『미학예술학연구』 18, 2003, 231-252쪽.

박계리, “동아시아 무형문화유산 보호제도와 유네스코 협약”, 『미술사논단』 34, 한국미술연구소, 2012, 295-320쪽.

박만준, “녹색가치를 지향하는 생태적 문화예술교육 모색”, 『철학논총』 50, 새한철학회, 2007, 135-158쪽.

박선희, “유네스코 「문화다양성협약」과 프랑스의 전략”, 『한국정치학회보』 43-3, 한국정치학회, 2009, 195-217쪽.

박성모, “자본주의 사회에서 나타나는 아이돌 그룹의 소외”, 『사회과학연구』 31-1, 경성대학교 사회과학연구소, 2015, 275-301쪽.

박성혜, “중국의 유네스코 무형문화유산에 대한 초탐(初探): 소수민족의 무형문화유산을 중심으로”, 『로컬리티인문학』 12, 부산대학교 한국민족문화연구소, 2014, 185-208쪽.

박정희, “한국 현대 여성들의 욕망과 몸 주체성 상실에 대한 철학적 담론”, 『철학논총』 81, 새한철학회, 2015, 89-103쪽.

박창호, “특집: 과시하는 한국 사회; 인터넷에서의 과시; 한국의 사회문화적 맥락과 대비하여”, 『사회이론』 41, 한국사회이론학회, 2012, 35-70쪽.

박헌봉, “국악운동반세기”, 『문화재』 2-6, 한국문화재보호재단(1972. 6.), 38-50쪽.

______, “근세국악의 발자취”, 『창악대강』, 국악예술학교 출판부, 1966, 84-85쪽.

박혜영, “농악문화유산으로서 물질 · 비물질 자료의 활용가능성 타진”, 『실천민속학연구』 29, 실천민속학회, 2017, 239-274쪽.

변영희, “풍물굿의 연행원리와 미의식 연구”, 『민족미학』 13-1, 민족미학회, 2014, 43-76쪽.

서영채, “민족, 주체, 전통: 1950-60년대 전통논의의 의미”, 『민족문학사연구』 34, 2007, 10-48쪽.

설동훈, “혼혈인의 사회학: 한국인의 위계적 민족성”, 『인문연구』 52, 영남대학교 인문과학연구소, 2007, 125-160쪽.

성경린, “국악오십년사”, 『한국음악논고』, 동화출판공사, 1976, 174-190쪽.

성경준, “마크 트웨인과 남북 전쟁 이후의 자본주의: 『도금시대』를 중심으로”, 『근대영미소설』 13-2, 근대영미소설학회, 2006, 57-79쪽.

송미숙, “한 · 중 유네스코 인류무형문화유산 등재에 관한 연구”, 『우리춤과 과학기술』 24, 한양대학교 우리춤연구소, 2014, 9-34쪽.

송영학 · 이홍균, “문화 동질성의 공간적 동시성으로서 문화 다양성”, 『담론201』 15-4, 한국사회역사학회, 2012, 141-169쪽.

신현욱 · 김용범, “유네스코 무형유산 대표목록등재로 야기된 한국과 중국 간 문화적 갈등해소를 위한 정책적 방안”, 『한국언어문화』 46, 한국언어문화학회, 2011, 303-323쪽.

심계순, “마크 트웨인의 ‘도금시대’와 폴 크루그먼의 ‘신도금시대’”, 『미국학논집』 46-1, 한국아메리카학회, 2014, 43-71쪽.

양호환, “역사적 사고의 한계와 역사화의 가능성”, 『역사교육』 87, 역사교육연구회, 2003, 187-213쪽.

오정심, “무형문화유산 활성화를 위한 수요자 인식에 관한 실증적 분석”, 『한국콘텐츠학회논문지』 15-9, 한국콘텐츠학회, 2015, 29-36쪽.

______, “생태학적관점에 입각한 무형문화유산의 창조적 전승”, 한국외국어대학교 박사학위논문, 2015.

오태영, “해방기 젠더정치와 맨스플레인”, 『현대소설연구』 63, 2016, 179-218쪽.

우경자, “여성의 외모주의와 성형의료산업”, 연세대학교 박사학위논문, 2002.

원도연, “이명박 정부 이후 문화정책의 변화와 문화민주주의에 대한 연구: 이명박 정부의 문화정책 평가를 중심으로”, 『인문콘텐츠』 32, 인문콘텐츠학회, 2014, 119-245쪽.

원용진 · 김지만, “사회적 장치로서의 아이돌 현상”, 『대중서사연구』 28, 2012, 319-361쪽.

유승무 · 박수호 · 최봉영, “한국사회 과잉과시의 구조적 · 역사적 이해”, 『사회사상과문화』 17, 동양사회사상학회, 2008, 115-140쪽.

유현주, “생태미학에서의 ‘지속가능성’ 개념 연구: Sacha Kagan의 ‘지속가능성’ 개념을 바탕으로”, 『미학예술학연구』 37, 한국미학예술학회, 2013, 91-124쪽.

______, "생태미학은 가능한가?: '자기조직화'를 바탕으로 한 생태예술의 체계화 1", 『미학예술학연구』 46, 한국미학예술학회, 2016, 151-179쪽.

이나영, "민족주의와 젠더: 도전과 변형을 위한 이론적 지형도 그리기", 『한국여성학』 31-2, 2015, 213-256쪽.

이동성 · 주재홍 · 김영천, "문화다양성 교육의 개념적 특질 및 이론적 배경 고찰", 『다문화교육연구』 6-1, 한국다문화교육학회, 2013, 51-72쪽.

이동연, "문화정책의 새로운 철학과 패러다임 전환을 위하여", 『문화연구』 2-1, 한국문화연구학회, 2013, 107-139쪽.

이민, "내밀한 표준화: 한국 성인 여성들의 비만 경험을 통해 본 몸과 섹슈얼리티", 서울대학교 석사학위논문, 2016.

이선향, "한국의 민주화와 문화정책의 변화에 대한 비판적 검토", 『담론 201』 16-3, 한국사회역사학회, 2013, 119—143쪽.

이수안, "대중문화 공연에 재현되는 양극화된 젠더 디스플레이와 몸 이미지의 성애화 방식", 『한국여성학』 30-4, 2014, 233-268쪽.

______, "대중문화에서 기호가치로서 몸 이미지의 소비양식: 아이돌 그룹을 중심으로", 『문화와 사회』 11, 한국문화사회학회, 2011, 193-234쪽.

______, "여성 몸 이미지의 전형과 내면화 과정의 시각 체계적 상호작용", 『여성학논집』 26-1, 2009, 73-108쪽.

이영자, "신자유주의적 지구화와 페미니즘", 『성평등연구』 6, 가톨릭대학교 성평등연구소, 2002, 95-126쪽.

이영주, "매체가 욕망하는 여성의 몸과 성, 여성의 몸과 성이 욕망하는 매체", 『젠더리뷰』 17, 2010, 65-72쪽.

이윤희, "한국(韓國)의 문화(文化): 문화민주주의에 대한 다각적 논구", 『한국의 사상과 문화』 40, 한국사상문화학회, 2007, 323-345쪽.

이재형, "생태주의적 문학교육을 위한 지향: 국어교육과의 관계적 관점에서", 『비평문학』 46, 한국비평문학회, 2012, 333-358쪽.

이종현, "한국 독일 일본의 '과시행위'의 비교연구", 『한독사회과학논총』 18-2, 한독사회과학회, 2008, 161-184쪽.

이준구, "미국 사회, 무엇이 '신도금시대'의 도래를 가져왔나?", 『경제논집』 52-1, 서울대학교 경제연구소, 2013, 1-49쪽.

이천석, "중국의 동북변강정책과 문화공정", 『국제정치연구』 15, 동아시아국제정치학회,

2012, 47-69쪽.

이홍균, “한국인의 사회적 과시와 인정의 사회적 형식”, 『담론 201』 9-2, 한국사회역사학회, 2006, 207-243쪽.

이황직, “특집: 과시하는 한국 사회; 신성한 놀이로서의 브랜드 숭배: 기술복제시대 패션 브랜드 소비의 의미 분석”, 『사회이론』 41, 한국사회이론학회, 2012, 3-36쪽.

임인숙, “사회적으로 재구성되는 여성의 몸”, 『성평등연구』 9, 가톨릭대학교 성평등연구소, 2005, 43-63쪽.

임지현, “권력의 역사학에서 시민의 역사학으로”, 『역사비평』 46, 역사문제연구소, 1999, 57-68쪽.

장국강, “무형문화유산에 대한 중국의 시각: 무속 관련 무형문화유산을 중심으로”, 『남명학연구』 45, 경상대학교 남명학연구소, 2015, 171-203쪽.

장정아, “‘민간문화유산’에서 ‘위대한 중국의 문화유산’으로”, 『한국문화인류학』 41-1, 한국문화인류학회, 2008, 167-208쪽.

전선자, “생태사회문화를 위한 대안적 예술문화: 독일 생태공동체 예술문화의 고찰을 통해서”, 『한국비교정부학보』 9-2, 2005,

정수진, “무형문화유산의 문화정치학”, 『실천민속학연구』 26, 2015, 287-318쪽.

______, “무형문화재의 향방: 한일 양국의 제도 비교로부터”, 『동아연구』 31-1, 서강대학교 동아연구소, 2012, 265-296쪽.

______, “유네스코 무형문화유산 체제하의 아리랑”, 『실천민속학연구』 29, 2017, 179-214쪽.

정준호, “중국 무형문화유산제도의 형성과 정책관리체계 연구”, 『한국자치행정학보』 29-1, 한국자치행정학회, 2015, 411-436쪽.

정진선, “중국 국가급 무형문화유산의 정리 작업과 그 현재적 의미: 신화의 제전화(祭典化)를 중심으로”, 『중국문학』 76, 한국중국어문학회, 2013, 309-329쪽.

조한욱, “역사가의 직업적 윤리의식과 사회적 책임”, 『역사와 담론』 69, 2014, 291-308쪽.

차승기, “1930년대 후반 전통론 연구”, 연세대학교 박사학위논문, 2003.

채성희, “공동체의식 함양을 위한 풍물놀이 지도 방안 연구”, 한국교원대학교 석사학위논문, 2012.

최병규, “농악에 나타난 한국춤의 상징성과 미의식 연구”, 세종대학교 박사학위논문, 2016.

최성철, "현재비판과 역사연구", 『역사학보』 194, 2007, 363-392쪽.

최영화, "이명박 정부의 기업국가 프로젝트로서 한류정책: 전략관계적 접근법을 통한 구조와 전략분석", 『경제와사회』 97, 2013, 252-285쪽.

최익만, "해방공간의 민족음악: 음악단체들의 활동을 중심으로", 계명대학교 석사학위논문, 1994.

최혜진, "해방공간 재래음악계의 동향과 정체성경쟁", 전남대학교 석사학위논문, 2012.

태희원, "신자유주의적 통치성과 자기계발로서의 미용성형 소비", 『페미니즘연구』 12-1, 한국여성연구소, 2012, 157-191쪽.

한건수 · 한경구, "다문화주의를 넘어서 문화다양성과 국제이해교육으로", 『국제이해교육연구』 6 1, 한국국제이해교육학회, 2011, 1-33쪽.

한만영, "한국음악 최근세사", 『한국전통음악연구』, 풍남, 1991, 237-278쪽.

한세희, "특집: 과시하는 한국 사회; 한국 및 동아시아의 과시현상과 포스트모더니즘", 『사회이론』 41, 한국사회이론학회, 2012, 101-120쪽.

함한희, "아리랑, 김치, 그리고 국가주의", 『비교민속학』 59, 2016, 411-438쪽.

허윤정, "중국 국가급 무형문화유산 목록의 고찰", 『중국소설논총』 44, 한국중국소설학회, 2014, 351-386쪽.

홍난파, "동서음악의 비교", 『음악만필(音樂漫筆)』, 소화13년, 대동출판소, 155-163쪽.

홍지아, "TV드라마를 통해 재현된 여성의 몸 담론", 『한국언론정보학보』 49, 한국언론정보학회, 2010, 122-143쪽.

황유지, 이상훈, "육체관리 행위와 여성정체성: 스포츠센터 여성 이용자에 대한 참여관찰을 중심으로", 『언론과학연구』 7-3, 한국지역언론학회, 2007, 404-433쪽.